墨香财经学术文库
“十二五”辽宁省重点图书出版规划项目

文化养老视域下老年人阅读推广研究

Research on Reading Promotion for the Elderly from the Perspective of Culture-oriented Elderly Care

王家莲 著

东北财经大学出版社 大连
Dongbei University of Finance & Economics Press

图书在版编目（CIP）数据

文化养老视域下老年人阅读推广研究 / 王家莲著. —大连：东北财经大学出版社，2023.6

（墨香财经学术文库）

ISBN 978-7-5654-4834-8

Ⅰ. 文… Ⅱ. 王… Ⅲ. 老年人-读书活动-研究-中国 Ⅳ. G252.17

中国国家版本馆CIP数据核字（2023）第082088号

东北财经大学出版社出版发行

大连市黑石礁尖山街217号　邮政编码　116025

网　　址：http：//www.dufep.cn

读者信箱：dufep @ dufe.edu.cn

大连永盛印业有限公司印刷

幅面尺寸：170mm×240mm　字数：228千字　印张：15.75　插页：1

2023年6月第1版　2023年6月第1次印刷

责任编辑：张晓鹏　宋雪凌　责任校对：周　晗　石建华　郭海雷

封面设计：原　皓　版式设计：原　皓

定价：62.00元

教学支持　售后服务　联系电话：（0411）84710309

如有印装质量问题，请联系营销部：（0411）84710711

前言

目前，我国已经成为世界上老年人口最多的国家，也是老龄化发展速度最快的国家之一。随着社会各界对人口老龄化及养老问题的关注程度加深，“文化养老”这一新兴的养老观念和养老实践活动应运而生。图书馆作为公共文化公益性单位和重要的社会文化基础服务设施，已逐渐成为“文化养老”体系的中坚力量。在“文化养老”的新趋势下，图书馆理应承担起时代赋予的社会责任，积极促进老年人阅读推广，为老年人创造高质量的阅读环境和提供满意的服务，全面提升老年人的生活质量，为促进老龄文化事业发展做出贡献。

为了应对人口老龄化，发展文化养老，更好地发挥图书馆的功能，促进老年人阅读推广，我们完成了《文化养老视域下老年人阅读推广研究》这本书。它是2021年度辽宁省社会科学规划基金重点项目“文旅融合背景下红色资源数字化建设与推广研究”（项目编号：L21ATQ-001），2023年度辽宁省社会科学界联合会经济社会发展立项课题“红色文化资源数字化保护利用研究”（项目编号：2023lslybkt-044），2022年度大连市社会科学院（研究中心）调研课题“深度老龄化背景下大连市康养产业发展对策研究”（项目编号：2022dlsky153），2022年度大连职业技术学院（大连开放大学）科研课题“大连市智慧健康养老产业发展路径研究”（项目编号：ZK2022YB01）、“数字素养教育融入数字校园建设对策研究”（项目编号：ZK2022YB10），2022年度大连职业技术学院（大连开放大学）“职业教育与终身教育”专项课题“数字化视域下开放大学老年智慧教育模式构建研究”（项目编号：DZKD2022ZX03）的重要成果。

本书在对人口老龄化、文化养老、老年人、老年人阅读、全媒体时代、数字素养教育、阅读推广等基本问题进行分析的基础上，提出促进老年人阅读推广，让阅读成为老年人的一种积极生活方式，成为文化养老视域下应对人口老龄化的重要路径。基于此，全书探讨了阅读推广的定义、要素以及全媒体时代阅读推广的策略等，提出老年人阅读推广的四种主要方式和老年人经典阅读推广、数字阅读推广、红色阅读推广的策略，探讨了老年人数字素养教育及其实施策略，总结了图书馆的适老化服务模式和策略，探讨了促进老年人健康的图书馆阅读疗法服务。全书共九章，每章最后一节为“案例探讨”，以增强著作的实践性和借鉴性。

本书理论观点新颖、论述深刻，紧扣新时代脉搏，具有较强的理论性、实践性和指导性，对积极应对我国人口老龄化、促进文化养老视域下的老年人阅读推广具有重要的学术参考价值、思想启迪和实践指导意义。

本书适合各类图书馆、文化养老相关企事业单位、各类养老机构等关注老年人精神保障和图书馆服务的人员阅读，也可供对文化养老和老年人阅读推广等相关问题感兴趣的广大社会读者研究参考。

在完成本书的过程中，笔者参阅了国内外的相关文献，同时也得到了东北财经大学出版社的大力支持，在此对这些文献的作者及相关人员深表谢意。

作为大连职业技术学院（大连开放大学）的一名图书馆人，笔者20多年来一直致力于图书馆阅读推广等领域的研究，本书是继专著《新时代阅读推广研究》（东北财经大学出版社，2018年5月第一版）

后，进一步深入探索、继续深耕图书馆阅读推广领域而结出的又一朵“小花”，希望为促进我国老年人阅读推广和文化养老事业的发展贡献一份力量。由于时间、条件、水平的限制，书中难免有不足之处，恳请读者批评指正。

愿每一位老年人都能“阅享好时光”，老有所学、老有所乐、老有所为，映出最美“夕阳红”！

王家莲

2023年2月

目录

第一章　人口老龄化背景下的文化养老问题探讨

积极应对人口老龄化是国家的一项长期战略任务。

——《中华人民共和国老年人权益保障法》

21世纪是人口老龄化的时代，目前世界上所有发达国家都已进入老龄化社会，许多发展中国家正在或者即将进入老龄化社会。1999年，我国也进入了老龄化社会，是较早进入老龄化社会的发展中国家之一。正确分析我国的人口老龄化，清醒认识人口老龄化带来的机遇和挑战，是积极应对人口老龄化、大力发展文化养老的关键。

第一节　认识人口老龄化

为了认识人口老龄化，我们对人口老龄化的界定、人口老龄化问题的产生、人口老龄化的特点等问题进行了探讨。

一、人口老龄化的界定

一个人可以变老，一个国家或地区的人口也可以变老，但是这两者在概念上有着本质的区别。一个人从出生到婴幼儿、青少年、中年、老年直至死亡是一个不可逆转的单向生命过程。而一个国家或地区的人口会因为老年人口增加快于青少年人口，使得人口结构从较年轻的状态变为较年老的状态，形成人口老龄化；有时又由于青少年人口增加快于老年人口，形成人口年轻化。因此，人口的变化是双向的，它是没有“生命过程”的。总之，人的老化是人的生命过程的老化，人口的老化是人口结构的变化。[①]

人口老龄化是指一个国家或地区老年人口增长的趋势，按国际通行的标准界定，是指65岁及以上人口占总人口的比重达到7%或者60岁以上人口占总人口的10%。

20世纪末，人口老龄化引发了“银发浪潮”，老龄化问题引起全世界的关注。1999年被联合国定为国际老人年，其主题是“建立不同年龄人人共享的社会”。当年的联合国大会通过决议，强调开展国际老人年的“国家后续行动”的重要性——因为不同区域和不同国家的人口老龄化阶段不同，需要确定具体的对策，以实现“不分年龄人人共享的社会”的美好目标。2002年，联合国在西班牙的马德里召开了第二届老龄问题世界大会，通过了《2002年老龄问题国际行动计划》。这项计划再次强调，要“应对21世纪人口老龄化的挑战，促进不分年龄人人共享的社会的发展”；同时郑重宣布：“我们在这个行动计划中，责成包括国家和国际的各级机构采取行动，并对以下三个方面给予优先：老年人与发展；老年人的健康与福利；保证有切实可行的支持环境。”联合国在世纪之交采取的一系列行动表明，老龄化问题已经成为一个世界性的普遍问题。时任联合国秘书长安南在第二届老龄问题世界大会开幕式上的讲话中特别指出：“世界正经历着一个史无前例的人口转变，从现在到2050年，老年人口总数将从大约6亿增加到20亿。今后不到50年，

① 方鹏骞，陈茂盛. 人口老龄化的内涵界定及世界人口老龄化趋势［J］. 国外医学·社会医学分册，2001（6）：61-63.

全世界将会第一次出现60岁及以上老年人口超过15岁以下少年儿童人口。更为重要的是，在老年人口的增长中，发展中国家的速度最快。这是一个非常重要的迹象。据预测，50年后发展中地区的老年人口将是现在的4倍。”①

“银发浪潮”席卷全球，中国当然也不能例外。20世纪末，中国65岁及以上人口接近7%，60岁及以上人口超过10%，正式迈进了老龄化国家的行列。②改革开放40多年来，我国不仅创造了经济社会发展的奇迹，而且仅用30年的时间就实现了许多发达国家用一个世纪甚至更长时间才完成的人口再生产类型转型，步入低生育率国家的行列，也创造了世界人口发展史上的奇迹。与此同时，我国也提前迎来了人口老龄化时代。1999年，我国60岁以上老年人口达到1.32亿，占总人口的比重超过10%，标志着老龄社会的开始。

我国是一个拥有14亿多人口的大国，目前已经进入人口老龄化快速推进时期，老年人口占总人口的比重和数量持续上升。2021年5月11日，第七次全国人口普查结果公布，我国60岁及以上人口已达2.64亿，占18.7%。其中，65岁及以上人口为1.9亿，占13.5%。预计到“十四五”期末，65岁及以上人口比重将超过14%，60岁及以上人口将突破3亿；到2035年时，60岁及以上人口将占到总人口的30%上下，达到4.12亿；到2050年时，60岁及以上人口将占到总人口的38%左右，达到4.8亿。具体到各地，有的地区已经进入深度老龄化社会。例如，江苏省2020年60岁及以上人口的比重为21.84%，65岁及以上人口的比重为16.2%。江苏省东台市2020年60周岁以上人口已经占到总人口的31.1%，达到33.86万；预计到2035年时，该市人口老龄化程度将达到45%。③

此外，2022年2月28日国家统计局发布的《2021年国民经济和社会发展统计公报》显示，2021年全年我国出生人口1 062万人，出生率

① 熊必俊. 人口老龄化与可持续发展［M］. 北京：中国大百科全书出版社，2003：10-11.

② 黄黎若莲，张使飞，唐钧. 中国人口老龄化进程与老年服务需求［J］. 学习与实践，2006（12）：103-113.

③ 仇丽萍. 积极应对人口老龄化推动文化养老高质量发展［J］. 黑河学刊，2022（1）：107-114.

为7.52‰。我国的人口出生率已经降至1952年以来的最低水平。

可见，我国的人口老龄化程度正日益加深，已进入人口老龄化快速发展阶段。

二、人口老龄化问题的产生

老龄化进程深受社会发展过程中各方面客观因素的影响，而且，不同国家、地区老龄化的形成背景也不尽相同。

（一）预期寿命延长

根据国家统计局公布的2000年第五次全国人口普查资料，中国人口平均预期寿命已提高到71.4岁；2010年第六次全国人口普查数据显示，我国人口平均寿命为74.83岁；2015年中国的人均寿命增至76.1岁。《2021年我国卫生健康事业发展统计公报》显示，我国人口平均预期寿命由2020年的77.93岁提高到2021年的78.2岁。值得一提的是，上海市人口平均预期寿命颇长，早在2001年时就达到了79.66岁，达到了发达国家水平。根据上海市统计局2021年3月15日发布的《2021年上海市国民经济和社会发展统计公报》，2021年上海户籍人口平均期望寿命达到84.11岁，持续保持发达国家和地区领先水平。

（二）死亡率下降

随着人类生命质量的提高、公共医疗卫生水平的提升，人类预期寿命的提高也非常显著。20世纪上半叶，科学和医疗技术不断取得新进展，人们战胜了一些传染病，如影响婴幼儿寿命的腹泻、伤寒、麻疹等。20世纪下半叶，死亡率的下降主要是由于战胜了一些威胁中老年人寿命的长期性疾病，如冠心病、心肌梗死，以及除肺结核之外的呼吸系统疾病。

（三）生育率下降

随着社会文明进程的加快，妇女受教育水平日益提升，越来越多的女性选择少生或不生孩子。在一定时期内，幼年人口逐渐减少，新一代增加的速度远低于上一代自然死亡的速度，未来人口总量可能逐渐变少，造成人口不足。根据国家统计局数据，2021年全年出生人口1 062万，人口出生率为7.52‰；死亡人口1 014万，人口死亡率为7.18‰；

人口自然增长率为0.34‰。在人口学界，生育率是衡量生育水平、推算未来人口走势的重要指标。总和生育率，即育龄妇女的平均生育子女数。一般认为，每对夫妻需生育2.1个孩子，才能维持人口代际平衡，即人口规模不增不减，2.1也被称为生育率更替水平。根据第七次全国人口普查数据，2020年我国总和生育率为1.3。一些人口学者根据2021年的出生人口等数据推算，2021年的总和生育率可能为1.1～1.2，属超低生育水平，这意味着未来人口形势更趋严峻。①

低生育率成为影响我国人口均衡发展的最主要风险，这使得老龄化水平呈现出上升趋势，加上人口预期寿命的延长，更加快了社会老龄化进程。

（四）计划生育的影响

与其他国家不同的是，我国人口老龄化进程还受到计划生育这一特殊因素的影响。如果没有计划生育政策，我国人口的出生率和死亡率也会和世界人口发展趋势保持一致。但是这一过程持续的时间可能会更加漫长，由此导致人口老龄化的进程也会更加缓慢。纵观我国经济社会发展态势，我国人口老龄化进程加快的原因主要在于两个方面：一方面是政府实施的计划生育政策使生育率降低，另一方面是经济社会发展带来的家庭生育决策的改变。例如，20世纪80年代初，我国开始实施计划生育政策，经过政府多年不断的大力宣传和倡导，并辅之以相应的经济手段和一定的行政手段，计划生育政策取得了良好的效果，粗略估计受该政策影响，我国少生了4亿人左右。②

三、人口老龄化的特点

总体来看，按照中国人口老年化发展趋势，2001—2100年的100年间可被划分为快速老年化、加速老年化、重度老年化三个阶段。在2001—2020年的快速老年化阶段，中国平均每年增加596万老年人口，年均增长速度达到3.28%，人口老年化进程明显加快。在2021—2050年的加速老年化阶段，第二次生育高峰时期的人群开始进入老年阶段，老

① 赵孟．2021年生育率或低于1.3，如何鼓励生育更有效？［EB/OL］．［2022-01-19］．https：//baijiahao.baidu.com/s？id=1722294433309654819&wfr=spider&for=pc.

② 姚蕾．老年人服务与管理［M］．北京：清华大学出版社，2018：48-49.

年人口数量加速增长；同时，由于总人口逐渐实现零增长并开始负增长，人口老年化进程将进一步加速。在2051—2100年的稳定的重度老年化阶段，老年人口规模将稳定在3亿～4亿，老年化水平基本稳定在31%左右，处于一个高度老年化的平台期。[①]根据全国老龄工作委员会的预测，未来我国人口老龄化将呈现出以下几个特点：

（一）增长迅速

据联合国数据，1990—2020年世界老龄人口平均年增速度仅为2.5%，而同期我国老龄人口的年均增速为3.3%；世界老龄人口占总人口的比重从1995年的6.6%上升至2020年的9.3%，同期我国由6.1%上升至11.5%。无论从增长速度还是从比重来看，我国人口老龄化速度都超过了世界平均水平。虽然西方发达国家都经历了人口老龄化，从某种角度说，人口老龄化是人类社会发展的自然规律和必然趋势，但从全球来看，发达国家老龄化进程长达几十年至1个世纪，如法国用了115年，瑞士用了85年，英国用了80年，美国用了60年，而我国只用了不到20年（1981—1999年）就进入了老龄化社会。

（二）规模庞大

1.绝对数量大

就绝对规模来讲，21世纪70年代以前，我国将始终是世界上老年人口最多的国家。此后，印度的老年人口将超过我国。同期，在三分区（少儿人口、劳动年龄人口和老年人口）的人口结构中，老年人口增长速度最快。1991年我国60岁以上老年人口跨过1亿大关，2014年超过2亿，2026年将超过3亿，2037年将超过4亿。这几个阶段老年人口每增加1亿所需要的时间分别为23年、12年和11年。据预测，2050年全世界老年人口将达到20.2亿，其中中国老年人口将达到4.8亿，几乎占全球老年人口的1/4[②]，比所有发达国家老年人口总和多3 700多万，相当于届时的第三人口大国美国的总人口。[③]这种老年人口规模的发展态势在世界上任何人口大国中都是前所未有的。

---

① 李健，石晓燕. 养老机构经营与管理［M］. 南京：南京大学出版社，2016：1-2.
② 张欣悦. 我国人口老龄化的现状特点和发展趋势及其对策研究［J］. 中国管理信息化，2020（3）：195-199.
③ 李本公. 中国人口老龄化发展趋势百年预测［M］. 北京：华龄出版社，2006：36.

2.高龄老人多

随着平均寿命的延长，老年人口增长迅速，其年龄结构会出现顶部的堆积，即人口老龄结构顶端老化，人口高龄化问题更加突出。人口学认为，60～69岁为低龄老年人口，70～79岁为中龄老年人口，80岁以上为高龄老年人口。我国高龄老年人口以每年5.4%的速度增长，高龄老人已从1990年的800万人增长到2019年的3 200万人，预计2030年高龄老人将达约5 300万人。高龄老人丧偶和患病的概率高，生活自理能力差，因此他们不仅需要经济上的供养，而且需要生活上的照料。一般来讲，刚刚进入老龄阶段的人口在相当长的时期内并不会显著增加对医疗、照料等方面的需求。老龄人口中的高龄人口，因属高失能人群，生活依赖性强，他们是老年人口中真正需要家庭和社会照料的对象。在整个21世纪，我国面临的高龄人口压力将是世界上最重的，80岁以上高龄老人规模将长期保持世界第一。

3.空巢独居老人规模庞大

现阶段，中国老年人口中有近一半是空巢老人，总量已经突破1亿。其中，单独一人居住的老人占老年人口总数的10%，与配偶同住的老人则占到老年人口总数的41.9%。随着人口迁移流动的频繁化以及分户居住现象的普遍化，一方面，家庭规模日益小型化，家庭传统的养老照料功能弱化明显；另一方面，家庭居住逐渐离散化，子女为了谋生和获得更好的发展而多与父母两地分开居住，导致中国事实意义上的空巢老人和独居老人规模非常庞大。随着我国现代化进程的持续，中国的空巢老人和独居老人规模还将继续攀升，这将给整个社会带来沉重的养老负担。

4.失能化严重

所谓失能，是指一个人在日常生活中主要活动能力或生活能力的丧失或受限。目前，我国2.67亿老年人中超过1.9亿患有慢性病，失能、部分失能老年人约4 000万，完全失能老年人约1 200万。[①]“一人失能，全家失衡”，健康老龄化任重道远。

---

① 吴晓甜. 以系统观念推进积极应对人口老龄化国家战略［EB/OL］.［2022-10-26］. https：//new.qq.com/rain/a/20221026A04YKZ00.

在我国老年人口特别是高龄老年人口数量持续快速增长的趋势下，2035年我国老年人口将达到4亿人，届时失能、半失能的老人数量会进一步增多。

（三）发展不均衡

1.城乡不均衡

从现在已经进入老龄化社会的多数国家看，其城镇老龄化程度高于农村。从我国的情况看，农村人口老龄化的规模和速度均超过城市。究其原因：一方面，我国是一个农业大国，农村人口长期以来多于城市人口。近年来，城市的劳动力吸纳逐渐饱和，加之城市压力的增大，农村迁入城市的劳动力有所减少，农村人口老龄化速度有所减慢。根据国家统计局2019年公布的数据，我国有5.77亿农村人口，仍占全国人口总数的41.48%。特殊国情决定了我国农村老龄人口的绝对数还处于较高水平。另一方面，伴随着国家工业化、农村城镇化，大量农村青壮年人口流向城市，从而使农村人口老龄化的速度快于城市。

2.地区间差异

我国人口众多，各地区的经济社会发展水平差异较大。与此同时，人口老龄化发展也呈现出明显的区域不平衡性。从地区分布来看，东部和中部地区的人口老龄化形势相对严峻，老年人口分布不均，老龄化呈现转移趋势；西部地区的人口压力相对较小。从时间走势来看，东部地区人口老龄化正逐渐向中部和西部地区转移。人口老龄化发展不平衡的趋势，将在一定程度上影响国家的区域政策、地区经济布局和企业的生产经营决策等。[①]

3.性别间差异

据联合国统计数据，我国1950—2050年间60岁及以上人口中的女性比例平均保持在51%，即在总体规模上老年女性多于老年男性；80岁及以上高龄人口的女性比例则保持在58%以上的水平。此间的前60年，我国老年人口的女性比例总体上呈缓慢下降的态势，但预计在之后的几十年间会呈现缓慢回升的走势，到2050年预计会小幅回升到52.8%

---

① 曾光霞．中国人口老龄化新特点及影响［J］．重庆大学学报（社会科学版），2014（2）：136-139.

左右；高龄人口的女性比例将基本维持在59%左右。[①]

第二节 应对人口老龄化的文化养老发展之道

党的十九届五中全会明确提出“实施积极应对人口老龄化国家战略”，首次正式将积极应对人口老龄化上升为国家战略。2021年3月11日，十三届全国人大四次会议表决通过的《中华人民共和国国民经济和社会发展第十四个五年规划和2035年远景目标纲要》明确要求“实施积极应对人口老龄化国家战略”，并列专章做出部署。积极应对人口老龄化、提升老年人幸福感是新时代的迫切要求。为此，要大力发展文化养老，积极推动全民阅读，尤其是老年人阅读，调动图书馆等公益性文化单位的积极性，提高其文化服务效能。图书馆等是促进群众终身学习的重要场所，承担着文化传承、交流的重要使命和社会职责。[②]作为重要的社会文化基础服务设施，图书馆要秉持“公益性、基本性、均等性、便利性”原则，充分发挥精神文明建设的作用，向老年群体提供更为精准、高品质的服务，尤其是在信息时代要实现和保障老年读者的基本文化权益，不断改善服务质量，推动老年人阅读推广，将文化养老落到实处。

在国家“十二五”规划中，我国政府首次提出“文化养老”的概念，在满足老年人物质需求的同时，鼓励老年人以文化的方式进行养老。老年人的幸福生活不仅取决于物质生活水平的提高，也取决于精神文化生活水平的提高。进入新时代，老年人对美好生活的向往也有了新的要求，不仅要物质富裕，也要精神富有。文化养老是在老年人物质生活越来越好的情况下，以各种文化活动、学习教育和文化服务等为载体，不断满足老年人精神文化生活需求的一种养老方式，是积极应对人口老龄化的重要措施和课题。随着我国的逐渐强大，文化养老日渐成为文化自信的重要路径之一。文化养老作为满足老年人日渐增长的精神文化需求的一种方式被推广开来。新征程上，我们要充分认识到推进文化

① 姚蕾. 老年人服务与管理［M］. 北京：清华大学出版社，2018：50-51.
② 赵新英. 浅谈公共图书馆读者服务工作的要求［J］. 图书情报，2017（5）：24-25.

养老的重要意义，针对文化养老方面存在的问题，多措并举地抓好文化养老工作，推动文化养老高质量发展，不断满足老年人多样化、多层次、多方面的精神文化需求，让老年人的晚年生活更加幸福快乐。[①]

一、文化养老文献综述与概念界定

这里，我们在文化养老文献综述的基础上，对文化养老的概念进行界定，以期对文化养老有个基本认识。

（一）文化养老文献综述

文化养老的研究成果主要集中于以下四个方面：

1.文化养老的需求

文化养老是基于老年群体内在精神文化需要而产生的一种高层次养老方式。[②]戴思航、张功翠（2019）通过对嘉兴市典型养老型社区的调查走访，发现老人有基于情感与归属、尊重、自我实现等的文化需求。[③]王红涛（2011）认为，文化养老是一种能体现传统文化与当代人文关怀的养老方式，它以社会文明与发展为前提，以满足精神需求为基础，以沟通情感、交流思想、拥有健康体魄与心态为基本内容，以张扬个性、崇尚独立、享受快乐、愉悦精神为目的。[④]

2.文化养老的功能

文化养老可以提高老年人的认知功能和幸福指数，实现共享发展的功能。[⑤]方爱清、王昊（2015）认为，文化养老这一理念既体现了我国优秀传统文化，又彰显了当代人文关怀精神；文化养老的当代价值是更新养老观念、创新文化传承途径和保障养老安全。[⑥]

3.文化养老的困境

当前，文化养老服务体系尚未健全，存在内容单一、专业人才匮

---

① 仇丽萍．积极应对人口老龄化推动文化养老高质量发展［J］．黑河学刊，2022（1）：107-114.

② 韩俊江，徐彬．文化养老的功能及其实现路径［N］．中国人口报，2019-07-05（3）.

③ 戴思航，张功翠．老年人潜在需求视角下的嘉兴市社区文化养老服务供给研究［J］．产业与科技论坛，2019（18）：93-94.

④ 王红涛．宽容理念："文化养老"的理论基础探析［J］．辽宁行政学院学报，2011（8）：173-178.

⑤ 韩俊江，徐彬．文化养老的功能及其实现路径［N］．中国人口报，2019-07-05（3）.

⑥ 方爱清，王昊．文化养老的基本内涵、当代价值及其可依路径［J］．江汉大学学报（社会科学版），2015（4）：34-37.

乏、老年文化产品较少等问题。[①]叶群华（2018）通过对杭州市老年文化体育发展、老年活动中心建设等的调研，发现城市文化养老存在诸多不足：对文化养老的认识不够；相关设备、场所利用率不高；文化养老氛围尚未形成；老年人服务队伍有待加强；老年人文化需求尚未被满足。[②]杨湛（2017）以浙江省为例，研究发现文化养老产品供给不足，公共文化设施建设滞后，社会对文化养老的重视程度不够，从而导致老年人的精神文化生活相对贫乏。[③]

4.文化养老的实现路径

文化养老需要培养孝道和仁爱的文化精神，整合慈善和公益的文化资源，实现敬老和乐龄的文化理想，以文娱活动实现老有所乐，以老年大学实现老有所学，以社会参与实现老有所为，以价值实现老有所用。[④]文化养老的可依赖路径包括探索科学内涵、完善扶持政策、宣传时代理念、搭建阵地平台和组建工作队伍。[⑤]钟春洋（2012）认为，“文化养老”的发展路径包括：其一，弘扬孝道文化是“文化养老”实现老有所养、老有所医的有利条件；其二，培植先进文化是“文化养老”实现老有所教、老有所学的基本内容；其三，发展休闲文化是“文化养老”实现老有所为、老有所乐的实现途径。[⑥]

（二）对文化养老概念的界定

从现有文献来看，学界对文化养老内涵的认识主要反映在养老价值取向和老人精神满足两个方面，如通过旨在体现传统文化与当代人文关怀的养老方式，从传统上注重物质赡养到当代注重精神孝养，使得老年人“老有所教、老有所学、老有所乐、老有所得、老有所为”。[⑦]或者说，文化养老是以传统文化与当代人文关怀为核心[⑧]、以各种文化娱乐

① 沈勤，韵卓敏．新时代文化养老服务体系建设路径探析［J］．广西社会科学，2019（8）：72-77.

② 叶群华．杭州社区老年人文化养老的研究与展望［J］．职大学报，2018（1）：84-88.

③ 杨湛．社会文化养老服务的现状、问题与对策：以浙江为例［J］．三江论坛，2017（3）：41-44.

④ 穆光宗．文化养老的指向［N］．北京日报，2016-05-09（14）.

⑤ 方爱清，王昊．文化养老的基本内涵、当代价值及其可依路径［J］．江汉大学学报（社会科学版），2015（4）：34-37.

⑥ 钟春洋．社区文化养老的发展路径探析［J］．四川行政学院学报，2012（1）：70-81.

⑦ 刘建国．关于科研院所文化养老工作的思考［J］．管理观察，2013（18）：119-120.

⑧ 陈毅力．山东烟草系统“文化养老”长效机制建设的探索与实践［N］．东方烟草报，2009-04-02（2）.

活动及其服务为载体[①]、以满足老年人的精神需要为目的[②]的一种养老方式。

然而，诚如一些学者所言，文化养老的内涵十分丰富，需要回答“以什么样的观念、什么样的伦理、什么样的习俗、什么样的模式、什么样的制度、什么样的活动来养老”的问题[③]，因此，现有的文化养老定义显得并不全面。

通常，我们可以把文化区分为物质、制度和价值三个层面。文化养老应该是反映特定的价值取向、以满足老年人的精神需要为主、借助文化活动实施的养老服务及其制度体系。从狭义的角度来说，文化养老特指满足老年人退休后的精神需要的各种文化服务活动；从广义的角度来说，文化养老不仅包含这些具体的文化服务形式，而且包含组织和实施这些文化服务的制度安排，以及支撑这些制度和文化服务的价值取向。[④]在其内容上，文化养老既反映了传统的孝道，又体现了当今社会经济发展背景下积极老龄化的新价值取向，表现为“老有所教、老有所学、老有所乐、老有所得、老有所为”的“精神赡养”和人文关怀。[⑤]

文化养老是在传统养老方式无法有效解决养老新需求的情况下，在文化层面的一种新突破，是一种传统与现代文化相结合的新养老方式。文化养老相比传统养老，出现了以下几个方面的转变：[⑥]

第一，从内容上来看，文化养老不仅仅是物质养老的“一体两面”，它也涉及整个养老体系的顶层制度设计，倡导整个社会建立适老、敬老、尊老的精神养老体系。

第二，从形式上来看，文化养老更加强调老年人的主动性，呼吁老年人积极参与、学有所得，是一种有尊严、有品位、精神富足的养老模

---

① 潘继军．建立长效机制全面推进离退休人员“文化养老”[J]．辽宁工业大学学报（社会科学版），2011（1）：61-63.

② 曹长远．推进离退休干部文化养老建设的思考［J］．西南科技大学学报（哲学社会科学版），2013（5）：91-94.

③ 穆光宗．“文化养老”之我见［J］．社会科学论坛（学术评论卷），2009（6）：132-138.

④ 方巍．社会福利视野下的文化养老［J］．东岳论丛，2014（8）：22-25.

⑤ 刘建国．关于科研院所文化养老工作的思考［J］．管理观察，2013（18）：119-120.

⑥ 陈友华，夏梦凡．文化养老：概念、问题与建议［J］．社会学评论，2022（1）：76-84，173.

式，而传统养老则是老年人因身体机能下降导致的被动支持，侧重于子代的赡与孝。

第三，从服务提供者来看，传统的养老服务主要由家庭提供，国家、市场、社会组织与社区是补充力量。文化养老主要是由市场发挥主体作用，为老年群体提供丰富的文化产品与文化服务，而政府为老年群体建构文化制度体系。

第四，从实践上来看，文化养老并非物质养老满足之后的产物。虽然说文化养老是一种更高层次的精神需求，但对老年群体来讲，文化需求与物质需求同等重要，没有严格的先后之分，在物质不富裕的情况下，家庭给予老年群体精神陪伴，社会给予老年群体多一点关爱，反而能够弥补其物质不足的缺陷。

二、发展文化养老的意义和对策

进入新时代，文化养老已成为老年人对美好生活的新需求，必将成为养老领域的一种新趋势、老龄化社会发展的新常态，也将成为我国从基本养老向品质养老跨越的重要路径。

（一）发展文化养老的意义

推动文化养老高质量发展，对建设社会主义文化强国，引导老年人听党话、跟党走，积极应对人口老龄化，提升老年人生活幸福感，都具有非常重要的意义。

1.发展文化养老是建设社会主义文化强国的迫切需要

中国共产党历来高度重视文化建设。党的十八大把文化建设与经济建设、政治建设、社会建设、生态文明建设一起纳入中国特色社会主义事业“五位一体”的总体布局之中，强调要大力推进文化建设。党的十九大报告指出，要“坚持中国特色社会主义文化发展道路，激发全民族文化创新创造活力，建设社会主义文化强国”。党的十九届五中全会提出，要“坚持马克思主义在意识形态领域的指导地位，坚定文化自信，坚持以社会主义核心价值观引领文化建设，加强社会主义精神文明建设，围绕举旗帜、聚民心、育新人、兴文化、展形象的使命任务，促进满足人民文化需求和增强人民精神力量相统一，推进社会主义文化强国建设”[①]。“物质贫乏不是社会主义，精神空虚也不是社会主义”，我们不仅要建设社会主义经济强国，还要建设社会主义文化强国。数亿老年人既是“精神食粮”的消费者，也是“精神食粮”的创造者和社会主义先进文化的建设者，是推动文化强国建设不可忽视的重要力量。推动文化养老高质量发展，充分发挥老年人文化消费、文化建设的作用，激发和释放老年人的文化创新创造热情，让他们为提升国家文化软实力做贡献，无疑有利于推动和促进社会主义文化强国建设。

2. 发展文化养老是积极应对人口老龄化、提升老年人生活幸福感的迫切需要

进入新时代，养老也面临一些新情况和新问题，只有实施积极应对人口老龄化国家战略才能有效解决。

（1）老年人生活富裕后，需要文化养老来提升生活幸福感。随着中国社会长期稳定和经济快速发展，老年人的物质生活水平不断提高，但是，老年人对幸福生活的追求是无止境的。当老年人的物质生活得到满足之后，必然要对精神文化生活提出更高的要求，不能满足老年人日益增长的精神文化生活需求，就会影响老年人生活幸福感的提升。

（2）老年人寿命延长，老年生活需要文化养老来充实。随着物质生活水平和医疗保障水平的不断提高，老年人的寿命不断延长，空闲时间增多，如果没有文化养老，生活就会失去方向、意义和动力。例如，一些老年人退休之后整日无所事事，不接触新事物，不学习新知识，时间长了就容易产生无聊、空虚、失落、自卑、孤独、郁闷等心理问题，逐渐陷入文化“贫困化”状态，精神萎靡甚至迷茫痛苦。

（3）随着老年人口文化程度的提高，老年人的文化养老需求逐渐增加。第七次全国人口普查数据显示，我国60岁及以上人口中，拥有高中及以上文化程度的有3 669万人，比2010年增加了2 085万人；高中及以上文化程度的人口比重为13.90%，比10年前提高了4.98个百分点[②]。未来，老年人中高中及以上文化程度的人所占比重会持续提升。这一情况也表明，我国将有更多老年人选择文化养老、退而不休的生活

① 中共中央. 中共中央关于制定国民经济和社会发展第十四个五年规划和二〇三五年远景目标的建议［N］. 人民日报，2020-11-04（1）.

② 张东. 老龄化加深 教育何为［N］. 中国教育报，2021-05-19（1）.

方式，老年人对学习、文化、情感等方面的精神需求将持续增加。

积极应对人口老龄化，推动文化养老高质量发展，不断满足老年人多样化、多层次、多方面的精神文化需求，能够促进老年人自由全面发展，提升老年人的素质，让每一个老年人都可以按照自己的兴趣爱好、天赋特长，自由选择生活空间、活动领域和发展方向，重新找到生活的意义，尽己所能，老有所为，实现自己的人生价值，提升老年生活的美好感和幸福感。①

（二）发展文化养老的基本对策

文化养老是一种更高要求、更高层次的养老方式，直接关系到老年人生活的获得感和幸福感。发展文化养老应对人口老龄化，一是要树立应对人口老龄化的正确理念，努力实现健康老龄化、积极老龄化、成功老龄化；二是要采取行动，制定相应政策，采取有效措施，缓解老龄化带来的各方面压力，推动文化养老高质量发展，不断满足老年人多样化、多层次、多方面的精神文化需求，为广大老年人创造更加幸福快乐的晚年生活。

1 营造文化养老的浓厚氛围

文化养老是一项系统工程，涉及面广，群众性强。文化养老不是权宜之计，而是必须长期抓下去的大事；不只是与老年群体、老龄委、老干部局等有关，它与整个社会的各行各业几乎都有关；不只是各级党委政府的事情，也是各个家庭的事情。所以，要加强宣传，在全社会树立和强化“文化养老”理念，促进文化养老高质量发展。

要想文化养老理念深入人心，首先要弘扬孝道文化。中国有句古话：“养儿防老，积谷防饥。”“养儿”的目的是行孝，行孝并不会自然而然地解决老人的养老问题，但是养老问题的解决又离不开行孝。“大孝尊亲，其次弗辱，其下能养”，其实正确的孝就是：尊重父母的意愿，让父母过上有质量、有尊严的老年生活。②

文化养老既是中国传统慈孝文化的试金石，也是社会主义现代化建设的重要组成部分。因此，各级党委政府以及村居领导要强化文化养老

① 仇丽萍．积极应对人口老龄化推动文化养老高质量发展［J］．黑河学刊，2022（1）：107-114．

② 胡荣．浅析“文化养老”的困境与对策［J］．劳动保障世界，2017（5）：15，17．

意识，不但要把文化养老放到改革发展的大局中去谋划，列入工作议程，抓好文化养老工作，而且要大力宣传文化养老的重要意义和作用。新闻媒体要加大文化养老宣传力度，强化文化养老舆论引导，为促进文化养老营造良好的舆论环境。老龄委、老干部局、老年协会等相关部门和老年组织更是责无旁贷，要大张旗鼓地宣传文化养老的新理念、新生活方式。要通过宣传引导，营造浓厚的文化养老氛围，提高全社会对文化养老意义的认识、对文化养老工作的关注度，使文化养老理念深入人心。①

2.完善文化养老的扶持政策

首先，政府应充当社会文化养老服务体系的“掌舵者”，制定有关文化养老的政策，让文化养老相关部门有规可依。此外，还需对社区文化养老服务进行引导，让社区重视文化养老的发展，督促文化养老相关项目的推进与开发，为老年人参与文化养老创造良好的政策环境，进而为老年人融入社会创造条件，提高老年人的生活质量。②

其次，政府要做好相关的财政预算，加大文化养老事业建设的力度，大力发展文化养老相关产业，不断吸引社会资金进入养老领域，开发银发产业，增加文化养老建设资金的投入并监管资金落实到位。当然，也要引入市场竞争，这样才能促进文化养老产业更好更快地发展。

最后，要构建文化养老服务的科学发展机制，建立健全文化养老服务体系。文化养老服务体系的构建不会在一夜之间实现，作为主导者的政府，要完善文化养老的相关政策、法规，建立完整可行的规章制度，包括文化养老服务工作人员的管理与培训、活动的组织、老年人积极性的调动等，规范社区和社会组织的行为与管理，让文化养老活动顺利有序地进行。同时，要构建文化养老监督机制，保障文化养老稳中求进。政府要鼓励多部门进行分工协作，共同为老年人享受到更好的文化养老服务而努力。文化养老的开展需要接受实践的检验，需要广泛开展社区文化养老服务试点，总结经验，更好地进行推广发展。③

---

① 仇丽萍. 积极应对人口老龄化推动文化养老高质量发展 [J]. 黑河学刊，2022（1）：107-114.

② 韩俊江. 文化养老的功能及其实现路径 [N]. 中国人口报，2019-07-05（3）.

③ 杨黎源. 从生活保障到精神健康：社会文化养老服务的发展路径与政策支持——以宁波为例 [J]. 四川行政学院学报，2015（3）：56-59.

3.搭建文化养老的阵地平台

文化养老的具体实现依赖阵地平台的搭建：一是充分发挥老年大学、老年图书馆、老年网络中心等教育阵地的辐射功能，为老年人提供更多的重回校园学习的机会，采购老年人喜闻乐见的图书、影像资料，科学设计老年人课程，拓展老年教育事业功能。二是加快老年文娱活动中心的建设，设立诸如老年声乐社、戏曲社、象棋社等社团，举办音乐、舞蹈、养生保健、老年摄影或信息技术等课程或讲座，鼓励和扶持老年人积极参与社会文化生活，在提供精神愉悦的同时，提升老年人的社会融入感。三是充分挖掘老党员、老干部、老职工、老专家等的知识、经验和技能潜力，在“传帮带”中给予老年人施展才华、发挥余热的空间，让老年人在体验文化养老新理念的同时，开启晚年生活的新航程。[①]

4.提升老年文化活动的品位和质量

推动文化养老高质量发展要有高质量的老年文化活动。文化养老形式多样，内容丰富。要根据老年人的特点和对精神文化生活的需求，围绕满足老年人学习、文娱和继续发挥余热的需要，开展老年文化活动，让老年人在多种多样、质量较高的文化活动中充实生活、陶冶情操、增长见识、增进感情。要拓展和丰富老年文化活动内容，通过开展“四史”学习宣讲会、党委政府工作情况通报会、老年人献计献策座谈会、家风建设交流会、老年文艺汇演、书画展览、老年体育比赛、老年健康知识讲座等丰富多彩的老年文化活动，为老年人创造更多学习、交流的机会。要创新老年文化活动方式方法，好的传统的方式方法要用，但不能满足、停留于此，要动脑筋想办法，让老年文化活动更加适应老年人的需要，具有更强的吸引力，力求更高的参与度，取得更好的效果。老年文化活动可以休闲娱乐，但要避免庸俗、恶俗、低级趣味和“娱乐至死”。老年人开展文化活动，不仅仅是为了休闲娱乐、养好身体，还要坚持以社会主义核心价值观为引领，向上向善，加强品德修养，升华人生境界，提升价值，为推动经济社会发展做出力所能及的贡献。开展老

① 周旭霞. 文化养老的价值功能、现实困境与实现路径——基于杭州市的实践［J］. 创新，2020（3）：29-36.

年文化活动要努力做到导向鲜明、主题突出，引导广大老年群众养成高尚的生活情趣，具有积极向上的精神追求，增强精神力量。要针对不同年龄的老年人开展不一样的活动，对低龄老年人要多开展一些动态的、发挥正能量的文化活动，对高龄老年人要多开展一些静态的、具有休闲娱乐性质的文化活动。此外，要开展文化志愿活动，送文化到农村、社区、基层养老院、老年公寓和康养基地等，宣讲党的理论路线方针、政策，举行公益演出等；为文化层次较低、留守、孤寡、空巢、高龄、行动不便的老人提供文化服务（如为他们读书报、讲故事或唠家常等），对他们进行人文关怀、情感安慰和心理疏导，满足他们获得情感支持、心理慰藉和人格尊严的需求。精神的力量是强大的，文化的力量是无穷的，精神文化能够给处于困境中的老年人带来无穷的力量、快乐和幸福。①

5.壮大文化养老工作队伍

文化养老理念与政策得以实施，专业人才是关键。一是要培养一支从事文化养老的专业工作队伍，强调对文化养老理念、文化养老政策的教育与培训，定期考核其文化养老整体观、文化养老工作素养等方面的业务能力，为文化养老的健康快速发展奠定人才基础。二是政府通过向社会购买服务，增加文化养老专业人才供给。三是激活全社会人才的能量，如鼓励养老机构引入兼职文化工作者，丰富人才服务的专业性，提升文化养老的质量，推进文化养老的人才效益最大化。②

总之，进入新时代，文化养老已成为城市老年人对美好生活的新需求，必将成为养老领域的一种新趋势、老龄化社会发展的新常态，也将成为我国从基本养老向品质养老跨越的重要路径。在这一大背景下，积极调动全社会的力量，大力促进老年人阅读，并以此作为推进文化养老、应对人口老龄化的重要举措和着力点，也是新时代赋予我们的新使命。

---

① 仇丽萍．积极应对人口老龄化推动文化养老高质量发展［J］．黑河学刊，2022（1）：107-114.

② 周旭霞．文化养老的价值功能、现实困境与实现路径——基于杭州市的实践［J］．创新，2020（3）：29-36.

三、文化养老下的图书馆老年人阅读推广

在人口老龄化的背景下，随着社会各界对老年人关注程度的提高，全国各地的文化养老实践活动应运而生，老年大学、老年人阅览室等服务场所逐渐增多。[①]图书馆是实现终身教育的场所，是促进文化养老发展的中坚力量，在提高老年读者文化素养方面发挥着重要作用。面对人口老龄化背景下文化养老蓬勃发展的大趋势，图书馆应秉承普惠、均等、便利的原则，为老年读者提供高品质的阅读服务，为老龄化社会的发展做出应有的贡献。

（一）文化养老下的图书馆老年人阅读推广的作用机制

老年读者虽然与社会的互动关系逐步弱化，但对精神文化的需求却在不断增加。图书馆作为公益性文化机构，在满足老年读者阅读需求方面具有独特的优势，在文化养老中发挥着教育、服务、管理等多重作用，对文化养老事业的发展具有推动作用。应积极推进图书馆老年人阅读推广，让阅读成为老年人的一种积极生活方式，成为文化养老视域下应对人口老龄化的重要路径。图书馆老年人阅读推广的作用机制体现在如下三个方面：[②]

1.丰富文化生活，满足老年人的精神文化需求

随着社会经济的高速发展，我国各项事业都取得了长足进步，医疗、养老等基本保障体系进一步完善，这在一定程度上缓解了老龄化危机。而当老年群体基本的物质需求得到满足后，其非常渴望获得更高层次的满足——“尊重”“求知”“自我实现”等。这些需求成为一种动力，促使他们寻找更为丰富的文化生活方式。文化养老是老龄化社会的重要举措，我国应将其纳入公共文化服务范畴。图书馆作为公益性文化机构，在服务老年读者群体方面具有特定优势，参与文化养老实践也是其适应老龄化社会新变化、获得更多社会支持的良好机遇。[③]图书馆应合理设置服务项目，在阅读推广中给予老年人更多关注，最大限度地满

① 王宝兴. 老年读者阅读心理及服务策略研究［J］. 中文信息，2017（5）：48-49.
② 时庆安. 文化养老视域下图书馆面向老年读者的阅读推广服务体系构建［J］. 河南图书馆学刊，2019（7）：2-4.
③ 纪向新. 互联网环境下老年读者信息权利及其保障策略研究［J］. 图书馆研究与工作，2016（5）：31-34.

足他们的精神文化需求。

2.发挥情感慰藉作用，消除老年人的孤独感

很多老年读者为退休人员，由于远离原有的社会关系或工作环境，他们参与社会实践的机会减少，加上亲属或子女工作繁忙，彼此之间沟通不足，这就很容易让其产生孤独感。图书馆作为老年读者获取知识的场所，可以根据不同老年群体的个性化需求，开展有针对性的阅读推广活动，吸引老年读者参与，在享受阅读乐趣的过程中消除情感上的空虚。图书馆作为老年读者经常光顾的场所，可以将有相同兴趣爱好的老年读者聚集起来，搭建老年人之间交流的社交平台，让具有相近文化背景、年龄层次或价值观的读者自由交流，并以兴趣群、读者俱乐部等方式建立人际社交圈，让老年读者在良好的社交氛围中获得情感慰藉。

3.体现社会教育职能，促进老年人身心全面发展

老年读者到图书馆获取新知识，本身就是了解社会发展动态和融入社会的过程。①图书馆为老年读者提供热情周到的服务，可以让老年读者感受到尊重与关爱。很多老年读者在离开工作岗位后，由于空闲时间较多，往往有培养兴趣爱好、陶冶情操的强烈愿望。图书馆的阅读推广服务内容涉及面广，符合老年群体的需求特征，如时政热点、戏曲艺术、体育保健等，能够满足老年读者的求知审美需求，也有助于其身心的全面发展。此外，图书馆作为引领全民阅读的重要场所，能够以专业可靠的信息服务，引导老年读者养成良好的阅读习惯，在潜移默化中改变老年人的思想观念，发挥弘扬社会主义核心价值观的作用。

（二）文化养老下图书馆老年人阅读推广体系的构建

要想为不同类型的老年读者提供优质服务，图书馆需要做好精准群体划分工作，根据不同群体的需求特点，从资源配置、平台搭建、人才培养等层面构建阅读推广体系，进而满足老年读者的个性化需求（如图1-1所示）。②

---

① 谭绣文．珠三角地区公共图书馆老年读者服务调查分析及启示［J］．山东图书馆学刊，2017（1）：60-65.

② 时庆安．文化养老视域下图书馆面向老年读者的阅读推广服务体系构建［J］．河南图书馆学刊，2019（7）：2-4.

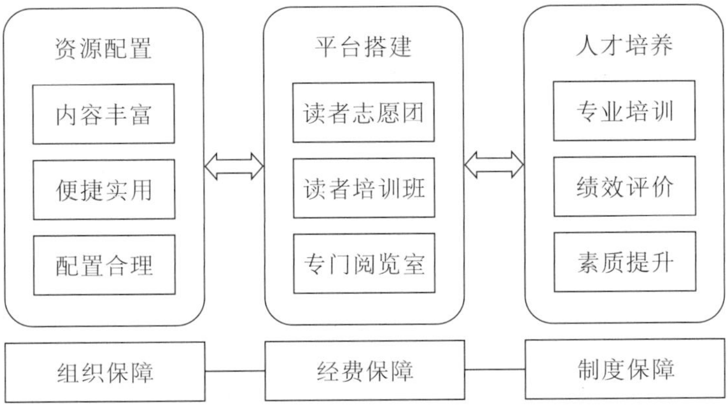

图 1-1　图书馆面向老年读者的阅读推广服务体系

1.资源配置

图书馆面向老年读者提供阅读推广服务，应做好资源建设工作，选择适合老年读者阅读的资源类型，并保障合理的文献资源配置，提高文献资源的有效性，以优质的服务获得更多老年读者的认可。为了更好地掌握老年读者的阅读需求，图书馆可以建立灵活的反馈机制，对老年读者的阅读情况进行统计，或者以随机采访的方式掌握不同老年群体的阅读需求，推送符合老年读者阅读习惯的阅读资源。老年读者有强烈的自我提升、自我实现需求，图书馆要根据他们的阅读心理，挑选养生保健、时政热点等类型的文献。[①]此外，图书馆还应配置老年人专用的电子阅览设备、有声读物和视听资源，激发老年读者的阅读兴趣，以免他们对电子设备产生抵触情绪。

2.平台搭建

在老龄化社会背景下，空巢老人的数量逐渐增多，帮助这些老年人排解孤单，丰富他们的精神文化生活，是图书馆等公共文化服务机构义不容辞的责任。对于老年读者这类特殊的服务对象，图书馆有必要根据他们的实际需求，搭建符合他们阅读习惯的个性化服务平台，如建立专门的老年人阅览室、组建老年读者志愿团等，为他们提供更多的社交机会。同时，图书馆可以通过举办老年读者培训班或以专家讲座的方式，帮助老年人获得更多的专业知识，满足他们老有所学的需求。

① 麦玲玲. 浅谈如何加强公共图书馆老年读者服务问题 [J]. 读书文摘，2017（10）：33-34.

3.人才培养

由于身体机能退化，老年读者的思维相对迟钝，视力逐渐下降，这就需要图书馆员以高度的耐心与责任心，准确掌握老年读者的实际需求。因此，图书馆需要做好人才培养工作，组建高素质的服务团队，不仅要提升馆员的专业服务技能，也要培养馆员关爱、尊重老人的良好品质，进而为老年读者提供良好的阅读环境。图书馆可以针对老年读者的需求特征定期开展馆员培训活动，指导馆员与老年人进行有效沟通，强化他们为老年读者提供优质服务的意识。同时，图书馆可对外招募老年读者服务志愿者，创新人力资源结构，解决图书馆人力资源不足的问题，扩大图书馆阅读推广服务的范围。①

每个人都会步入老年，每个家庭都有老人，文化养老是一项贴民心、暖人心的“精神亮化”工程，是积极、向上、健康的养老方式，是提高老年人生活质量的根本保证，是扩大社会交往，排除孤独、寂寞的有效方式，是用传统和现代文明成果锤炼精神世界、陶冶情操、顿悟人生，使心灵得到自由发展、思想得到洗礼、灵魂得到升华的最高境界。这一切都需要图书馆不懈地努力和付出，把文化养老工作抓好、抓实，使它更加丰富、更加多元化，成为一个集学习阅读、研讨交流、心理辅导、社会教育、文明传承、休闲身心于一体的综合文化平台，使老年群体成为推动社会发展的有效力量。②

第三节 案例探讨

朝阳市图书馆文化养老视域下的老年人阅读推广创新实践

朝阳市图书馆积极探索文化养老，开展丰富多彩的阅读推广活动，全方位地探索图书馆为老年人服务的有效方式，深化、拓展服务内容，延伸、创新服务模式，提高服务层次的深度和广度，使老年阅读推广更具针对性和可操作性、更富有实效性。

① 时庆安. 文化养老视域下图书馆面向老年读者的阅读推广服务体系构建 [J]. 河南图书馆学刊，2019（7）：2-4.

② 王跃中. 老年群体阅读推广模式创新探索——以朝阳市图书馆文化养老实践为例 [C] //中国图书馆学会年会论文集，2014：242-246.

1.打造文化养老视域下的老年人阅读推广“六大平台”

文化养老的本质是精神养老，精神生活需求必然推动精神养老实践，从而产生精神养老模式。根据当前老年群体的现实需求，朝阳市图书馆积极转变观念，认真探索，大胆实践，牢牢把握精神养老这条主线，逐步建立起适合老年人的阅读推广“六大平台”。

（1）创建文化养老组织平台。朝阳市图书馆组建了朝阳市首家老年读书组织“朝阳老年读者之友会”，制定了《朝阳老年读者之友会章程》，选举了组织机构；本着“平等、自由、和谐、快乐、发展”的办会原则，明确会员的责任和义务，积极引导会员爱党、爱国、爱家乡，解放思想，创新求实，秉公直言，奉献社会；组织老年人开展丰富多彩的阅读活动，开展专题读书座谈、研讨、写作，分享学习成果，传播文化知识，扩大辐射效应，增加社会效益。

（2）创建文化养老活动平台。朝阳市图书馆创办了“朝阳老年读者文化论坛”，推出了老年文化品牌服务项目。图书馆以党和政府的重大决策部署和干部群众关心的热点、难点问题为主题，通过沙龙、论坛活动进行交流研讨，提高认识，扩大宣传。此外，图书馆还开展“朝阳地域文化”“快乐读书”“健脑强身”“文化养老”等专题论坛研讨活动。如老年读者之友会开展的读书论坛研讨活动，紧紧围绕朝阳的“红山文化”“三燕文化”“化石文化”“朝阳地区民族演变史”等多个选题进行深入研究探讨，突出地方特色，取得了显著成果。其中，“朝阳化石文化”研究成果，将朝阳化石文化的起源向前推进了1 000年；“朝阳地区民族演变史”研究成果厘清了从远古到现代各民族在朝阳地区生存、发展、演变的基本过程。还有一些老同志取得了红山文化时期就有谷子种植的历史研究成果。“朝阳老年读书文化论坛”每年根据实际情况定期举办，很多老年人踊跃参与，辽宁省人民政府网站、东北新闻网、朝阳广播电视台、《朝阳日报》等多家媒体多次进行报道。

（3）创建文化养老服务平台。朝阳市图书馆组建了朝阳老年文化志愿者团队，充分发挥老年群体人才荟萃、经验丰富、积极向上的优势，深入社会开展文化传播和服务工作，开展心理辅导、法律咨询、强身健体、精神关怀等服务项目。例如，深入社区、农村留守儿童学校、军营、民营企业，开展“老年与法”“炳悟人生”“心理健康”等具有公益性质的讲座，深入老年公寓进行文艺慰问演出等，展现了老同志在新时期老有所为、无私奉献的精神风貌，走出了一条“老管老、老教老、老帮老”和“自我管理、自我教育、自我发展、共同提高”的新路。

（4）创建文化养老交流平台。朝阳市图书馆创办了《老年读者之友》期刊，组建编委会、设立编辑部。期刊设有理论研讨、读书心语、桑榆论坛、心理保健、朝阳史话、老人与法、诗风雅韵、怡情山水等版块，发表老年朋友撰写的文章，搭建交流平台，让老年朋友在这个平台上尽情地抒写人生，展现夕阳之美、快乐之声、文化之魂。正如一些老同志所说：“《老年读者之友》是播送希望和快乐的使者，给老年人增添魅力与智慧，让老年朋友们将日子写在纸上，将感动刻在笔端，将点滴与大家分享，用文字描绘生活，用语言警醒人心。老年朋友们携手并肩写更精彩的人生，演奏出更加华美的生命乐章，同心共筑中国梦。”

（5）创建文化养老教育平台。为了让老年人更加便捷地获得图书馆的文献资源，满足更多老年人的文化需求，朝阳市图书馆在朝阳市老年大学、朝阳市老年书画研究会等单位建立了“老年图书流通站”；在老年人聚集的地方——朝阳市老干部局附近建立了“老年阅报栏”；在向阳街道西盛社区建立了“老年电子书屋”，深受大家的欢迎。老年朋友互相宣传，彼此相告，赋诗表达他们的心情：“流通站点联万家，老少皆宜人人夸，边读边议增智慧，不出小区知天下。”教育平台的搭建，使老年人老有所学，乐在其中，受益匪浅，现已成为朝阳市内不可或缺的重要文化阵地。

（6）创建文化养老互动平台。近年来，朝阳市图书馆与朝阳市老年文化促进会、朝阳市老年书画研究会、朝阳市金秋文学社等社会团体密切合作，联合开展特色活动，如“老年文化专题论坛”“老年人读书有奖征文”“老年书画入馆展览”“老年维权知识讲座”“老年读者迎新春联欢会”等活动，拓展了图书馆的服务半径，实现了优势互补、平台互用，有效运用了文化资源，体现了老年读者和老年参与者的良性互动，开阔了老年人的文化视野，激发了其精神情趣，从而达到了文化养老的目标。

2. 文化养老视域下老年人阅读推广社会效果分析

（1）为老年人群体排忧解难，减轻社会压力。老年人群体是社会弱势群体之一，是社会结构的薄弱环节，他们更需要社会的理解和关爱，更需要群体间的信息沟通和情感交流；而图书馆文化养老活动的开展，为其交流思想、畅所欲言提供了崭新平台，为培养其积极心态创造了有利的环境，为其健康幸福地度过晚年提供了精神保障，减轻了社会养老的压力。

（2）为老年人创造实现自身价值的机会。老年人有着强烈的服务社会、实现自身价值的愿望，而图书馆文化养老服务恰好搭建了实现老年人美好愿望的平台，使老年人一生积累的丰富社会实践经验和宝贵的学习成果得以展现出来；同时，也通过这项服务将他们身上许许多多的闪光点挖掘出来，予以传承和发扬。

（3）提升社会各个阶层对老年群体的关怀度。图书馆开展文化养老活动引起了社会各界的广泛关注，增强了民众对文化养老的深刻认识；图书馆的特色服务深刻反映出社会对老年人的关爱和帮助，有助于政府部门了解老年人群体的需求和渴望，从而完善相关政策，采取切实有力的措施，给予老年人群体以真诚有效的援助，从而促使全社会关心老年人群体，自觉地采取行动帮助他们；同时也使老年人群体体会到社会对他们的高度关注和寄予的期望。

（4）提高图书馆关爱弱势群体的社会知名度和声誉。朝阳市图书馆经过多种形式的探索与努力，开展的文化养老活动由于参与度高、宣传力度大、带动性强，使全市老年人群体都知道了图书馆的服务理念、服务措施、服务方式，进一步开阔了图书馆面向老年群体服务的新天地，极大地提高了图书馆在社会中的地位和良好声誉，对图书馆发挥职能作用、提供无差别的均等服务创造了重要条件。

资料来源：王跃中．老年群体阅读推广模式创新探索——以朝阳市图书馆文化养老实践为例［C］//中国图书馆学会年会论文集，2014：242-246.

第二章 认识老年人和老年人阅读

读书之用有三：一为怡神旷心，二为增趣添雅，三为长才益智。

——【英国】培根

老年是人生命历程中的一个阶段。人口老龄化的到来，要求我们只有在充分认识老年人类型、特点、需求，把握老年人阅读的内涵和特点的基础上，才能更好地促进老年人阅读，推进文化养老事业发展。

第一节 认识老年人

我们可以从老年人的界定、类型、特点和需求方面来认识老年人，只有正确全面地认识老年人，才能更好地推进老年人阅读促进策略的实施，提高老年人的幸福感、获得感。

一、老年人的界定

老年是人生的最后一个阶段，每一个人都将经历从婴孩到童年、青年、中年和老年的过程。我们把进入老年期的人称为老年人，即达到或超过老年年龄的人。老年人的基本特征是生理上的衰老。受生物学规律的支配，随着时间的推移，每一个人的生理结构和功能都必然老化，这一过程具有不可逆性。年龄有着不同的内涵，并非人口学上的日历年龄（岁数），就是进入老年期的界定标准。一般而言，一个人的年龄可以分为日历年龄、生理年龄、心理年龄和社会年龄，见表2-1。

表2-1　**年龄的定义和测量标准**

分类	定义	测量标准
日历年龄	指个体从出生到现在按年月计算而确定的年龄，又称“出生年龄”“年代年龄”“实足年龄”“自然年龄”	随着时间的推移而增长，一年增一岁。每个人日历年龄增长的速度相同，方便计算
生理年龄	指以正常个体生理学上和解剖学上的发育状况为标准确定的年龄，也称“生物学年龄”	根据个体目前的健康状况（如细胞、组织、器官、生理功能等）以及反映其健康状况的生理指标来测量确定，代表人的生命活力。一个人的衰老速度越快，其生理年龄就越大
心理年龄	指人的整体心理特征所表露出的年龄特征，是按照记忆、理解、反应、对新鲜事物的敏感程度等计算的年龄	根据心理测验而取得不同年龄群体的心理标准，然后与某人的心理测验结果相对照，从而得出其心理年龄
社会年龄	指作为社会化的人为社会发展所做贡献的期限，是一个人在社会规范与习惯方面体现出的年龄	表明一个人在社会上从事某一职业、某一部门的工作或社会事业等的时间长度，因个人所从事的工作或在社会上的时间长短和经历不同，又有不同的名称，如工龄、教龄、军龄、学龄或选举年龄、结婚年龄、退休年龄等

根据人的出生年月、生理机能、心理状态和角色作用，一个人的年龄可以分别按日历年龄、生理年龄、心理年龄和社会年龄来衡量。

对大多数人来说，以上四种年龄发展基本同步，但是由于个人所处的客观环境千差万别，以及受个人体质等其他因素的影响，日历年龄并不能完全体现一个人的生理功能、心理状况以及社会活动能力等方面的内容。一般来说，生理年龄会随着日历年龄的递增而增长。也就是说，机体的结构和功能会随着年龄的增长而发生老化。但是，生理年龄并不完全等于日历年龄。由于先天遗传因素和后天环境、疾病、营养、运动等因素的不同影响，机体的生理功能、组织结构的老化速度是不同的，个体差异很大。例如，日历年龄同为60岁的人，有的身体硬朗、精神抖擞，显得非常年轻；有的却步履蹒跚、百病缠身，看上去很苍老。心理年龄和日历年龄、生理年龄也并不完全同步。例如，有些人日历年龄不大，但心理上却“未老先衰”“老气横秋”，整日意志消沉，感叹生命苦短；而有些人日历年龄虽大，却仍然思维敏捷、动作稳健、情绪乐观，可谓“老当益壮”“人老心不老”。很明显，后者的心理年龄要低于前者。社会年龄通常与日历年龄挂钩，但是又与生理年龄和心理年龄息息相关。学术界目前存在两种看法：一种观点认为，一个人工作到退休，其社会年龄即宣告结束；另一种观点认为，老年人即使在退休后，生理和心理依然健康，仍然可以为社会继续做贡献，因而他的社会年龄不能算结束。日历年龄受之父母，不可改变，但生理年龄、心理年龄和社会年龄却可以通过身心锻炼、个人努力加以改变，延缓衰老，弥补其不足。因此，一个人是否衰老，不能单纯看其日历年龄，还要看生理年龄，尤其是心理年龄，人的心理状态对生活有很强的反作用力。

由于对大多数个体而言，在四种年龄中，日历年龄和生理年龄的发展基本同步，且日历年龄最具操作性，可以进行统计和对比，因此，国内外通常以生物学规律为基础，采用日历年龄来界定老年人。目前，国际通用的是把日历年龄60岁或65岁作为老年期的标准起点年龄。就中国而言，60岁是社会普遍认可的老年人的起点年龄。《中华人民共和国老年人权益保障法》（以下简称《老年人权益保障法》）就明确表示，老年人是指60周岁以上的公民。不难预见，随着经济社会的发展、人类健康状况的改善，人口平均预期寿命普遍延长，同样日历年龄的老年人较之现在会活得更健康、更长久，老年人的起点年龄应该会有所提高（老年人的起点年龄不会无限提高，因为要受制于人类寿命）。[①]

二、老年人的价值

所谓老年人的价值，是指处于人生暮年的老年人本身所具有的价

① 姚蕾．老年人服务与管理［M］．北京：清华大学出版社，2018：3-5.

值，或者说是老年人所具有的特殊的作用和意义。[①]对老年人价值的科学界定，是解决人口老龄化问题、保障老年人合法权益的认识论基础，更是制定和施行老龄政策、推动老龄事业发展的重要前提。

对于人口老龄化这一急需政府和社会面对和解决的重大社会问题，有些人缺乏明确的认识，更缺乏科学的态度。有人将人口老龄化趋势看作“一种沉重、一种压力和一种艰难”。老年人被视为负担和包袱，“对人口老龄化社会影响的认识似有悲观化的趋向”。而由此引发的对老年人合法权益的侵犯、对老年人参与社会活动的歧视时有发生。这种非理性的认识和悲观化的趋向，其根源在于对老年人价值的漠视和误解。因而可以说，只有树立科学而全面的老年人价值观，对老年人形成高度的价值认同，才能使人们正确而理性地看待老年人的社会地位，进而尊重他们的合法权益，并努力采取措施满足老年人物质和文化生活上的需求。或者说，只有（老年人自己和社会）树立了科学的老年人价值观，才能对人口老龄化有理性的认识和态度，进而促进社会的可持续发展。解决社会的老龄化问题，应该以树立正确的老年人价值观为切入点。[②]老年人的价值主要体现在以下方面：

（一）历史价值

从历史的角度来看，老年人具有历史价值。老年人的历史价值主要体现在他们一生为社会所做的贡献上。老年人是过去的年轻人。他们创造了丰富的物质财富和精神财富，辛勤哺育下一代，为社会的发展提供了新的劳动力；同时也通过家庭的和睦来维护社会的稳定，使社会持续发展。老年人作为家庭的尊长和社会的资深公民，曾在劳动年龄阶段完成了国家、社会和家庭赋予的生产和抚育责任。尽管人到老年，由于劳动能力衰退而使大多数老年人退出了劳动力队伍，不再直接参加生产，但是他们在劳动阶段所创造的物质财富、知识和精神财富，仍然在社会进步和经济发展中继续发挥作用。所以，老年人的贡献已经体现在历史发展之中，今天的社会是老一代人历史贡献的结晶和延续。如果老年人在年老时得不到相应的回报，满足不了自己的需要，也会影响到中青年

① 曾小五，朱尧耿．老年人的价值及其价值实现［J］．人口研究，2008（2）：87-90.
② 胡建成，钟平．对老年人价值的思考［J］．浙江社会科学，2001（3）：110-112.

的生活态度，进而影响到整个社会能否协调发展。

（二）经济价值

从经济学的角度看，老年群体的人力资源价值仍然是存在的，甚至是巨大的。随着老年人健康水平的提高、寿命的延长以及积极心态的形成，越来越多的老年人不甘心赋闲在家，而是继续为改革开放和国家建设贡献一己之力。现在，一部分老年人在退休之后选择继续工作、参与社会劳动，如再就业或者为社会公益事业服务。老年人的再就业能直接增加劳动力供给，有效缓解现在及未来可能出现的劳动力短缺问题。当部分老年人继续活跃在生产建设第一线时，还有很多老年人退居在家，在家庭中扮演着照顾者的角色。老年人的家务劳动（看孩子、看家、做饭、洗衣服等）也是一种可贵的社会经济价值。因为老年人从事家务劳动可以为其他家人的社会劳动创造必要条件，使其全身心地投入到工作中。例如，老年人照顾孙辈等可以直接减轻自己子女的家务负担，全力做好工作。虽然家务劳动不具有直接的社会经济价值，不能用价格来衡量，也不被算作国内生产总值，但是可以看作一种间接的社会经济价值，因为它是社会经济发展所不可缺少的。如果用经济价值来衡量，老年家务劳动者应得到比较可观的报酬。虽然有人认为可以用雇用保姆的价格来衡量老年人家务劳动的报酬，但是保姆的作用并不能完全替代家人的贡献，不能替代老年人对家务的管理及对家人精神、心理各方面的照顾，保姆也不能完全替代老年人对家庭安全的价值。①

经济价值不仅体现在物质劳动中，也体现在脑力劳动中。有专业技术特长的老教师、老医生、老工程师等从事科学文化活动，如著书立说、教书育人、科技咨询等，也可以产生经济效益。但是由于这种效益在经济上不容易衡量，所以往往被忽视。老年人智力劳动的社会经济效益应该得到社会的承认，因为这种效益具有更深远和范围更广的影响。②

此外，老年人的相互照料活动也具有一定的社会经济价值。老年人之间的相互照料是比较普遍的情况。因此，提供照料的老年人也具有很重要的价值，或者说是一种间接的社会价值。根据我国的一项调查资

① 姚蕾．老年人服务与管理［M］．北京：清华大学出版社，2018：8．
② 杨淑芹．论老年人的价值、需求及老年人的社会参与［D］．大连：辽宁师范大学，2003．

料，女性老年人照料配偶的比重，城市为74%，农村为64%，超过子女给予的照料。[①]老年人照顾家人的价值还体现在对其高龄父母的照顾上。高龄化是全世界的普遍趋势，在老年人口中，80岁以上高龄老人的比重将会越来越大。相当一部分高龄老年人是由其子女照顾的，而其子女很多也是老年人。

（三）精神价值

精神价值是老年人的主要价值。当前，中国正处于社会转型过程中，整个社会越来越强调各生产要素在经济中所起的作用，但这并不是说老年人的社会价值首先体现为经济价值。老年人由于生理方面的变化，其直接的经济价值已呈下降趋势，但精神价值依然存在，甚至有所提高。这主要体现在以下四个方面：[②]

1.老年人为社会经济发展提供智力支持和道德维护力量

老年人在为社会做贡献的过程中，身上凝结着由“历史”而产生的知识、经验和技能，这对社会发展和下一代的成长具有重要的指导作用或影响，即老年人以自己的知识和经验直接贡献于社会。老年人的精神道德力量也不可小觑，这一点往往被人们所忽视。道德是维护社会和人际关系的行为规范和准则，对人类社会的存在和发展是必不可少的，也是人类区别于动物界的重要文化范畴。老年群体经历了生活的考验和磨炼，绝大多数人在道德规范方面更臻于成熟，在调整人际关系方面运用得更加娴熟，更多地表现为谦和、忍让。例如，在我国基层社会工作中，很多离退休的老年人从事维护社会秩序和调节工作；农村中德高望重的长者在社会和家庭中具有较高的地位，在调解民事纠纷、开展邻里互助、维护家庭和睦等方面发挥着积极作用。另外，老年人所表现出来的对国家的忠诚、对人民的责任、自我牺牲精神、坚韧不拔的毅力、必胜的信念以及超越生命的勇气，都是建设现代化国家的必要条件。

2.老年人具有文化传递的价值

老年人除了以自己的文化优势直接贡献于社会外，更重要的在于他们起着文化传递的作用，即把人类优秀的文化成果传给下一代人，这一

① 曾小五，朱尧耿．老年人的价值及其价值实现［J］．人口研究，2008（2）：87-90.
② 杨淑芹．论老年人的价值、需求及老年人的社会参与［D］．大连：辽宁师范大学，2003.

点可以说是老年人精神价值的突出部分；同时，老年人由于经历了人生的大部分时间，对社会和生活的发展有了较深刻的体验，大多懂得什么是人类文化中有价值的东西。他们在日常生活中言传身教、耳濡目染，以多种方式将文化传递给下一代。当然，代际的文化交替作用在不同时代表现也有所不同，但是任何社会都离不开这种作用。在传统社会，上一代人对后辈人的文化引导是一个直观的过程，大多是口传身授，以家庭教育为主，采取经验性的教化方式，这样可以很直观地看出来上一代人的文化传递作用。而现代社会的文化传播方式是多种多样的，如教师传播知识、书本、各种文化载体等，这样看来，仿佛上一代人文化传播的作用消失或减弱了，其实不然，代际的文化传承作用依然存在，只不过方式有所不同。

3.老年人具有示范社会的价值

老年人以其一生的经历示范世人应该如何生活，其成功可以启发后人，其失败可以警示后人。老年人的经历不仅使后人知道哪些应该做，哪些不应该做，而且知道如何做、怎样做。老年人的命运是后人未来命运的缩影。老年人的贡献和价值得到承认，老年人受到社会的关注，后人也就无后顾之忧，能够感激社会，为社会做贡献；老年人受到不公正的对待，晚景凄凉，也就会造成后人扭曲的社会心理。所以，老年人的示范作用是对后人的教育，也是保证社会继承和推动社会发展的重要条件。

4.老年人是家庭的联络中心和子女的心理支柱

多项调查显示，父母健在时兄弟姐妹的交往频率大大高于父母双亡时，前者较后者见面次数和聚会次数、频率都多出1倍以上。有人讲，家庭是人最后的避风港，这话非常正确。当子女在工作或生活中遇到困难时，最先想到的就是父母，因为父母的帮助和开导是无私的、真挚的、富于情感的。随着社会经济的发展、人们生活节奏的加快，人们所面对的生活压力越来越大，父母的心理支持作用也将日益凸显。

三、老年人的特点

熟悉和了解老年人在生理、心理和社会等方面的特点，对做好养老服务工作有着重要的意义。

（一）老年人的生理特点

老年人的典型特点就是“老”，即老化、衰老。人的衰老一般是从性成熟以后开始的，也就是说大约从20岁开始，直到60岁以后，才会表现出比较明显的衰老特征，可以说衰老是随着时间流逝而表现出来的生命过程。

老年人的衰老变化首先体现在外观形态上，通过外表一目了然。其具体表现为以下方面：一是头发。随着人体的衰老，老年人毛囊中的色素细胞逐渐停止产生黑色素，头发开始变白；随着年岁的增加，白发的数量也越来越多。很多老年人会同时伴随脱发甚至秃顶的情况。二是皮肤。随着年龄的增加，人的皮肤开始萎缩、变软、变薄、光泽减退、弹性降低、干燥起皱，甚至出现老年性的色素斑等。皮肤的这些变化主要是因为老年人体内的细胞水分减少，细胞萎缩，体积变小，新陈代谢速率降低。三是身高。人到老年时，脊柱椎间盘萎缩、变薄，脊柱渐渐变短并且有弯曲，使老年人的身高渐渐降低。伴随这一变化，老年人会出现弯腰驼背等体征。四是体重，老年人体重的变化因人而异，有些老年人的体重随年龄的增长逐渐减轻，变得消瘦，这是因为老年人细胞内的液体含量逐渐减少；但也有一些老年人的体重逐渐增加，这是因为脂肪代谢功能减退导致脂肪沉积增加。除上述表现外，老年人也会出现牙齿松动脱落、语言缓慢、耳聋眼花、手哆嗦等显著特点。这些变化的个体差异较大，与个人的健康状况、生活方式、营养条件、精神状态和意外事件等因素都有密切关系。

老年人衰老具有以下五个特点：一是普遍性。人在大致相同的时间内都会有衰老的表现。二是渐进性。人的衰老不是突然发生的，而是持续渐进的演变过程。三是内在性。衰老是人固有的特性，受环境的影响，但不是环境造成的。四是不可逆性。已经表现出来的衰老变化，是不会消失和恢复的。五是危害性。不断的衰老，使组织器官功能逐渐下降，直到消失，机体越来越容易感染疾病，最终死亡。[1]

---

① 李宝库. 爱心护理院护士手册［M］. 北京：北京大学医学出版社，2014：37-38.

（二）老年人的心理特点

关注老年人健康，实现积极和健康老龄化，不仅要关注老年人的生理特点和身体健康，还需要关注老年人的心理特点和心理健康。努力维护和促进老年人心理健康，才能更好地提高老年人的生活质量。

进入老年期，人的各种生理功能都逐渐进入衰退阶段，机体组织器官的退行性变导致生理机能的衰退，特别是脑功能的衰退导致机体调解功能减退，并且面临生活、工作、经济等条件和社会角色、社会地位的变化以及丧偶等生活事件，老年人必须努力面对和适应这些事件。在面对和适应过程中，老年人常会出现一些特殊的心理变化，影响其老化过程、健康状况、老年病的防治和预防。掌握老年人的心理活动特点及其影响因素，正确评估老年人的心理健康状况，采取有的放矢的措施维护和促进老年人的心理健康，对促进健康老龄化和积极老龄化有着重要意义。

1.老年人的心理变化特点

老年人的心理变化是指心理能力和心理特征的改变，包括感知觉、智力、记忆、思维、人格和情绪情感等。大量研究表明，老年人的心理伴随生理功能的减退而出现老化，使某些心理功能或心理功能的某些方面下降、衰退，而另一些心理功能或心理功能的某些方面仍趋于稳定，甚至产生新的适应、代偿功能。老年人的心理变化特点主要表现在以下三方面：

（1）智力的变化。智力是综合的心理特征，指学习能力或实践经验的获得能力。它由观察力、注意力、记忆力、理解力、判断力、计算力、想象力、推理和概括能力等因素构成。人的智力与个体因素（如遗传、身体状况等）、社会环境因素（文化水平、职业等）密切相关。

卡特尔把智力分为流体智力和晶体智力：流体智力是指人们获得新观念、洞察复杂关系的能力；晶体智力是指人们运用语言、文字、观念、逻辑推理等的抽象思维能力。研究者围绕智力随年龄如何变化做了大量深入的研究，已有研究结果显示，不同智力的老化模式不同，表现出以下两个特征：一是流体智力较早开始下降，并且随着年龄增加持续下降，这表现为老年人在限定时间内加快学习速度比年轻人难，老年人学习新东西、新事物不如年轻人，其学习也易受干扰。但是老年人的晶体智力下降缓慢甚至出现上升。二是老年人在需要复杂性技能的任务上加工能力有所下降，但是在依赖长期形成的习惯和知识的任务上表现得更好。目前，研究者多采用智力量表测量老年人的智力，然而拥有智力的目的并不是为了参加测验并取得高分，而是处理日常生活中的各种挑战。令人欣喜的是，与测验得出的结果不同，很多研究发现老年人日常问题的解决能力并未如流体智力那样较早就出现下降，而是并无明显变化。

（2）记忆的变化。记忆是指个体获取、储存和使用（提取）信息的能力。许多老年人都说自己在记忆事物上存在不同程度的困难，如记忆日常活动、将要买的物品等，记忆衰退通常也被视为衰老的标志之一。

记忆与人的生理因素、健康、精神状况、记忆的训练、社会环境都有关系。个体记忆变化的总趋势是随着年龄增加而减退，记忆困难严重地影响老年人的生活，在老年晚期更为明显。然而，不是所有老年人都存在记忆困难，也不是所有类型的记忆任务都导致老年人的记忆困难。其减退主要表现为：与需要重组或精细化的任务相比，只需要复述或重复的任务随着年龄增长而下降得缓慢；长时记忆较短时记忆随年龄增长下降更少。不同类型的长时记忆老化程度也不尽相同，与运动技能、习惯和过程有关的程序记忆相对来说不易受年龄影响，与某个特定情境相关的情境记忆则是最易随年龄增长而衰退的，涉及历史事实、地理位置、文字意义及类似知识的语义记忆衰退程度则居于两者之间。

（3）思维的变化。思维是人类认识过程中的最高形式，是更为复杂的心理过程，随着年龄的增长，老年人脑组织质量下降，脑细胞数量减少、萎缩，记忆力减退，思维变得迟缓，无论是概念形成、解决问题的思维过程还是创造性思维和逻辑推理，都受到影响，但思维的个体差异是很大的。虽然思维速度逐渐变慢，但可以用经验、技能或专业知识来弥补。

此外，老年人在人格特征、情绪情感上都有一系列变化。

总之，老年期心理变化不仅包括衰退，也包括生长。心理发展总是由衰退和生长两个方面结合而成并贯穿个体的一生。不同心理功能发展的形态和变化速率具有特异性，如感知觉最先发展成熟，也较早开始衰退；而抽象思维较晚开始发展，随着年龄的增长而不断增强。个体的心理发展是多因素综合作用的结果，年龄是影响心理发展的主要因素之一，但是不能将其看成唯一的影响因素。[①]

2.老年人常见的心理问题

老年人退休后，伴随角色、经济变化，生活圈子改变，与家人的关系转变，生活目标转移，其心理变化明显，尤其当躯体受到疾病的折磨需要医治及需要他人照料时，情绪波动更为突出，容易产生失落、孤独、抑郁、焦虑、自卑等常见的心理问题。

（三）老年人的社会特点

1.社会地位弱化

社会地位是人们在社会等级制度或社会分层中的排列位置，是人们在社会结构以及在一定的社会关系体系中所处的位置。它反映了个体与社会整体的关系。社会地位分为客观社会地位和主观社会地位，前者一般指根据财富、声望、受教育程度或权力高低而被社会大众做出的社会排列，后者是个体对自己在社会地位秩序中所处位置的感知，是个体对自身所处位置的看法及主观评价。客观社会地位与主观社会地位均是影响人类健康水平的重要变量，但主观社会地位在预测人们的健康水平方面比客观社会地位表现更好，主观社会地位越高，人们的心理健康状况越好。[②]人们对自身社会地位的感知与主观评价会受到物质资源的影响，物质资源越丰富，人们也会认为自己的社会地位越高。

总体看来，一个人的社会角色越重要，他所承担的社会责任就越大，所获得的社会尊严就越高；反之，一个人的社会角色越轻微，他所承担的社会责任就越小，所获得的社会尊严就越低。当今社会，老年人社会地位弱化主要表现在以下四个方面：

（1）在制度上，依年龄而退休。老年退休制度始于1889年的德国。这一年德国颁布了《老年和残疾保险法》，成为世界上首个建成老年退休制度的国家。此后许多国家都效仿德国，老年退休制度在全世界得到

① 张红菱，徐蓉．老年护理［M］．北京：高等教育出版社，2017：90-91.

② 徐雷，余龙．社会经济地位与老年健康——基于（CGSS）2013数据的实证分析［J］．统计与信息论坛，2016（3）：52-59.

迅速发展。老年退休制度的建立，是对老年人的一种保护和照顾，也是人类文明与社会进步的标志和成果。然而就另外一个角度而言，老年退休制度也可理解为老年人无法承担社会所赋予的责任，因而让其退出岗位，为年轻人提供更多的就业机会。退休将社会角色赋予年龄标志，并以年龄而非身体健康程度作为衡量个体能否胜任社会角色的唯一尺度，本身就反映出老年人的无足轻重甚至有碍大局，也是老年人社会地位削弱的体现。[①]

（2）在经济上，收入明显减少。随着老年人退休，其社会角色中断，老年人的实际收入明显减少，收入来源主要是退休金，且仅为原工资的60%～70%，也没有了奖金等活工资。而我国劳动者的工资收入主要包括基本工资和奖金等活工资两大部分，尤其是活工资可以说占据劳动者工资的一大部分。但是老年人退休后这部分活工资就会被扣除，从而使老年人的收入受到较大影响。除此以外，老人退休金的增长幅度远远低于物价增长幅度。当前，我国正处于经济转型的重要时期，物价的波动成为社会上不可忽视的重大问题。虽然我国已有退休金和社会经济发展挂钩的新机制，但老年人的生活水平仍受到不利影响。

（3）在社会上，漠视老年人的合法权益。与中青年人一样，老年人也拥有自己的合法权益，但是现在社会上仍有部分老年人的合法权益受到漠视和侵犯。随着社会主义市场经济的发展，老年人权益的法律保护出现了一些新情况和新问题，传统的养老观念和养老方式受到冲击，侵犯老年人权益的现象比较严重。比如，在医疗保障方面，老年人的需求远远不能被满足。有些老年人的生活完全不能自理，他们对医疗保障的需求十分迫切。但是从目前的实际状况来看，为数不少的单位由于种种原因而长期拖欠离退休人员的医疗费用。不少离退休人员只好小病不看，大病硬撑，重病找点药自我治疗。这是一种比拖欠养老金更加普遍和严重的侵害老年人权益的行为。

（4）在思想上，忽视老年人的社会作用和社会价值。人在步入老年时，难免会出现生理老化、心理老化和社会功能与社会角色的退化，创

① 孙丽，虞满华. 现代化进程中老年人地位的弱化及原因探析［J］. 齐齐哈尔大学学报（哲学社会科学版），2017（8）：8-11，37.

造财富的能力下降，对经济供养、生活照料、心理慰藉等方面的需求增多。虽然社会中大多数人能正确地认识老人的特殊性，能够给予老人足够的关爱，但是也有一些人将老人视为家庭和社会的负担，认为其没有价值和作用。他们把老人看作包袱而不是潜在的人力资源。实际上，老年人有“资深公民”和“活的图书馆”之称，其不仅可以帮助子女照顾孙辈、照料家庭，还可以帮助教育下一代使其社会化，将自己一生的经验毫无保留地传授给他们。因此，老年人是家庭系统和社会系统中不可或缺的组成部分，对家庭和社会都有着巨大的价值和意义。[①]不用他们不仅是对社会资源的浪费，而且使得想继续工作的老人产生无用感，终日无所事事，精神空虚。个别老人甚至会酗酒、赌博，既破坏了家庭和睦，也给社会带来了不良影响，倒真成了社会的包袱。[②]

2.家庭地位削弱

随着经济社会的发展，农业社会逐渐向工业社会转变，作为社会细胞的家庭也从传统过渡到现代，老年人的家庭地位也发生了很大变化。老年人家庭地位的削弱主要表现为老年人在家庭中从主导角色转变为非主导角色，从中心角色转变为边缘化角色。在传统社会，老年人是家庭的主导者，承担着抚养和教育下一代的责任，同时也掌握着家庭经济支配权和重大事务决策权，在家庭中占据着较高的地位。传统社会老年人之所以有如此高的地位，是因为他们有多出晚辈的大量生产生活经验。但随着社会的发展、互联网的普及，那些原本只掌握在老人手中的经验和方法已经基本被年轻人所掌握。此外，社会中已有专门普及这些知识的机构——学校，这就使得老人逐渐失去了家庭中的地位。加之在现代社会，随着女性地位的提高，亲子关系开始从属于夫妻关系，因此在现代家庭中，老人与子女的关系发生了很大变化，老人一般只是帮助照料孙辈或从事家务劳动，不再掌握家庭经济支配权，也不再参与子女家庭内重大事务的决策，老人由家庭的主导角色转变为非主导角色，在家庭中逐渐被边缘化。从主导角色到非主导角色的转变、从中心角色到边缘角色的转变，反映了现代化过程中老年人在家庭中从主角到配角的变

① 邬沧萍. 社会老年学［M］. 北京：中国人民大学出版社，1999：107-108.

② 张雯琪. 探讨老人概念的产生及其伦理演变［J］. 中国集体经济，2019（12）：94-95.

化，老年人的家庭地位有所削弱。[①]

3.社会活动参与度降低

老年人的社会参与既是社会发展的需要，又是自身安度幸福晚年的需要，也是老年人的权利。老年人的社会参与包括：参与社会经济发展活动、社会文化活动、家务劳动、人际交往、旅游活动和家庭范围内的文化娱乐活动。[②]但是从目前来看，老年人的社会参与度普遍偏低，出现这种情况的原因主要有如下四点：一是性格。对任何人来说，性格都是决定其一生的重要因素，因此要了解性格对退休老年人的影响。由于性格会使人对相应的行为习惯化，因此我们能够发现，一些性格较为外向的老年人在参与社会活动的过程中具有更高的积极性，但是一些性格较为内向的老年人却很少参与到相关的活动中。也就是说，性格与老年人社会活动的参与度有着非常密切的联系。二是健康状况。身体健康等问题也是影响老年人社会活动参与度以及生活质量的重要因素。如果老年人的身体较为健壮，那么就会参与更多的社会活动；但是如果其身体健康存在问题，出于对身体情况的顾虑，参加的社会活动就会比身体健壮的老年人少很多。三是经济收入。调查发现，老年人退休后的经济收入也会影响其社会活动的参与状况。比如，对一些退休金较高的老年人来说，其更容易参与到社会活动中去；一些退休金较低的老年人则很少参与其中。四是社区的组织与支持。如社区是否有专门的居民活动中心、完备的器材，是否定期组织活动，社区场地是否满足老年人活动的需求。此外，在老年社区，如果有效地组织相关活动并且做好宣传工作，那么也会提升老年人社会活动的参与度。

针对老年人社会活动参与度低的状况，首先，在个人层面，老年人要转变思想观念，明白退休并不意味着个人能力的终结或是个人从此失去价值，而是要正确认识退休。退休是国家让公民享受社会福利的一种制度，老年人要坦然接受这一现实，而且要对社会活动树立正确的参与观念，增加人际交往，这样有利于尽快地调整心态。其次，在社区层面，社区要为老年人提供良好的社会活动机会。社区应当加强内部的活

① 孙丽，虞满华. 现代化进程中老年人地位的弱化及原因探析［J］. 齐齐哈尔大学学报（哲学社会科学版），2017（8）：8-11，37.

② 姚蕾. 老年人服务与管理概论［M］. 北京：清华大学出版社，2018：23.

动设施建设，如健身器材或者专门的老年人活动室，这样就能够从基本的硬件上予以保障。同时，也应该加强社区文化建设，这样才能够不断丰富老年人的精神文化生活。只有在整个社区内构建更加优质的人文环境，才能够让老年人参与其中，并且要结合当前老年群体的兴趣与爱好来组织各项活动，以此来提升其生活质量。最后，在社会层面，整个社会应当认识到提升老年人社会活动参与度的重要性；要转变观念，摒弃传统观念的桎梏，更好地将老年人的价值展现出来，这样才能够为当下和谐社会的构建提供内生动力。在大部分社会大众的印象中，老年人是脆弱的群体，应该被很好地保护起来，而不是积极地参与社会活动。当下，一些老年人参与社会活动的意愿本就比较低，并且相关的意识也是较为淡薄的，这和社会环境有很大的关系。因此，要从社会层面来提升老年人参与社会活动的积极性，并且要消除大众对老年人参与社会活动的误解，重视老年人的退休生活；要积极倡导老年人参与社会活动，并且通过社会活动的参与来不断提升自身的价值。[①]

第二节 认识老年人阅读

阅读是人类获取知识、增长智慧的重要方式，是一个国家、一个民族精神发育、文明传承的重要途径。中华民族有着优良的读书传统，崇尚读书、诗书继世之风绵延数千年。为了深入研究文化养老视域下的老年人阅读推广，我们首先就要深入认识一下老年人阅读。

一、阅读的基本问题探讨

“阅读”这个词对人们来说再熟悉不过了，自从世界上出现了记录信息，人类的阅读活动就开始了。阅读是文明的象征，它贯穿于世界文明发展的全过程，在整个人类发展的过程中起着不可替代的作用。作为一种普遍的社会现象，几乎所有识字的人或多或少都有阅读行为。

新时代我们面对的是一个信息社会、一个学习型社会，阅读的重要

① 李晓政．退休老人社会活动参与度及影响因素研究［J］．智库时代，2018（7）：52-53.

作用更加凸显和强化。由于阅读活动在社会的各个层面都展现着无穷魅力，人们便纷纷尝试着从不同层面揭示阅读的含义。

(一) 阅读的含义

阅读之于心灵，犹如运动之于身体，是人类所特有的一种社会活动，是人类认识世界从而改造世界的重要手段。阿尔维托·曼古埃尔在其著名的《阅读史》中写道："阅读，几乎就如呼吸一般，是我们的基本功能。"我国自古就有"忠厚传家久，诗书继世长"的民谚。那么，究竟什么是阅读呢？我们如何理解人类的阅读行为呢？

1."阅读"一词的由来

词源学为我们探清"阅读"一词的初始含义提供了基本方法。根据词源学的要求，研究一个词的词源，必须查明它的旁系亲属语言中这个词的词义和词形是什么，并据此构拟出它最初始的形式和意义。东汉许慎的《说文解字》对此进行了翔实的研究。

"阅"的繁体字为"閱"，其本义是在门里清点东西，《说文解字》的解释是："阅，具数于门中也。"后引申为"阅览"，如韩愈《秋怀诗十一首》："归还阅书史，文字浩千万。""读（讀）"的本义是朗诵书文，即用嘴出声念诵，《说文解字》的解释是："读，诵书也。"如《孟子·万章下》中说："颂其诗，读其书，不知其人，可乎？"后世把"阅"和"读"加以结合，作为复合词，专指人们观看并理解文字的行为，包括"目治"和"口诵"在内。《汉语大辞典》的解释是："阅读：看（书、报、文件等），并领会其内容。"宋代曾巩在《徐禧给事中制》一文中说："惟精敏不懈，可以周阅读；惟忠实不挠，可以司论驳。[①]"叶圣陶在《中学国文学习法》一文中说："阅读总得'读'。出声念诵固然是读，不出声默诵也是读，乃至口腔喉舌都不运动，只用眼睛在纸上面巡行，如古人所谓'目治'，也是读。"[②]

2.对阅读概念的两种理解

由于阅读活动深入、广泛地联系、渗透于人类生活的各个层面和角落，人们自然而然地会用自己的理解来阐释"阅读"，提出一些个性化

① 曾巩. 曾巩集［M］. 陈杏珍，晁继周，点校. 北京：中华书局，1984：337.
② 叶圣陶. 叶圣陶语文教育论集（上册）［M］. 北京：教育科学出版社，1980：124.

的定义。无论这些阐释是理性的、现实的，还是感性的、浪漫的，都丰富了对“阅读”的多方位研究。据张怀涛总结，这些个性化的理解主要有如下两种情况：

一是将阅读推及到了人类的一切视觉行为，认为凡人们用眼睛看到的、用心去体会的，都是阅读。例如，加拿大学者阿尔维托·曼古埃尔就把阅读看作一个极其宽泛的概念：“阅读书页上的字母只是阅读的诸多面相之一，此外还包括天文学家阅读星象图，动物学家阅读森林中动物的臭迹，玩纸牌者阅读伙伴的手势，观众阅读舞者的动作，父母阅读婴儿的表情，渔夫阅读海流，农夫阅读天气，等等。”①美国学者唐宁和莱昂也认为阅读具有更为广阔的范围，因为在实际生活中，人们不但阅读文字、图画、图表等，而且看手相的人能够阅读人们手上的线条，老农能够阅读天象，打猎的人能够阅读野兽的足迹……不过，这种类型的阅读活动并不限于视觉的范围，如对点字的阅读就不是通过视觉来进行的。所以，他们认为可以把这种广义的阅读定义为：阅读乃是对标记的解释。②

二是将阅读推及到人类的一切认识活动，认为凡人们认识社会、理解社会的活动，都是阅读。例如，法国哲学家笛卡尔就主张要“阅读世界这部大书”。卢梭也认为：“社会就是书，事实就是教材。”无数有名的作家更是反复强调“用自己的眼睛去读世间这一部活书”，从而观察人生、读懂生活。我国学者也有类似看法，如清代文学家廖燕说：“无字书者，天地万物是也。”文献学家张舜徽先生说过：“天地间有两种书：一是有字书，二是无字书。有字书，即白纸黑字的书本；无字书，便是万事万物之理，以及自然界和社会上的许多实际知识。除书本外，还应多读‘无字书’，以扩大求知领域。”此外，还有人做过充满诗意的表述：“生活是无字的书，眼光敏锐的人看得见精彩的词句。书是有字的生活，感情丰富的人才能深刻领会。”③

过犹不及，如果对“阅读”含义无限宽泛地拓展，无疑会影响对“阅读”含义的聚焦。首先，文学描述毕竟不同于学术探索，所谓的

① 曼古埃尔．阅读史［M］．吴昌杰，译．北京：商务印书馆，2002：6-7.
② 彭聃龄，张必隐．认知心理学［M］．杭州：浙江教育出版社，2003：475-476.
③ 董味甘．阅读学［M］．重庆：重庆出版社，1989：4-6.

"阅读海洋""阅读蓝天""阅读世界""阅读社会"，是人们在特定语境中一种生动的、诗意的情感表达，如果完全将其移入学术探索，势必会给"阅读"含义的表述蒙上一层朦胧的面纱。其次，"阅读"只是人们视觉行为的一种情形，即对记录信息产生的视觉行为，并非人们所有的视觉行为；"阅读"只是人们认知活动的一种方式，即对记录信息产生的认知活动，并非人们所有的认知活动。如果混淆其间的界限，势必不利于探索阅读这种人类特有活动的特殊规律。[①]

3.阅读的学术定义

人们从来就不满足于仅从字面上理解阅读，还希望从更本质的意义上来认识和解释阅读过程。学术领域对阅读的定义有一个逐渐深入的过程。

20世纪初，阅读通常被认为是一种对文字的识读行为。到了20世纪一二十年代，阅读的含义扩展为不仅能识读文字，还能流畅地理解意思。但人们很快发现这一定义的局限，它不利于人们从自然与社会层面去理解这一概念所蕴含的意义，即阅读者在阅读过程中会对内容做出反应，这种反应表明阅读的过程。

从20世纪40年代开始，阅读概念的外延进一步拓展，即阅读过程与阅读者的心灵、经验、知识有关，阅读的意义远大于印刷品本身，是读者对生活意义理解的改写过程。随着现代心理学的发展，人们对阅读的认识又有了一个新的角度——阅读被认为是从书面语言中获得意义的心理过程，这意味着阅读也是一种智力技能。

当今，学术界关于"阅读"比较有代表性的定义主要有：

"阅读乃是从文本中提取意义的过程。"（吉布森）

"阅读是理解图文、阐释意义、产生共鸣或启发思想的复杂的脑力活动。"（约翰·凯里）

"阅读是一种积极的过程，是读者与文章（或作者）的交流过程，成功的阅读是一个创造过程，读者和阅读材料相互交流创造意义。"（维德森）

---

① 张怀涛."阅读"概念的词源含义、学术定义及其阐释［J］.图书情报研究，2013（4）：32-35.

“阅读指个体从印刷文字、图画、图解、图表等书面材料中获取信息或意义的过程。个体在阅读时，通过把文字等符号的视觉信息与头脑中已有的知识经验不断进行比较、预测、判断、推理和整合，从而理解文字等符号所表达的意义。”（杨治良）

“阅读指从书面语言和其他书面符号中获得意义的社会行为、实践活动和心理过程。阅读首先是作为一种特殊的交际方式而存在的社会现象，具有行为的社会性。它是以书面材料作为社会交际的中介的。‘作者-文本-读者’是构成一个完整的书面交际过程的三个基本要素。”（徐雁，王余光）

“阅读是读者从书面材料中提取意义并影响其非智力因素的过程。”（沈小丁，郑辉）

“阅读是从信息符号中获取意义的一种复杂的智力活动。这种活动是人类所特有的，它不仅需要各种智力因素，如观察记忆、思维、想象等的积极参与，而且各种非智力因素，如动机、兴趣、意志、性格等，在阅读中也有着重要的作用。”（胡继武）

综观以上定义，我们不难发现，不同学者对阅读的定义基本上是在吉布森的定义基础上发展而成的。吉布森是20世纪著名的实验心理学家，主要从事婴儿的知觉发展、儿童阅读技巧发展和动物行为的研究。她对阅读的定义言简意赅，因具有综合性而被广为接受。人们普遍认为阅读是一个心理过程，通过这一过程，人们获得信息、知识。

不过吉布森的定义也有其局限性，随着时代进步、环境变迁，人类阅读的文本也发生了巨大变化。当今社会已是知识经济时代，网络技术、通信技术广泛应用于社会各方面，社会变得更加丰富多彩，阅读的概念也变得更为宽泛。从这个角度来看，胡继武在《现代阅读学》中对阅读所下的定义，即“阅读是从信息符号中获取意义的一种复杂的智力活动”，更接近当前的实际。①

在对“阅读”进行研究时，张怀涛认为应该在以下方面有明确的认识：

---

① 邱冠华，金德政. 图书馆阅读推广基础工作［M］. 北京：朝华出版社，2015：2.

(1) 从阅读本体看：在初始含义中，“阅读”主要指个人行为；而在学术含义中，“阅读”既是一项个人行为，也应是一种社会实践活动。在这个严密而灵动的社会活动系统中，涉及作者、文本、读者三个方面。作者为了交流产生文本，文本承载着信息而被交流，读者通过文本接受和处理信息。也就是说，阅读以文本（对作者而言是作品，对读者而言是读物）为社会交流的中介物，可以使作者与读者达到交流信息的目的。

(2) 从阅读主体看：在初始含义中，“阅读”主要指人们目阅、口读的简单行为；而在学术含义中，“阅读”则深化为包括获取、理解、吸收、应用等一系列认知环节在内的复杂的行为过程和心理过程。阅读是一种深层次的心理活动，不仅仅是辨认单字，还包括理解书面文字所蕴含的意义。读者先前的经验和知识背景在阅读过程中扮演着不可忽视的角色。由于每个人对文本的理解都不同，甚至和作者也未必相同，不同的读者会带进不同的意义到文本中来，所以，阅读不只是个人单纯的内在心路历程，借由群体的沟通与讨论等社会性活动，读者可以获得更多的体验[①]。在阅读的感官上，人们也不只依靠视觉，还可以通过听觉、触觉（如视障读者阅读盲文图书）等实现。

(3) 从阅读客体看：在初始含义中，阅读对象就是以文字记录为主的书面材料；而在学术含义中，阅读对象则拓展为记载有各种信息的文本；从记录形式看，包括文字、符号、公式、图表、音频、视频等；从载体形式看，包括刻写型、印刷型、视听型、机读型、网络型、移动型等。

(4) 从阅读环境看：在初始含义中，并未涉及人们阅读活动需要借助、利用的条件因素；而在学术含义中，则相应出现了人们阅读活动中必须要借助、利用的环境条件，包括社会环境（如文化、政治、经济、社交等因素）、信息环境（如信息的集散、传递、评价等因素）、物理环境（如地理、空间、设施等因素）、语言环境（如地区、时代、心态等因素）等。

---

① 李超平. 公共图书馆宣传推广与阅读促进 [M]. 北京：北京师范大学出版社，2013：160.

综上所述，阅读就是人们利用一定环境认知记录信息的过程与活动。也就是说，人们只有在和记录信息有效接触，并在允许的阅读环境中，阅读这一行为才能发生[①]。

（二）阅读的过程与价值

1.阅读的过程

作为一个心理过程，阅读是阅读者对外来视觉信号输入进行加工、处理的过程。其中充满了复杂的心理活动，如辨认、记忆、回忆、联想、分析、综合、推理、预测甚至再创造等。阅读者的阅读过程不是一个被动吸收信息的过程，而是一个能动的、积极的思维过程，是新旧信息相互作用与反应并生成新信息的过程。阅读过程（如图2-1所示）应当包括以下几个关键环节：[②]

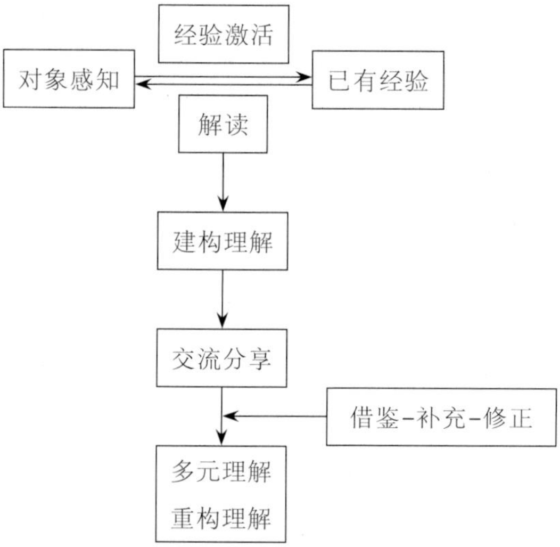

图2-1 阅读过程

环节1：对象感知——察觉和辨认文字、符号、图形、声音，关键在于能否全面而敏锐地察觉阅读对象的信息。

环节2：经验激活——借由联想激活相关经验，关键在于已有经验，主要是直接经验是否丰富，能否与当前情景建立关联。其中，阅读

① 张怀涛."阅读"概念的词源含义、学术定义及其阐释［J］.图书情报研究，2013（4）：32-36.

② 刘振民.阅读过程的结构要素及早期阅读的指导［J］.当代学前教育，2009（6）：4-5.

者需要激活自己的两方面经验：对语言符号和图形符号的经验，对世界的认识及相关的生活经验。这两种经验缺一不可，对幼儿来说，后者更为重要。

环节3：建构理解——用相关经验解读情景中的信息，建构对情景的理解，关键在于能否用已有经验深入地解读当前的信息。理解包括两个层次，对文字、符号、图形、声音的理解是第一个层次。这一层次被称为结构层次（佛斯和黑格斯，1978）。在很多情况下，读者面临第二个层次的理解困难，即要了解作者的意图、作者究竟要表达什么，佛斯和黑格斯将其称为意图层次。很明显，第二个层次的理解所涉及的语言信息和非语言信息比第一个层次要复杂得多。

环节4：交流分享——与他人交流对情景的理解，关键在于是否掌握了表达的方法和技巧，以及成人是否进行了有效的引导。这一环节有助于幼儿对阅读信息的多角度理解，开阔思路。

环节5：多元理解、重构理解——借助他人的信息补充、校正自己的理解，重构更为完善和深入的理解。其关键在于能否有效地汲取别人的信息（经验和观点）。

以上的环节1～3为个体阅读的过程，环节4～5为群体阅读的过程。

2.阅读的价值

为什么要阅读？阅读的意义何在？阅读的重要性表现在哪些方面？对阅读这些问题的认识建立在对阅读价值的认知基础之上，是阅读的根本性问题。所谓阅读的价值，是指阅读对人所产生的有利于其生存与发展的正面影响①。这种影响从人的全面发展来看，具体包括以下内容：

（1）获取知识。作为物质形式的书籍，既是人类知识的系统化保存，也是人们获取知识的主要途径，是人们阅读的主要媒介之一。书籍促成了人类知识的独特传承形式和两种不同的阅读方式（文字阅读和图的阅读），进而创造了一种重要的文化模式——阅读的艺术。

通过以上两种阅读方式获取知识，是古今中外人们获取新知的最常规的途径。原因很简单，由文字和图形所构成的文献承载的知识无所不

① 李超平．公共图书馆宣传推广与阅读促进［M］．北京：北京师范大学出版社，2013：161．

包，是人类知识的宝库。通过阅读，文献中的知识就会传递给阅读者。研究表明，一个人的知识建构，从实践中学习与积累的不足20%，通过阅读获得的知识达到80%。[①]

可见，阅读尽管不是获取知识的唯一途径，但却是最主要的途径。无疑，阅读可以使我们广泛地、大量地获取知识，增长见识、开阔眼界。

（2）开发智力。心理学将智力概括为个体观察、记忆、思维、想象、注意、言语、操作等各种能力的综合体。智力不仅体现在人掌握知识的过程中，更体现在人运用知识创造性地解决实际问题的能力上。智力是人类发展的基点。阅读尤其是早期阅读，能够极大地开发智力。

① 阅读有利于促进大脑的发育、成熟。从幼儿教育的角度来看，早期阅读更有利于促进儿童大脑的发育、成熟。科学研究表明，大脑获取的信息约8成来自视觉，0～6岁是儿童智力发展的关键期，因而，视觉刺激对幼儿早期神经网络的发展至关重要。研究还发现，语言理解区域的发育比口语表达中枢要早。这一结果可以理解为正因为阅读提供了积极的视觉刺激，给儿童展现了图文并茂的视觉材料，才加快了大脑神经组织的发育和成熟，促进了儿童思维的发展。[②]

② 阅读有利于智力的发展。心理学研究表明，知识是智力发展的基础。一个人所拥有的知识决定了其智力水平，如果一个人还能不断吸收新的知识，则其智力水平还将不断发展。智力发展需要知识去触发。智力开发遵循轰击原理，在大量信息和知识的碰撞、轰击之下，人的智力潜能能够被激发。[③]也许正因为认识到这一点，我国西汉目录学家刘向说："书犹药也，善读书可以治愚。"俄国文学家托尔斯泰说："理想的书籍是智慧的钥匙。"如前所述，阅读是获得知识的最有效途径之一，因而阅读一定会有利于人的智力发展。

③ 阅读能够训练思维。阅读是不断地思索、想象、判断和推理的过程，既要领悟字词含义，又要理解语句的含义，还要思考或怀疑文本

---

① 曾祥芹，曹雪屏．现代阅读学原理［M］．郑州：大象出版社，1992：9．

② 李英顺．如何通过早期阅读促进幼儿智力发展［J］．吉林广播电视大学学报，2013（4）：56．

③ 胡集武．现代阅读学［M］．广州：中山大学出版社，1991：30-34．

中的观点，也要将出现在书本中的新知与大脑中的旧知进行比较与联系。经常性地进行这一系列的思维活动，就能使人的大脑得到训练，这对智力发展必然有益。①

（3）修心养性。人们常用“修养”一词来描述一个人的品性、情趣、学识等所呈现的状态。日本儒学家说：“凡活物不养即死，心乃存于我身一大活物，最须以养。”②读书能不断提供“修”和“养”所需要的营养，能够实现修炼心灵，滋养品性和情操，在精神上得到放松和宽慰。阅读的修心养性价值体现在以下几方面：

一是阅读具有潜移默化的教化作用，引导人们不断向好、向善。

二是阅读能提升人的审美能力、审美情趣，使人趣味高雅。如文学作品的美绚丽多彩，变幻莫测，让人心动神驰，人们感受美、分享美。从《岳阳楼记》《滕王阁序》到《济南的冬天》，从《洛神赋》到《雨巷》，无论时光如何流转，人们依旧会被其中所描述的美深深打动。阅读的原始动机和最后归属在于满足读者的审美需要。

三是阅读能陶冶人的情操，因为阅读的过程是对人的世界观、人生观、价值观、道德观不断追问与审视的过程，这种追问与审视有助于人们不断以普世价值观和好善恶的道德观去修正自己。③

四是阅读能培养人的高雅气质。古人讲“腹有诗书气自华”，读书能够使人拥有迷人的“书卷气”，会使一个外表平平甚至偏下的人变得富有魅力，让人仰慕。正如某位作家所说：“读书人与不读书人就是不一样，这从气质上便可看出。读书人的气质是读书人的气质，这气质是由连绵不断的阅读潜移默化地养成的。有些人，就造物主创造了他们这些毛坯而言，是毫无魅力的，甚至可以说很不完美。然而，读书生涯居然使他们由内到外获得了新生，依然还是从前的身材与面孔，却有了一种比身材、面孔贵重得多的叫‘气质’的东西。”④

字里乾坤大，书中日月长。一卷在握心有所系，与智者交流，其中

---

① 李超平. 公共图书馆宣传推广与阅读促进［M］. 北京：北京师范大学出版社，2013：162.

② 新渡户稻造. 修养［M］. 王成，陈瑜，译. 北京：中央编译出版社，2009：29-30.

③ 李超平. 公共图书馆宣传推广与阅读促进［M］. 北京：北京师范大学出版社，2013：162.

④ 曹文轩. 关于阅读意义的七个观念［J］. 全国新书目，2016（4）：25.

的思考与联想是精神、情感升华的过程。不同领域有不同的典籍新知，在阅读中可以不断优化知识结构，开启思维，提供动力。这个过程有愉悦，也有艰辛。面对好书，专注阅读，含英咀华，温润心灵，必使精神境界日臻完善，“宁静以致远”。①阅读堪称人生最美的修行。一行清秀的短文，或许就能调整生命的航向；一首洗练的诗歌，或许就能唤醒对美好的向往；一幅淡然的水墨，或许就能驱赶心灵的彷徨。虔诚的阅读能摒弃世俗功利，钟情的解读足以启人心智，或醇美娴雅，或铿锵豪迈。阅读浸润着悠然时光，过滤着日复一日的繁复与辛劳，琐碎与阅读相互交融，琐碎因阅读而温馨，阅读因琐碎而精彩。一个醉心于阅读的智者终会超越世俗的层面，进入精神的家园，朝夕与心灵沟通，日月与心灵对话。在人生的十字路口，总会流露出智慧的光芒，迈向光明的彼岸。②

（4）丰富人生。人们常说：一本好书能改变人的一生。阅读对一个人一生的影响确实起着十分重要的作用。清代刻书家张潮在《幽梦三影》中关于读书有这样一段话：“少年读书如隙中窥月，中年读书如庭中望月，老年读书如台上玩月……皆以阅历之浅深，为所得之浅深耳。”意思是说，年少时读书就如同在门缝里看月亮，空间如此小，月亮大而远，又有点神秘；人到中年时，读书就如同在庭院中散步赏月，对月亮感到熟悉和亲切；老年时，读书就如同人站在高台上玩月，和月亮非常接近，一切尽在掌握之中；而人生阅历的丰富与否，取决于阅读之所得。因此，一个人年少的时候，应将时间集中用于读书；中年的时候，要分一部分时间用于继续学习；老年的时候，更要把阅读作为和谐自己心灵、丰沛自己精神家园的一种手段，这样的人生就会很圆满、很充实。所以我们说阅读是让人汲取他人智慧、让人生插上知识和学识的翅膀，在有限的百年时间中获得相对无限的发展空间，这就是阅读的本质和意义。③

社会的进步离不开知识，人的全面发展离不开阅读。好的阅读，是学习知识的愉悦，是感受心灵的碰撞，是实现自我的超越。为何阅读，阅读什么，怎样阅读，其实代表一种思想高度，折射一种人生境界。读书是缓解焦虑情绪的一剂良方。尤其是在当下如此快节奏的社会生活

---

① 奚晓阳．阅读润泽人生［J］．当代贵州，2013（5）：1．
② 夏天宁．阅读是人生最美的修行［J］．中国高新区，2012（6）：140．
③ 王群，敬卿．阅读与人生［J］．高校图书馆工作，2009（1）：3．

中，读书对滋养人的心灵不失为一种明智的选择。养成读书的好习惯，你会加入慢生活的行列，从而发现其实读书与生活、工作、交际等能力的提升息息相关。

通过读书，你会暂时忘却现实的残酷、日子的窘迫，从而理解高尔基的那句话“我扑在书上，就像饥饿的人扑在面包上”。你会珍惜拥有，不再为曾经盲目比较后巨大的心理落差而心绪起伏跌宕。读书让人们学会不以物喜不以己悲，波澜不惊宠辱皆忘。

通过读书，你会发现古今中外的人们彼此可以或友善或犀利地展开对话，但有一点很关键，那就是彼此的心灵是平等的、坦诚的，没有半点藏污纳垢和尔虞我诈。读书让人们认识到，哪怕政见不同的人，彼此也可以成为良师诤友。

通过读书，你会领悟到，那一个个响彻天宇的名字背后，也会或多或少地隐藏着不足为外人道的辛酸和无奈。在不可抗拒的大时代面前，人们，哪怕是伟人、名人、大师，也同样显得那么渺小，沧海一粟、宇宙之沙。①

阿根廷诗人博尔赫斯有诗云：“我心里一直都在暗暗设想，天堂应该是图书馆的模样。”爱书之人对读书带来的幸福感恐怕都心照不宣。在互联网时代，每天有太多的信息扑面而来，人们似乎每天都在读着一些文字，但快餐式的浅阅读以及未经过挑选的文字虽然占用了大量时间，对读者而言却如流沙过指，所得甚少。在快节奏的生活中，我们不仅需要阅读，更需要用心选择一本好书，在读书的过程中提高、深思、内省并体验生命之美。②

人生高度得益于阅读广度。阅读教会人们如何在现代生活中获得心灵快乐，找到人生的坐标，更好地面对生活、面对人生。

二、老年人阅读的意义

老年人阅读的意义，可以从老年人阅读的益处和阅读在老年人精神生活中的重要地位两方面来体现。

---

① 王春旭．阅读与人生［J］．中国职工教育，2012（2）：78-79.
② 倪卓逸．阅读，让人生更美好［J］．内蒙古宣传思想文化工作，2015（40）：47-48.

（一）老年人阅读的益处

研究表明，老年人阅读有如下益处：

1.打发时间，排解不良情绪

老年人一旦从工作岗位上退下来，就会突然感到无所事事；年轻人又要上班，没有时间陪伴他们。如果不主动找点事情做，老年人就会陷入不良的情绪当中。读书是个打发时间的好办法，读书时整个人都可以沉浸其中，跟随书中的故事情节、主人公的喜怒哀乐去经历不一样的人生，因此会感觉时间过得很快，自己也感觉过得很充实。

2.保健大脑，提升记忆力

人的大脑会随着年龄的增大而萎缩，也会影响身体其他器官的运作，会出现记忆力衰退的现象，因此我们应该让大脑积极地动起来，这样身体也会变得更好。国内外很多长寿的科学家、学者、艺术家就是因为长久以来坚持学习，大脑得到了很好的运用，对大脑产生了很好的良性刺激。经常读书的老年人与不读书和少读书的老年人相比，认知功能衰退的风险会小很多。再加上读书的时候，要全身心投入，要记住书中事情发生的时间、地点、原因、结果，还要厘清人物之间的关系，需要大脑的处理，刻意创造新的记忆，这样也能锻炼大脑，提升记忆力，降低得老年痴呆的可能性。

3.提高自身的认知能力

俗话说“活到老，学到老”。知识的海洋是无边无际的，不能因为年龄变大而停止学习。现代社会的发展日新月异，新兴事物像雨后春笋般不断地涌现出来。读书能够提升自己的认知能力，让自己不与社会脱轨，跟上时代的步伐。社会上有很多不法分子专门向一些老年人下手，骗取其财物。所以老年人应该利用闲暇时间多学习，用知识武装自己，保护好自己。①

4.获得无穷的阅读乐趣

西汉目录学家刘向劝人读书曰：“少而好学，如日出之阳；壮而好学，如日中之光；老而好学，如炳烛之明。”老年读书求学其实是乐趣无穷的。

① 伍红霞. 关于开展老年人阅读服务的思考［C］//自信·和谐·共建：中国西部公共图书馆联合会第四届（2017）年会暨学术研讨会论文集，2017：131-135.

学者冷选英曾总结道：你只需坐在家中，或案前，或榻上，或树旁，或桥边，手执一卷，便可以走出个人小圈子，进入无边的世界。上下五千年，纵横千万里，你会洞悉各种世事、秘情和不同流派情趣；你会知道荒漠驼影、雪山马嘶、海山奇观……古人曰："至乐莫过读书""有工夫读书谓之福"。如今的离退休老人，过去忙忙碌碌无暇读书，常引以为憾事，如今清闲了，多的是时间，正好弥补此前的不足，尽享读书之乐。当浏览古今名人传记，其优秀品质、先进思想、浩然正气，往往能激励、充实自己的人生；读诸子百家富含哲理的书，就会使你品行端正，精神富有。正如美国发明家爱迪生所说："运动使人健壮，读书使人贤达。"读书使自己的内心常拥有一隅自得其乐的方寸之地，确实会给你带来欢乐。每当遇到不顺心的事，你只要放声吟几首诗词，读一些感悟人生的短文，这一吟一读往往使你心胸豁然开朗。[①]从图书馆（阅览室）借一本书，或于上午，或在午后，挪一把藤椅，沏一壶清茶，读一本经典，品一段人生，十分惬意！岂不快哉！[②]

老年人在品读时应学会调动一切积极因素，触类旁通，尽量发挥经验丰富的优势，适时引发阅读兴趣，充分体验阅读的无穷乐趣。

（二）阅读在老年人精神生活中的重要地位

《老年人权益保障法》对老年群体的基本生活和社会服务等方面做出了相应规定，但当前整个社会对老年人精神文化生活的关注度较低，而阅读是丰富老年人精神生活的重要途径，它也应该成为老年人的生活方式之一。由中国新闻出版研究院组织实施的国民阅读调查连续多年对我国老年群体的阅读行为、阅读偏好等阅读状况进行监测，调查范围覆盖我国29个省、自治区、直辖市的城乡居民。调查显示，阅读在老年人的精神生活中具有重要地位。

当前，60周岁以上老年人多数已经离开工作岗位，步入颐养天年的第二个生命春天。他们不再有挣钱养家的负累，也不再有事业奋斗的使命任务。对他们来说，如何在保养好身体的同时，拥有美好的精神生活，成为人生新的发展方向。也正是因为这个原因，阅读成为许多老年

① 冷选英. 老年读者的阅读心理［J］. 科技情报开发与经济，2006（21）：89-90.

② 洪丽，夏维奇. 城镇社区老年群体阅读促进策略研究［J］. 安徽工业大学学报（社会科学版），2016（1）：32-34，42.

人的重要精神文化生活方式。

从近几年国民阅读调查数据看，图书阅读是我国60周岁以上老年群体的一项重要精神文化生活。调查发现，我国60～70周岁老年群体的图书阅读率约为46%，年图书阅读量为3.4本；70周岁及以上老年群体的图书阅读率约为58%，年图书阅读量为4本左右。

从这些数据看，老年人的平均阅读水平虽然低于我国18周岁以上成年人的平均阅读水平（近年来，我国成年人图书阅读率约为59%，年图书阅读量为4.66本），但高于50～59周岁群体（近年来，我国50～59周岁人群的图书阅读率约为40%，年图书阅读量为3.3本）。以上数据表明，60周岁以上的老年群体在退休后普遍拥有较为充足的休闲时间，而不再囿于工作、学习压力的老年群体有着更为纯粹的阅读动机，在图书阅读率和图书阅读量方面明显较尚处于工作阶段的50～59周岁群体更具优势。

从老年群体的阅读观念来看，我国老年人对阅读重要性的认知程度较高。从国民阅读调查近3年的数据来看，平均有七成（71%）的60周岁以上群体认为，在当今社会，对个人而言，阅读是非常重要或比较重要的，与我国18周岁以上成年人群体对阅读重要性的认知程度相当，且高于40～59周岁年龄段的中年群体（65%左右）。

从老年群体的阅读目的来看，六成以上的老年人最主要的阅读目的是“增加知识，开阔眼界”，其次分别有三成左右的老年人因为“满足兴趣爱好”和“打发时间/休闲消遣”而阅读。由此可见，大部分老年人的阅读目的已脱离功利性阅读的需求，他们阅读更多的是为了满足自己的好奇心或审美享受，具备较强的内在阅读动机，而强烈的阅读动机对阅读行为的促进作用较为明显。

从总体上看，阅读在老年人的精神文化生活中占有较为重要的地位。退休后，老年人的生活重心应该由物质上的追求转移到精神的重塑上。老年群体的阅读动机超越了功利，以个人兴趣与审美为出发点的阅读更贴近阅读的本质。[①]

---

① 田菲．阅读，让老年生活更美好——从全国国民阅读调查看我国老年人阅读现状[J]．新阅读，2022（7）：22-23.

应该看到，当今人们获取知识的手段越来越多样，但是阅读仍然是不可替代的手段。阅读是一个主动接受知识的过程，阅读使文字具有了永恒的价值，它比图像更空灵，比记忆更清晰，比冥想更深邃。因此，阅读作为获取知识的手段，是其他方式所不可替代的，它在老年人精神生活中的地位将越来越重要。①

三、老年人阅读的特征与老年读者类型

明确老年人阅读的特征与老年读者的类型，有助于更好地在文化养老视域下推进老年人阅读推广，促进老年人阅读，使老年人拥有幸福的晚年生活。

（一）老年人阅读的特征

一般来说，老年人阅读具有如下几个特征：

1.从习惯性上看老年人的阅读特征

首先，许多老年人在退休之前就有热爱学习和读书看报的兴趣、习惯，退休之后仍然保持着这种好习惯。目前，图书馆有着丰富的图书资料和舒适的阅读环境，这一得天独厚的条件能够满足老年读者的习惯性需求。

其次，老年读者对阅读内容也有自己不同的偏爱，大多对时政热点、养生保健、休闲娱乐和文化体育类的书刊兴趣较高。

最后，许多老年读者参加阅读活动一般都很有规律，喜爱传统的阅读模式，以阅读纸质文献居多，逐渐开始接受电子书、电子阅读器、手机阅读等新鲜事物。

2.从交往性上看老年人的阅读特征

人际交往是社会中每个自然人为学习、工作、生活等生存能力而实施的人与人之间的交流活动。老年读者作为退休人员，社会接触面窄，更需要与同龄人接触、交流。随着我国物质生活条件的改善和个人收入的不断提高，老年读者对精神文化生活的需求日益高涨，他们需要更多的休闲娱乐、运动健身、养生保健、读书看报等活动来获得美好的情绪

① 魏巍. 老年读者阅读心理分析［J］. 黑龙江科技信息，2012（12）：234.

体验，提高幸福指数。有文化知识底蕴的老年读者一般不会闲居在家、饱食终日，而是主动走向社会，渴望继续为社会做出贡献。

3.从娱乐性上看老年人的阅读特征

老年读者到图书馆阅读书刊，不是从事复杂困难的工作，而是一种娱乐活动。他们通过阅读书刊，开阔了视野，愉悦了心情，增强了自信心和自豪感，获得了快乐和健康。因此，图书馆是他们向往和聚集的地方。随着公共图书馆藏书的丰富、设施的改善和服务水平的提高，老年读者越来越愿意走进图书馆，既能获取信息，又能与朋友们促膝交流。这已成为老年读者休闲养生、娱乐、交友的日常生活方式。

4.从具体性上看老年人的阅读特征

在老年读者队伍中，退休前从事各种研究工作的专家学者、科技人员、高校教师等属于研究型或实用型老年读者，他们虽然退休离职，但仍然朝气蓬勃、充满活力，有的继续从事研究工作，有的被返聘到工作岗位上。为了在目前的信息时代不落伍，不被淘汰，研究型老年读者仍渴望通过学习、读书，不断更新知识。作为传播知识的公共图书馆应成为老年读者更新知识、丰富自我的最佳场所。老年读者可以在这里获取前沿、新颖、翔实和全面的文献资料，针对不同领域的研究课题开展学术研究，准确、便捷地解决研究项目中的难题。

5.从切身性上看老年人的阅读特征

老年读者在公共图书馆中阅读的文献资料、关注的信息内容大部分与自身有关，涉及自身家庭、自身利益、个人兴趣等不同方面，这就是切身性的体现。图书馆应根据这一特性，关注老年读者的切身需求，优化服务，为他们提供更人性化、更便捷、更满意的服务，使老年读者既能够从图书馆获取到生育、上学、就业、婚恋、事业发展等为子女考虑的知识，又能找到养生、保健、医疗、娱乐方面的信息。图书馆应顺势而为，经常为老年读者举办一些养生讲座活动，开展各种科普、保健、文体活动培训和竞赛，使老年读者能够强身健体、愉悦身心、陶冶情操。①

---

① 郭园．老年读者阅读状况与图书馆关怀对策［J］．图书馆界，2019（6）：73-77.

（二）老年读者的类型

老年读者作为特殊的读者群体，不仅和普通读者一样具有多元化的服务需求，而且有其个性化需求。老年读者因人生阅历、受教育程度、兴趣爱好的不同，会表现出不同的阅读需求。大体说来，老年读者主要有以下三种类型：

1.汲取专业知识型

这类老年读者在退休前大多是高校、科研机构的专家学者或其他企事业单位的业务骨干，他们文化程度较高，有一定的技术专长或者丰富的实践经验；不服老，壮志未酬，虽然已经离开了原来的工作岗位，却是“退而不休”，仍一如既往地热爱着自己的专业，时刻关注着以往所从事专业领域的新成果、新进展，或著书立说，或为扶持、培养青年教师贡献着自己的智慧和才干。更有一部分老专家被返聘于教育战线，继续从事教学和科研工作，运用自己的所学和专长，发挥着余热，服务于社会。一般来说，这类老年读者对专业类文献信息的需要较为现实和迫切。

2.消遣娱乐型

对离退休老年人来说，突然离开了工作数十年的岗位，一方面，生活一下子变得轻松、悠闲起来；另一方面，他们会因此而感到些许迷茫、失落，甚至莫名地惊慌。正因为如此，去图书馆消遣成为很多老年人乐此不疲的“功课”。一来可以打发、消磨时光；二来可以阅读一些自己感兴趣的书刊，借此提升自己的人文修养和生活品位。而对那些子女不在身边或者没有子女，晚年生活感到孤独、落寞的老年人来说，他们更希望同社会联系，渴望与人交流，对参加社会活动、集体活动有着十分强烈的兴趣和愿望，而图书馆作为公益性文化机构，为满足他们的这一需求提供了很好的平台。

3.实际应用型

这类老年读者到图书馆阅读书刊，旨在有针对性地吸收一些科普性知识，以解决生活中所遇到的问题。例如，老年人一般都比较关注和重视自己的身体情况，所以，他们对合理膳食、养生保健类读物情有独钟。又如，喜好花卉盆景的老年人热衷读一些花卉盆景栽培的杂志，而爱好家电维修的老年人会查阅一些有关家电维修的科普读物。[①]

四、老年人阅读的障碍

受老年人的身体状况、心理特点等所限，老年人的阅读障碍表现为以下方面：

（一）受教育程度、文化水平等参差不齐影响阅读

由于各种因素的影响，老年人的受教育程度、文化水平、职业背景都不尽相同，这就导致老年人的阅读能力、阅读行为、阅读策略、阅读兴趣也不尽相同。我国人口普查显示，老年人群中90.9%为初中以下文化水平，本科以上的比例不足4%[②]，老年人受教育水平偏低的现状，更加凸显了老年人的阅读问题。受教育水平偏低的老年人对阅读的兴趣、阅读的积极性明显低于受教育水平较高的老年人。Champley对96位具有大学学历的老年人进行了研究，发现这一群体的阅读状况良好，其阅读材料范围广泛、阅读策略多样，这说明国外老年人在阅读方面学历越高，阅读理解状况越好[③]。

我国相关调查结论也显示，受教育程度为初中、小学及以下的老年人缺乏阅读兴趣，有个别不识字的老年人甚至完全没有兴趣；而接受过高中和高等教育的老年人则会选择主动阅读，并积极参与阅读推广活动，个别自身素质极其优秀的老年人还承担了一部分阅读推广工作。受教育水平的良莠不齐，也使得老年群体对新知识、新事物的接受能力不尽相同，从而影响对阅读内容的理解；而网络时代的新名词、新用法和新观念层出不穷，这些都不断冲击着老年人的固有理念和习惯。受自身文化水平的限制，部分老年人在面对网络时代的新鲜词汇时产生了对阅读内容无法理解的知识障碍，这种深深的无力感降低了老年人的阅读愉悦感和阅读意愿。文化水平参差不齐，是影响老年人阅读行为的一个重要因素。

---

① 房金玲. 老龄化背景下图书馆优化老年读者服务探讨［J］. 湖北经济学院学报（人文社会科学版），2015（10）：107-108，119.

② 国务院人口普查办公室，国家统计局人口和就业统计司. 中国2010年人口普查资料［M］. 北京：中国统计出版社，2012.

③ CHAMPLEY. An Analysis of Reading Materials and Strategies Used by Older Adults［EB/OL］.［2019-11-15］. http://soar.wichita.edu/bitstream/handle/10057/656/d05012.pdf.

（二）身体机能的衰退影响阅读

随着年龄的增加，老年人的生理器官逐渐老化，大脑神经系统和视觉、听觉器官都会出现明显的衰退，给老年人带来一定的负面影响，从而降低了阅读的实际效果。其中尤为突出的：一是视力下降，视神经衰退，眼睛干涩，分泌物增多，眼睛的晶状体变硬、弹性变弱，睫状肌萎缩、收缩性减弱等问题，使得老年人对视觉信息的加工速度变慢，视觉搜索能力下降。这些都会减少老年人参与阅读的兴趣，进而可能会放弃阅读行为。陈勃考察了老年人视力的变化后发现，人在50岁左右差不多都需要矫正视力，像白内障和青光眼等更严重的视力损害在60岁时为高发期，而到更高年龄段，视力障碍会越发成为主要问题。[①]视力退化尤其是老年人眼底黄斑区的变性疾病，又叫年龄相关性黄斑变性（Age-related Macular Degeneration，AMD），常常迫使老年读者放弃阅读。二是记忆力衰退。随着年龄的增长，老年人的感知思维迟缓，注意力不集中，记忆力下降。因此，老年读者的阅读速度较慢。但他们的再认能力较好，他们在阅读时，通常会拿出纸笔将所看到的有用知识记录下来，但这又加剧了阅读速度的缓慢。

此外，生理机能的退化，还使得老年人在阅读时出现了如精力无法集中、不能进行长时间阅读、容易产生疲劳感、需要辅助工具（如老花镜甚至放大镜）才能进行阅读、行动不便不能去社区图书室或图书馆等诸多问题。这些问题降低了老年人的阅读意愿，影响了老年人的阅读体验，使他们对新事物的学习兴趣逐步降低，而这又加剧了老年人思维和认知能力的减退，从而影响老年人的阅读体验，成为老年人阅读行为的障碍。

（三）在休闲活动方式、观念上的差异影响阅读

目前，老年群体的休闲活动呈多样化趋势，很多老年人退休以后参与许多社会活动，如老年社团、老年大学等。丰富的老年社团活动有时会占据老年人大部分时间和精力，各种体育健身活动如太极拳、广场舞等深受老年群体的喜爱。还有一些老年人喜欢旅游、摄影、打牌、看电

---

① 陈勃．对“老龄化是问题”说不：老年人社会适应的现状与对策［M］．北京：北京师范大学出版社，2010：50-51.

视，这使得很多老年人都放弃了阅读。有一些老年人认为退休后更应该享受悠闲的生活，忙碌了一辈子更需要通过娱乐方式来度过晚年生活，他们认为没必要进行阅读，缺乏参与阅读的习惯甚至信心，尤其是对文化程度较低的老年人来说更是如此。还有一些老年人虽然有阅读的意愿，更愿意接受新鲜事物，但是当阅读过程中遇到困难时，不愿意寻求帮助，致使最终放弃阅读。①

（四）数字化阅读方式影响了老年人的阅读体验

随着科学技术的迅速发展以及数字化社会发展的日新月异，依托高科技的新媒体开启了“泛阅读”时代。阅读从“纸质时代”进入“纸质与电子并存的时代”，传统的阅读形式走向边缘化、小众化，很多人养成了“浅阅读”的阅读习惯，功利阅读成为普遍状况；越来越多的年轻人开始使用电脑、手机、PAD、电子书阅读器等多种数字化工具来阅读和获取知识、信息。而老年人受自身条件的限制，对新事物的兴趣和接受能力相对较弱，这些都影响了老年人的数字化阅读体验。调查显示，老年人对数字化阅读工具的接受度较低。传统的纸质书刊仍然是多数老年人最钟爱的阅读方式，而电脑、手机、PAD、电子书阅读器、代读等阅读方式并没有被老年读者广泛接受。对比中青年数字化阅读工具的使用率，老年人对数字化阅读工具的使用率明显偏低。数字化阅读方式降低了老年人的阅读意愿，进而影响了老年人的阅读行为。②

（五）其他影响老年人阅读的因素

1.阅读资料较少

目前，随着我国经济的高速发展，人们的生活水平日益提高，老年读者的购买能力日益增强，对精神文化生活的需求越来越迫切，需要阅读的书籍种类和数量越来越多。而我国600余家出版社中，专业的老年出版社只有华龄一家，所出版的适合老年人阅读的书刊有限。此外，设立老年人图书专柜的书店寥寥无几，有关老年人的图书品种单调，只局限于历史、文学、养生、保健方面，根本满足不了老年读者的需求。因此，相关部门应积极调整策略，按照老龄市场需求，丰富图书种类和数

① 郭园．老年读者阅读状况与图书馆关怀对策［J］．图书馆界，2019（6）：73-77．
② 周丛．影响老年人阅读行为的问题和对策［J］．科教导刊，2017（11）：151-152．

量，以适应老年读者对精神文化生活的需求。

图书除了在内容上要适合老年人的需求和特点外，从出版物形态来说，图书版式、装帧等也应体现“适老化”，如字号、用纸都要特别考量，每本书的字数也应该控制在一定范围内。从阅读内容来说，老年阅读是否能像童书一样成为独立存在的阅读类别，还需进一步观察，也有待出版机构进一步探索与尝试。出于成本方面的考虑，目前老年版图书还未进入多数出版机构考量的范畴中，适老化阅读产品正处于一个发展变化期，未来“随着‘60后’‘65后’乃至‘70后’进入退休期，老年读者群体的接受能力、趣味与需求会发生变化，一些人文社科类图书也可以尝试推出老年版。如今越来越多的老年人在‘老有所养’的基础上追求‘老有所学’‘老有所乐’，包括出版机构在内的文化单位也应该捕捉到这种变化”。[①]

2.图书馆服务欠缺

公共图书馆工作人员的服务意识和态度一直得到社会各界读者的肯定，但欠缺的是没有提升对老年读者这一弱势群体的服务质量。老年读者年事已高，反应迟缓，如不能同其他读者区别对待，提供更加人性化的服务，势必影响老年读者群体的积极性。为此，图书馆工作人员要真心了解老年读者的阅读特点和需求，提供优质服务，这样才能稳定老年读者群体。

3.老年人需要承担一定的家庭责任

很多老年人退休后都肩负起为忙碌工作的儿女抚养小孩的责任，繁杂的家庭琐事，消耗了他们太多的精力。有些“空巢”老人打理自己就需要花费很多的时间和精力；有些没有养老保险的老人，退休后还要继续工作。时间、精力占用过多，老年人在阅读上相应的投入就会减少。[②]

倡导全民阅读，缓解人民群众日益增长的精神文化需求与公共服务发展不平衡不充分的矛盾，要求图书馆必须完善针对老年人的服务，加强老年人阅读推广工作，最大程度消除老年人的阅读障碍，减轻其利用

---

① 施晨露.“积极老龄化”实践：好像又回到青春期［N］.解放日报，2022-03-17（5）.
② 郭园.老年读者阅读状况与图书馆关怀对策［J］.图书馆界，2019（6）：73-77.

图书馆的困难，保障老年人能够最大公平地享受基本公共文化服务，促进图书馆更好、更快地发展，为应对人口老龄化、发展文化养老奠定坚实的基础。

第三节 案例探讨

浙江图书馆老年读者借阅习惯实证研究

应对席卷全球的人口老龄化浪潮，要在提高老年人的生活质量，为老年人提供健康和保护、尊严和照料保障的同时，积极支持老年人充分参与社会文化活动，为老年人提供阅读、继续教育和培训的机会。在不断加快的人口老龄化趋势下，公共图书馆作为最具开放性和公益性的社会文化机构以及社会大众学习、交流和休闲的场所，适应老龄化趋势，更好地为老年读者服务，在发展文化养老方面做出自己的贡献，是其义不容辞的责任和义务。这里对浙江图书馆老年读者使用图书馆服务的数据进行统计分析，并且将其与中青年读者的数据进行多维度比较，从而更全面地了解老年读者的需求动态，以便优化馆藏、改善服务，提升老年读者的阅读体验。

1.样本情况

本次统计分析的期限为2017年自然年一年，研究对象为有书刊借阅记录的60岁以上的老年读者；统计分析的项目有老年读者的借阅情况、阅读偏好、到馆时间、居住地域等。经统计，发生借阅行为的读者共有53 076人，其中60岁以上的老年读者为2 868人，占总人数的5.4%，整个读者群的年龄分布如图2-2所示。由图2-2可知，图书馆借阅的主流人群是年轻人，且老年读者所占的比例明显低于老年人口在本市人口中的比例（根据杭州市民政局发布的《杭州市2017年老龄事业统计公报》，截至2017年年底，全市60岁以上老年人口数由2011年年底的122.19万人增长到2017年年底的167.18万人，老年人口占总人口的比例由2011年的17.53%提高到2017年的22.16%），表明老年读者人数在图书馆整个借阅读者群中不占优势。

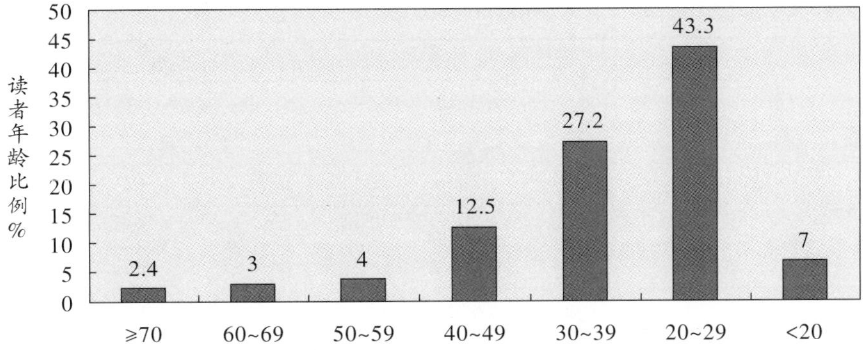

图2-2　读者年龄状况分布图

2.数据统计与分析

（1）借阅情况。2017年全年，浙江图书馆借阅量为149万册，老年读者的借阅量大约为总数的11%。老年读者人均借阅次数为9.6次，高于5.3次的平均值；人均借阅册数为39册，高出平均值19册一倍多。因此，老年读者的黏性极高，是图书馆不可忽视的读者群体。事实上，在借阅数前十的读者中，老年读者就占了4个。从男女比例来看，老年读者中男性占了大多数，达到72%，女性只占28%，而整个读者群的男女比例为49∶51。可见，女性读者随着年龄的增大，其阅读兴趣的衰减速度远快于男性读者。考虑到目前城市女性的地位和文化程度已经不低于男性，这种不平衡现象有望逐步缓解。

（2）阅读兴趣。对老年读者和中青年读者（年龄为20～60岁）的借阅种类进行统计，并应用K-MEANS算法（截取分类号前3位）进行聚类分析后发现，在1 000多个有借阅记录的分类中，中青年读者借阅量的69%集中在前35个分类中，而老年读者借阅量的76%集中在前23个分类中。结果显示，老年读者和中青年读者的阅读范围都比较窄，阅读兴趣相对集中。两类读者借阅量最大的书刊对应的分类和其在总数中所占比例，分别见表2-2和表2-3。

对比表2-2和表2-3可知，老年读者和中青年读者在阅读兴趣上有一定的重合，I24（小说）均排名第一，但也有所差别。首先，老年读者的阅读兴趣更为相近，I24占借阅总量的近1/3，人均达到12册左右；而中青年读者借阅I24的比例为23%，人均为4册。其次，老年读者阅

表2-2 老年读者借阅量排名靠前的分类（部分）

序号	分类号	占比（%）
1	I24	30
2	K82	6.1
3	J95	5.9
4	I25	2.8
5	TP3	2.7
6	I26	2.4

表2-3 中青年读者借阅量排名靠前的分类（部分）

序号	分类号	占比（%）
1	I24	23
2	TP3	5.8
3	H31	3.3
4	F27	2.8
5	I26	2.7
6	F83	2.6
7	TS9	2.4
8	B84	2.3
9	K82	2.1

读兴趣为休闲类图书，借阅数排在第二、三、四位的分别是人物传记，电影、电视光盘和报告文学；中青年读者更感兴趣的是计算机、英语和企业经济管理，人物传记排在第九位。比较出人意料的是养生保健类并不是老年读者最感兴趣的阅读主题，而经调研发现，省内大多数图书馆在设置老年流通站、阅览室等时把这类文献作为主要内容，这显然有些不太合适。从文献类型上分析，老年读者的光盘借阅量为人均3.5盘，中青年读者只有人均0.5盘；在出借的1.8万多册期刊中，老年读者的借阅量达到4 000多册，人均1.4册，中青年读者人均0.3册。因此，老年读者对多媒体光盘和期刊的兴趣更浓。但是，图书仍然是老年读者借阅量最大的文献类型，这和相关研究的结论似乎并不完全符合，表明图书馆在配置相关站点时应该仍旧以图书为重点。①

① 肖雪，周静. 老龄化背景下我国公共图书馆老年服务状况的调查与分析：基于内容分析法的实证研究［J］. 图书情报知识，2013（3）：16–27.

（3）借阅时间段。应用K-MEANS算法对老年读者和中青年读者的借书时间进行聚类分析，按照月份可分成借阅高峰、低谷和平峰三类。分析结果显示，老年读者的借阅高峰为3月、5月、6月和10月，借阅低谷为2月；中青年读者的借阅高峰为3月、7月和8月，借阅低谷为2月。无论是哪类读者，2月都是借阅低谷，3月则为借阅高峰，但是两者也有差别。老年读者似乎对气候更为敏感，夏天和冬天都不是其借阅高峰。另外，一星期七天中，老年读者借阅的高点出现在星期二（周一闭馆）而不是双休日。因此，图书馆可以根据老年读者的到馆情况组织相关活动，以选择春天、秋天和星期二为最佳。

（4）地域分布。按照读者身份证号区分杭州本地读者和外地读者。统计表明，老年读者中，本地人为76%，外地人为24%；而在中青年读者中，情况刚好相反，杭州本地读者占26%，外地读者为74%。这个数据显示，外来中青年是年轻读者的主力，老年读者则多为杭州本地人。进一步统计各城区老年本地读者和中青年本地读者情况，浙江图书馆位于西湖区，与上城区和拱墅区距离稍远，江干区、滨江区和本馆相距最远；读者数量随着距离变远逐渐减少，但通过横向对比，老年读者和中青年读者在主城区分布的比例相当，他们对图书馆距离远近的敏感度相似。

3.结论

从老年读者随年龄的增长到馆人数并未明显下降和对图书馆距离远近的敏感度并未高过中青年读者，以及有越来越多的老年读者携带笔记本电脑、智能手机入馆可以看出，老年读者的忠诚度较高，对新事物的接受能力也较好，他们的阅读兴趣主要集中在休闲类读物上，养生保健并不是他们最为关注的方面。

资料来源：梅影，宓永迪．公共图书馆老年读者借阅习惯实证研究——以浙江图书馆为例［J］．图书馆研究与工作，2019（7）：66-69.

第三章 阅读推广基本问题探讨

将推动、引导、服务全民阅读作为公共图书馆的重要任务，不断丰富以阅读为核心的综合性文化服务，建设书香社会。

——文化和旅游部《“十四五”公共文化服务体系建设规划》

阅读推广是提高全民阅读能力、推广终身学习理念、建设学习型社会的需要。要发挥阅读推广的重要作用，就需要对图书馆阅读推广进行系统梳理。这里汇总现有理论研究成果，对阅读推广的定义、要素进行探讨。

第一节 阅读推广概述

阅读是人类获取知识、增长智慧的重要方式，是一个国家、一个民族精神发育、文明传承的重要途径。中华民族有着优良的读书传统，崇尚读书、诗书继世之风绵延数千年。全民阅读、阅读推广，是立足中国文化、提高中华民族素质与竞争力的重要举措。开展全民阅读活动是一项社会文化系统工程，需要集合全社会的力量推行。图书馆承担着传承社会文明、传播知识信息的重要职责，尤其在推动全民阅读、提高人民群众的思想道德素质和科学文化素质、推动社会进步方面发挥着重要作用。图书馆界开展阅读推广工作由来已久，提供阅读场所和读本的图书馆自诞生之时就以阅读推广为自身的天然使命。为了深入推进新时代图书馆阅读推广工作，我们首先就阅读推广的一系列基本问题进行探讨。

一、阅读推广的定义

关于阅读推广，国内外并没有特别明确的定义，也存在不同的说法。已有的关于阅读推广或图书馆阅读推广的定义，根据其主体界定内容，可分为两大类别：一类是目标型定义，即从推广目标角度下定义，不涉及推广客体的说明；另一类是内容型定义，即对主体推广内容进行设定。

（一）目标型定义

作为一种行为实践，阅读推广的目标往往被设定为提升阅读相关变量。“阅读”涵括阅读主体、阅读客体以及主体与客体之间的交互。阅读主体，即读者，主观上涉及阅读兴趣、动机、习惯和能力等要素，客观上涉及阅读场所与平台、读者数量与类型等统计学意义上的特征。阅读客体是类型丰富、功能各异和数量众多的书籍。由于读者的需求、兴趣及能力等方面的差异，其阅读图书的数量、理解领悟程度等书与人之间的交互性因素也存在较大的差异。阅读推广的具体目标就体现在阅读涵括的各类要素的提升或增进上，也即客观上阅读场所及平台、读者数量、所读书籍数量的增多，主观上社会阅读意愿、阅读能力与阅读质量的提升。①

在已有定义中，以推广目标为主体概念区分原则的比较多，具体有以下三种代表性的定义：

（1）认为阅读推广是一种活动。如王余光在其主持的国家社科基金重点项目“建设学习型社会与图书馆的社会服务研究”的研究报告中对公共图书馆阅读推广进行了界定，认为“公共图书馆阅读推广是指由公

① 陈幼华．论阅读推广的概念类型与范畴界定［J］．图书馆杂志，2017（4）：21-24.

共图书馆独立或者参与发起组织的，普遍地面对读者大众的，以提升阅读普及度、改善阅读环境、提高读者阅读数量和质量等为目的的，有规划、有策略的社会活动”。[①]王波从战略目标、阅读可提升要素的角度对阅读推广进行了界定，认为“阅读推广，就是为了推动人人阅读，以提高人类文化素质、提升各民族软实力、加快各国富强和民族振兴的进程为战略目标，而由各国的机构和个人开展的旨在培养民众的阅读兴趣、阅读习惯，提高民众的阅读质量、阅读能力、阅读效果的活动”。[②]

（2）认为阅读推广是一项事业或工作。如万行明认为阅读推广即推广阅读，就是图书馆及社会相关方面为培养读者的阅读习惯、激发读者的阅读兴趣、提升读者的阅读水平进而促进全民阅读所从事的一切工作的总称[③]。王辛培认为，阅读推广是图书馆、出版机构、媒体、网络、政府及相关部门等为培养读者的阅读习惯、激发读者的阅读兴趣、提升读者的阅读水平、促进全民阅读所开展的有关活动和工作[④]。张怀涛认为，“阅读推广”也可以称为“阅读促进”，是在“阅读辅导”“导读”“读书指导”“阅读宣传”“阅读营销”等概念的基础上发展而来的；指社会组织或个人为促进阅读这一人类独有的活动，采用相应的途径和方式，扩展阅读的作用范围，提升阅读的影响力度，使人们更有意愿、更有条件参与阅读的文化活动和事业[⑤]。不难看出，将阅读推广定性为工作与事业，具有更强的包容力，能够将活动以外的阅读推广举措与实践容纳至概念范围中。

（3）认为阅读推广是图书馆的一项重要服务内容。提出这种定义的代表人物是我国较早关注阅读推广理论研究的学者范并思。他主要从字面含义、属性、对象和目标等角度对图书馆阅读推广概念进行了阐析，认为阅读推广是对阅读进行推广或促进，是图书馆服务的一种形式，是活动化、碎片化和介入式的服务；目标人群是全体公民，重点是特殊人群；阅读推广的最终目标是通过阅读提升公民素养，使不爱阅读的人爱

---

① 王余光．图书馆阅读推广研究的新进展［J］．高校图书馆工作，2015（2）：3-6.

② 王波．阅读推广、图书馆阅读推广的定义——兼论如何认识和学习图书馆时尚阅读推广案例［J］．图书馆论坛，2015（10）：1-7.

③ 万行明．阅读推广——助推图书馆腾飞的另一只翅膀［J］．当代图书馆，2011（1）：7-11.

④ 王辛培．阅读推广活动机制创新研究［J］．图书馆界，2013（1）：80-82.

⑤ 张怀涛．阅读推广的概念与实施［J］．河南图书馆学刊，2015（1）：2-5.

上阅读，使不会阅读的人学会阅读，使阅读有困难的人跨越阅读的障碍。[①]这种观点具有强烈的图书馆学研究范式导向，将阅读推广定位为图书馆的重要服务内容，能够有效地提醒图书馆人了解阅读推广在图书馆整体工作中的重要地位，对图书馆强化阅读推广意识、开展工作规划具有很强的指导意义。由于没有对推广客体及推广方法进行说明，因此，在帮助馆员明确阅读推广工作的重点及理解阅读推广与图书馆其他相关服务之间的边界方面作用有限。同时，活动化服务的界定，也不易将图书馆推出移动数字阅读平台的举措纳入进来。[②]

（二）内容型定义

内容型定义很少对阅读推广客体也即推广内容进行说明，而主要是对阅读推广主体进行说明。这类定义无论是对图书馆进行整体工作规划布局、设定阅读推广工作重点，还是对工作人员厘清阅读推广工作与图书馆其他工作的关系，均具有重要的实践指导意义。其具体也可以归结为以下三种有代表性的定义：

（1）认为阅读推广是一种休闲阅读行为。我国以于良芝、于斌斌为代表，认为图书馆阅读推广主要指“以培养一般阅读习惯或特定阅读兴趣为目标而开展的图书宣传推介或读者活动。‘培养阅读习惯或兴趣’这一目标决定了阅读推广试图影响的通常是休闲阅读行为，即与工作或学习任务无关的阅读行为”。[③]这种观点对图书馆规划阅读推广工作的重点大有裨益。根据书籍内容对人类的作用和影响，阅读可分为：①知识/技能/生活需要型阅读，即为课堂学习、工作及生活需要等而开展的阅读；②消遣型阅读，指为消磨时间阅读消遣性读物的行为，现今网络小说多为此类读物；③人文素养提升型阅读，主要指有意识地阅读公认的文学名著类作品，以增加体验与见识、提升人文修养；④生命智慧增进型阅读，指阅读集成人类大智慧，有阅读难度，需要反复阅读、理解、体悟的经典作品，以提升个体与自我、社会及自然相处的修养与智慧。在当前国民阅读率不佳、素质亟待提升的大形势下，作为文化传承

① 范并思．阅读推广与图书馆学：基础理论问题分析［J］．中国图书馆学报，2014（5）：4-13．

② 陈幼华．论阅读推广的概念类型与范畴界定［J］．图书馆杂志，2017（4）：22-25．

③ 于良芝，于斌斌．图书馆阅读推广——循证图书馆学（EBL）的典型领域［J］．国家图书馆学刊，2014（6）：9-16．

机构的图书馆，不仅要推进有益身心的休闲阅读，也要推进学习、工作或生活所需的阅读。[①]定义阅读推广是一种休闲阅读行为，不足以容纳所有的阅读推广实践。

（2）认为阅读推广是提高馆藏的流通量和利用率的活动。“馆藏”同“文献”一样，是一个很宽泛的概念。应用这个定义，也不容易分辨图书馆阅读推广的边界。如王波认为图书馆阅读推广是指“图书馆通过精心创意、策划，将读者的注意力从海量馆藏引导至小范围的有吸引力的馆藏，以提高馆藏的流通量和利用率的活动”。[②]在2017年1月12日举办的“图书馆阅读推广理论与实践专题研讨会”上，王波进一步指出，馆藏的范围为现有馆藏、未来馆藏以及延伸馆藏（含可获文献、门径文献）。

（3）认为阅读推广是提升读者信息素养的各种实践。将信息素养归类至图书馆阅读推广的范畴，由谢蓉等提出，认为“图书馆的阅读推广是图书馆利用其信息资源、设备设施、专业团队和社会关系等各种条件，鼓励各类人群成为图书馆的读者，并培养其阅读兴趣、阅读习惯或提升其信息素养的各种实践”。[③]陈幼华认为在阅读推广、信息素养教育均是图书馆重要工作领域的情况下，此界定不便于工作内容的划分与管理。

综合以上定义，本书采用陈幼华关于阅读推广的定义：“阅读推广，指在传承文化、提升素质的时代要求下，组织或个人开展的能起到培育社会对有价值的多元媒介作品的阅读兴趣与习惯、提升阅读技能与效果、增进社会阅读数量与质量作用的阅读推广空间营造、阅读推广平台创建、多元阅读引导活动举办的实践。”[④]

二、阅读推广的构成要素

阅读推广的构成要素主要包括四个方面，即阅读推广主体、阅读推

① 陈幼华. 论阅读推广的概念类型与范畴界定［J］. 图书馆杂志，2017（4）：22-25.

② 王波. 阅读推广、图书馆阅读推广的定义——兼论如何认识和学习图书馆时尚阅读推广案例［J］. 图书馆论坛，2015（10）：1-7.

③ 谢蓉，刘炜，赵珊珊.试论图书馆阅读推广理论的构建［J］. 中国图书馆学报，2015（5）：87-98.

④ 陈幼华. 论阅读推广的概念类型与范畴界定［J］. 图书馆杂志，2017（4）：22-25.

广客体、阅读推广对象、阅读推广方式，也即谁来推广、推广什么、向谁推广和如何推广的问题。

（一）阅读推广主体

概念是分析问题的逻辑起点，概念引发探索。认识阅读推广主体，首先要对“主体”这一概念有个正确的认识。不同学科对“主体”这一范畴有着不同的解释和规定，作为一个哲学概念，主体又有着本体论和认识论两种不同的含义。从本体论来看，主体是指属性、关系、状态、运动变化等的基质、载体和承担者[①]。本体论意义上的主体概念是没有客体概念与之相对应的。认识论意义上的主体是指有目的的认识活动和实践活动的承担者，与之相对应，客体则是指认识活动和实践活动中的对象。认识论认为，主体是与客体相关联、相对应而获得其规定性的。在这一概念中，具有思维能力、认识能力和实践能力的“人”成为主体。主体内包含如下基本规定：主体必须是有自觉认识能力的人；主体有目的地组织或实施认识活动和实践活动。因此，本书所提到的主体是指认识论意义上的主体。值得注意的是，人未必一定就是主体，主体应该至少满足三个条件：一是必须参加实践活动；二是主体应具有主动性、能动性和创造性；三是必须严格遵守社会道德规范，推广不违背社会道德规范的文献信息资源。鉴于此，从认识论角度的主体概念出发，阅读推广主体是指主动传播文献信息资源、组织参与或策划实施阅读推广活动的承担者，[②]是特定阅读推广项目的策划者、组织者、实施者和管理者。阅读推广主体由于各自的职能、拥有的资源、扮演的角色、所启动的阅读推广项目的目的不同，推广主体的特点和职能也有所区别。

1.政府

政府包括中央政府和各级地方政府，阅读推广对政府而言，是一项关乎国家文化建设、传承文明、提升民族文化素质的公益大事，更多体现在确立个体阅读意识和阅读价值方面。目前，我国政府在全民阅读推广中扮演着组织者的角色，每年4月23日的“世界读书日”和12月的

① 张天宝. 主体性教育［M］. 北京：教育科学出版社，1999：4.
② 黄冬霞，白君礼. 我国阅读推广主体关系分析［J］. 图书馆，2016（10）：17-25.

“全民读书月”前后，政府会号召媒体集中宣传全民阅读，开展相关活动。作为阅读推广的主体，政府具有权威性，在阅读推广中具有明显优势。政府拥有配置社会资源的权力，可以调动全国或区域范围内的资金、人员等社会资源，能持久、稳定、大规模地组织和推进全民阅读推广活动，宣传阅读的价值，促使全民增强阅读意识，提升个体对阅读行为的认可度。政府代表国家主流思想文化倾向，从有利于国家统治和文化教育需要的角度出发，组织策划阅读推广活动。其阅读推广更多地体现为确立政府在社会制度与社会主流思想文化方面的主导权，具有一定的强制力。政府制定阅读推广目标、方向和内容，具有单向指令特点，个体不可随意更改其内容或形式。在政府组织的阅读推广计划中，政府是主体，所有读者是从属、客体，政府从营造宣传氛围和加大宣传力度上创造阅读舆论环境和空间。但政府组织阅读推广多为自上而下的规定性活动，推广内容的共性多于个性，不能满足个体多元化的阅读需求。此外，政府还肩负其他社会职能，精力有限，组织的阅读推广多为阶段性活动，时间一般为数天，间隔周期一般为一年，阅读推广多停留在宣传鼓动层面上，而个体的阅读认知形成需要长期累积，政府推广活动的短期性与个体认知行为长期性的矛盾是突出问题，难以保障个体形成稳定的阅读认知，这影响着政府引导全民阅读的运作效率和有效性。①

2.图书馆

图书馆是国家重要的公益文化单位，是履行公共服务职能的文化教育机构，是国民继续教育和国民阅读的重要基地。它的社会职能主要有保存人类文化遗产、开展社会教育、传递科学情报和开发智力资源等，其中倡导阅读是图书馆开展社会教育的一个重要方面。图书馆拥有文献信息资源优势和读者服务优势，是倡导和推进全民阅读最主要、最有力的组织者、实施者，是推进全民阅读的重要力量。尽管不同类型图书馆阅读推广的具体内容、目标和对象有所差异，但是向读者开展相关推广活动、引导阅读是其共同职责。

图书馆一般有多学科的文献信息资源，典藏文献具有一定的学科系

---

① 黄冬霞，白君礼. 我国阅读推广主体探析［J］. 图书馆，2016（10）：17-25.

统性、稳定性与完整性。它能提供个体阅读文献信息的文化氛围，再辅以专门的推广活动，可以提升读者的阅读兴趣。

图书馆不以获取经济利益为目标，其注重公共文化和开展文化教育的社会效应，服务对象不分民族、年龄，无文化程度差异，所在区域内的读者均可享受服务，推广具有大众化的特点。

在阅读推广活动中，图书馆是主导方，以单向指导为主、双方互动为辅，读者依然是被引导的个体，但是二者是在自愿前提下结成的松散主从关系，没有强制性阅读内容和参与要求，图书馆阅读推广虽然势必对读者的阅读行为进行干预，但干预的目的是帮助读者提高阅读兴趣、学会阅读，而不是对读者进行价值观、品行方面的教育。①图书馆作为阅读推广主体，更多地是提供个体阅读选择和参与推广活动的机会。

阅读推广是图书馆的一项传统工作，系统内部积累了不少阅读推广经验，值得推广到实践中去，也能帮助其他主体实践相关推广活动。图书馆有专门从事版本学、文献学、采访研究的人员，能组织针对性较强、个体易于接受的系列推广活动，能满足个体多元化的阅读需求。

图书馆分布广泛，在推广地域上占有优势。图书馆能实现一定范围内的主体间合作，以往图书馆与政府、书店、社会团体、图书馆学会、读者都有合作举办书展、读书活动、读书讲座的惯例。图书馆也关注阅读推广效果和读者满意度，推广活动中有推广信息反馈体系，会依照自身的实施能力和目标调整阅读推广计划。

不同类型的图书馆可以开展丰富多样的阅读推广活动，公共图书馆尤其引人关注。公共图书馆因其服务人群的多样性，决定了其阅读推广活动的多样性。很多公共图书馆都推出了面向婴儿、幼儿、青少年、成年人、老年人不同群体的阅读活动。同时，图书馆界作为一个整体，致力于整个社会阅读意识和能力的培养。如美国图书馆界在美国国会图书馆的领导下以著名的卡通形象为代表，拍摄了一系列宣传阅读的公益视频。这些活动都极大地推动了全民阅读的开展。②

---

① 范并思. 阅读推广与图书馆学：基础理论问题分析［J］. 中国图书馆学报，2014（5）：8-12.

② 赵俊玲，郭腊梅，杨绍志. 阅读推广：理念·方法·案例［M］. 北京：国家图书馆出版社，2013：5.

3.社会组织

除了图书馆，在阅读推广领域还活跃着大量的社会组织。社会组织指在自愿基础上为实现某一目标而形成的相对稳定的组织或团体。这些社会组织规模不一，方式多样，按其终极目标不同可分为营利型和公益型两类。

营利型社会组织多为非官方组织或团体，在经营文化产业中谋求经济利益。我国营利型社会组织主要有出版社、书店、各种实体读书俱乐部和读书网络平台。它们以读者的阅读需求为出发点，以推荐图书、刺激个体购买图书等为主要推广内容。这些组织出于自身利益和市场竞争的考虑，在了解读者阅读需要和定位市场需求的基础上，辅以较为成熟的营销方法与推广手段，推荐契合读者兴趣点、实用性强和富有时代感的畅销图书信息，推广活动形式多样。

公益型社会组织是以服务公众利益为使命和目标的从事公益事业的一切志愿团体、社会组织或民间协会。①现阶段，实力较强的是官方学术机构，其以谋求社会文化公益为目标，以举办讲座、研讨会等活动为主要途径，以业界号召力吸引机构和读者参与推广活动，以指导阅读、改善全民阅读现状，“多读书、读好书”为己任，培养个体的阅读意识和习惯。中国图书馆学会每年都在全国范围内开展阅读推广活动，侧重国学推广与全民阅读意识培养，着力进行阅读理论研究。其下设有专门的阅读推广机构——科普与阅读委员会，2009 年更名为阅读推广委员会，致力于全民阅读，并通过成员馆举办各类活动。②近年来，我国阅读推广民间组织也零星出现，其具有个性化、富有创意、组织成本低、推广双向互动、读者参与度高等优点。这些民间组织多分布在大中城市或者个别地区，知名的有小书房、“尚读”北京青年读书沙龙、广州“万木草堂”读书会、深圳读书会、图书馆读书会、高校读书会等③，此外还有凤凰网、搜狐读书会④。小书房还采用加盟的方式推动加盟地

① 臧红雨，马文婷，文香. 基于公信力危机的公益性非营利组织治理和绩效评价体系研究［J］. 对外经贸，2013（8）：96-99.

② 佚名. 中国图书馆学会成功举办第一届阅读推广标准与评价学术研讨会［EB/OL］.［2022-12-21］. https：//www.lsc.org.cn/cns/contents/1196/15598.html.

③ 龙叶，刘彦庆. 民间促读机构促进全民阅读策略研究［J］. 图书馆建设，2011（5）：93-96.

④ 吴惠茹. 以读书会促进全民阅读探析［J］. 国家图书馆学刊，2014（6）：34-37.

区儿童阅读活动的开展。民间组织的推广对象多针对小范围读者群体，更多地体现在主体与个体之间相对自由的阅读引导方面。它们以社会团体这一载体为核心，在论坛、讲座、读书活动中注入其阅读理念，促使读者培养阅读意识和阅读习惯，注重读者的参与程度，建立相对有效的推广反馈体系。①

4. 读者

将读者作为阅读推广主体的原因在于，网络环境下各种虚拟平台提供了读者推荐、交流和举办阅读活动的机会，读者可以通过推荐心仪图书、分享读书心得、组织小范围读者聚会或社团活动引导其他个体阅读；读者也是家庭和社区阅读推广的重要组织者和参与力量。

首先，阅读推广具有个性化，能够引导不同读者形成群体阅读行为。学者基于学术上的建树分享读书心得，解读文献，为普通读者指引阅读范围。普通读者基于阅读经历和体会，分享同一年龄段、同一家庭背景或同一领域个体感兴趣的图书信息，容易引发其他读者的阅读共鸣，取得引导阅读的功效。读者组织、策划的阅读推广活动多为开放式的，个体自由参加，地位平等，不存在主从关系，是相对平等基础上的相互影响或引导，多采用个体容易接受或认同的途径，通过图书推荐、社团阅读活动吸引其他读者参与，推广反馈较为及时快速，还能较快地调整阅读推广的方向和内容，增强阅读推广效果，互动性强、参与度高。其次，读者的阅读推广途径多样化。以读者为主导方的阅读推广活动创意多、推广成本低。如学者可以通过课堂（讲堂）、学术讲座或网络主页等多种途径推荐图书，分享读书心得，解读经典，宣传阅读文化。个人可以通过网络论坛、社团活动等途径引导阅读，从而加深个体对阅读的认知。②

此外，大众传媒和出版等机构以及医疗领域也是阅读推广的主体。大众传媒泛指传递新闻信息的载体，是报纸、通讯社、广播、电视、新闻纪录影片和新闻性期刊的总称。大众传媒机构中阅读推广最突出的案例是美国的电视节目“奥普拉读书俱乐部”，自其开播以来已经连续促

① 黄冬霞，白君礼. 我国阅读推广主体探析［J］. 图书馆，2015（6）：17-25.
② 黄冬霞，白君礼. 我国阅读推广主体探析［J］. 图书馆，2015（6）：17-25.

成了几十本畅销书，共销售图书几千万册。我国也有很多关于阅读的电视节目，如中央电视台10套的“子午书简”、河北卫视的“读书”、凤凰卫视的“开卷八分钟”等。除了电视栏目，还有很多阅读类报纸和刊物，如《中国图书评论》《文慧读书周报》《博览群书》《中国图书商报》《图书馆报》等，这些报纸和刊物或推荐读物，或展示阅读心得，从不同侧面推动阅读。国外还出现了医疗领域的阅读推广，几乎每个孩子的成长过程中都会接触医疗机构，因此国外许多医疗机构结合自身的特点推出了各种阅读推广项目。其中，比较典型的是美国医疗领域的“触手可读”（Reach Out and Read），孩子们到医院进行体检时，医生会向父母介绍如何促进孩子阅读，并送给孩子一本书。此外，候诊室还设立阅读区，供儿童候诊时阅读。加拿大新斯科舍省的“读给我听”项目联合全省11家医院，在每个婴儿出生24小时内为其送去一本书。[①]

（二）阅读推广客体

阅读推广客体是指要推广什么。阅读推广，顾名思义，当然是要推广阅读。这里包括阅读读物的选择、阅读能力的提升、阅读兴趣的培养、阅读习惯的养成和阅读氛围的营造。

1.阅读读物的选择

从全球范围看，阅读推广的读物不仅限于图书等传统出版物，电影、音乐、游戏、网页等都属于推广的范畴。如英国阅读社的“图书推荐数据库”（Find a Read Database），该数据库中的推荐读物除了传统的纸质书之外，还包括音频、视频、电子书、游戏、大字体书（国外针对视力不好的读者专门出版的字体比较大的书）、报纸、杂志、网站等。当今，社会信息生产的特点是数量大、增长快、类型复杂、形式多样、时效性强、传播速度快、内容交叉重复、所用语种扩大、质量下降。出版市场和网络将批量、快捷的信息给予受众，造成各种信息资源的良莠不齐，读物庞杂难辨，使读者不得不将大量的时间用在甄别读物的优劣上。[②]针对这种情况，就更需要加强阅读推广，让读者选择到好的

① 赵俊玲，郭腊梅，杨绍志. 阅读推广：理念·方法·案例［M］. 北京：国家图书馆出版社，2013：6.

② 刘佳贺，刘姝旭. 论公共图书馆推进全民阅读习惯的养成［J］. 当代图书馆，2010（16）：23-25.

读物。

2.阅读能力的提升

早期的阅读推广侧重阅读能力的培养，对于有阅读意愿但不知道如何阅读、有阅读困难的人群，阅读推广工作就要帮助他们提升阅读能力——包括选择读物的能力、理解内容的能力、阐释能力、批判分析与创新能力。但是后来研究发现，即使一个人有阅读能力，如果没有阅读的意愿，那么他可能长时间不阅读，他的阅读能力就会下降。因此，如果阅读推广只侧重阅读能力，可能并不能达到目的。当前，阅读推广除了关注阅读能力外，还关注阅读意愿的培养，提升民众的阅读兴趣。[①]

3.阅读兴趣的培养

兴趣是人们力求接触、认识某种客观事物或进行某种活动的意识倾向。凡是能够引起人们兴趣的东西，必然能够引起人们对它的注意。阅读推广所要注重的兴趣，是影响读者阅读心理和行为的兴趣，即对图书文献的阅读兴趣。它主要包括两个方面的含义：一是指对某类特定的图书所抱有的积极的选择倾向和态度；二是指由对特定图书的积极性发展而来的对一般图书抱有的积极态度，即爱好读书，以利用图书馆资源为兴趣。这种读者在实践中产生的阅读兴趣，是读者个人的倾向性兴趣，且随着实践的发展而发展。[②]

4.阅读习惯的养成

从发展的角度看，在全民阅读习惯的养成上我们还有较为漫长的路要走。作为阅读推广的主体，尤其是重要的公益文化服务机构——公共图书馆应该在思想层面上明确自身对构建阅读社会的切入角度，并全面投入到阅读社会建设的过程中来；在思想上需要对推动社会主义文化繁荣发展以及科学发展观进行贯彻落实，充分认识到全面开展全民阅读活动、培养全民阅读习惯的重要性，并提高自身组织活动上的主动性和自觉性，从而在全民阅读习惯的养成方面充分体现出自身的使命和责任。[③]教育心理学的研究表明，终身的阅读兴趣和习惯取决于有效的早

① 赵俊玲，郭腊梅，杨绍志．阅读推广：理念·方法·案例［M］．北京：国家图书馆出版社，2013：8．

② 林运卓．图书馆导读方法与策略［M］．广州：暨南大学出版社，2005．

③ 韩运平．公共图书馆——促成全民阅读习惯养成的重要途径［J］．黑河学刊，2011（4）：162-163．

期阅读。德国的一项研究表明，如果在15岁之前，一个人还没有培养出对书的感情，没有养成阅读习惯，那么他将永远失去享受阅读乐趣的机会，他也将永远失去登入阅读殿堂的机会。[①]因此，阅读应从婴幼儿时期抓起，从小就要培养孩子对阅读的兴趣，并使其养成良好的阅读习惯。图书馆要以各种形式吸引青少年儿童走进图书馆，激发他们的阅读兴趣。经过分析研究和实践检验，图书馆阅读推广活动的重点目标人群应放在儿童及青少年身上，在读物推荐上应是经典读物与数字读物并重，适当考虑阅读推广中的时尚元素。[②]

5.阅读氛围的营造

阅读氛围的营造也是阅读推广的重点。我国在经历了20世纪70年代末80年代初的读书热之后，90年代中期以来又经历了由停滞、复苏到转型的一个周期，对当下营造阅读氛围来说，掀起新一轮的读书热显得十分必要。

（三）阅读推广对象

阅读推广对象，即阅读推广项目的目标群体。由于阅读推广的目标是“全民阅读”，阅读推广所服务的对象应该是社会中的每一个个体。但在进行阅读推广时，我们还是应该首先对阅读推广的目标人群进行研究。这是因为不同的对象在阅读兴趣、阅读能力、阅读动机和审美取向上各不相同，这都将影响阅读推广的内容及成效。[③]

1.阅读推广对象定位明确

我们经常听到一句话：找对人，说对话。从阅读推广的角度来看，就是把合适的图书信息传递给对的人。很多图书馆花了很多人力、物力、资金去做推广，却难以取得预想的效果，有一种可能就是没有找到对的人。当然，推广效果还与渠道、方式、场景等因素有关，但目标群体明确、找对目标人群同样是很重要的一步。从微观个体的阅读推广项目来看，只有准确地定位目标人群，所做的推广才是有效的，这一点在做专题性的阅读推广时尤为重要。[④]例如，英超俱乐部“阅读之星”项

① 李长喜，等. 中国大学生百科全书［M］. 沈阳：辽宁教育出版社，1996.
② 邱冠华，金德政. 图书馆阅读推广基础工作［M］. 北京：朝华出版社，2015：4-5.
③ 邱冠华，金德政. 图书馆阅读推广基础工作［M］. 北京：朝华出版社，2015：3.
④ 马慧. 专题性阅读推广目标人群定位的一些思考［J］. 公共图书馆，2017（6）：77-79.

目面向不爱阅读的小学高年级和初中低年级学生，用足球激发他们对阅读的热爱；“信箱俱乐部”计划面向寄养家庭儿童，给他们发放适合寄养儿童年龄的阅读学习资料。挪威有专门面向16～19岁高中生的阅读推广项目，每年约有6万人参加该项目。该项目向这些高中生每人免费发放一本文学书籍，并附有面向教师的指南，告诉教师如何将该书和课堂讲授结合起来。此外，挪威还推出了面向运动员的阅读推广项目——“运动和阅读”，由图书馆员将图书带到各运动俱乐部、比赛场地等，促进运动员的阅读。新加坡的“读吧，新加坡”每年都有明确的推广对象，如出租车司机、美容师等。

2.进行阅读推广的市场细分

阅读推广与市场营销类似，图书馆等文化机构以丰富多彩的活动和促进措施开展阅读推广，吸引潜在读者，并培养其对阅读的“忠诚度”。为了使阅读推广工作更具针对性、效果更显著，在进行阅读推广时要根据读者特征进行群体细分，并针对不同群体制定差异化的阅读推广策略，这是提高阅读推广效率的一种有益尝试。市场细分的本质是以消费者为中心，集中有限的资源和服务向最有效的、具有共同特征的细分市场提供产品或服务，以取得预期目标。[①]市场细分是市场营销流程中的重要一环，包括顾客需求分析、市场细分和目标市场选择三个环节，主要解答“为谁服务”的问题，之后才是制定组合营销策略并开展营销。读者阅读需求的差异性是市场细分的客观基础。人在生命周期不同阶段的价值观、世界观和人生观会逐渐变化，并根据职业、收入和教育程度有所不同。表现在阅读需求上，一方面，其对“阅读”这一行为的接受程度不同，如热爱、肯定、冷淡、拒绝；另一方面，其阅读的动机也不尽相同，如功利型阅读或兴趣型阅读。因此，不存在一种阅读推广活动或者一本图书适合所有读者需求的情况，有必要对读者进行分类并采取差异化的阅读推广策略。

市场细分的标准有很多种，常见的有如下五种[②]：一是按地理（地

① 屈云波，张少辉. 市场细分：市场取舍的方法与案例［M］. 北京：企业管理出版社，2010：10.
② 丁玉东，张春峰，韩雪飞. 全民阅读推广过程中的目标市场细分研究［J］. 图书馆学刊，2017（1）：10-13.

理位置、交通状况）区域细分，这种细分方式的优点是目标市场便于区分，可以通过有计划的流动推广方案，在一定周期内遍历所有社区或单位，并且精心策划的活动方案可以在不同区域重复使用。二是按照年龄细分。按照年龄对读者群体进行细分是常用的做法，可以将阅读推广对象分为低幼儿童、青少年读者、中青年读者、老年读者。比如，芝加哥公共图书馆按照年龄和认知的发展规律开展儿童分级阅读推广[①]；北京市面向所有有孩子的家庭开展“家庭阅读季”[②]推广活动；重庆图书馆针对青年人求知欲旺盛、处于三观形成阶段的特点，打造“重图微世界”阅读推广品牌[③]；深圳图书馆针对老年人开展养生、保健方面的阅读推广等。[④]三是按职业进行细分，可以将阅读推广对象分为工人、农民、大学生、打工者、白领等若干类别。例如，湖北省开展的“书香机关”公务员读书活动，向公务员推荐党建、廉政、修养、国家发展以及哲学类图书[⑤]；而针对新生代农民工，按其阅读喜好可推荐文学作品、励志书籍、通俗娱乐作品，以及有助于其职业发展和自身能力提升的书籍。四是按照对阅读的接受程度细分，读者可以分为阅读爱好者、潜在阅读者、迟钝阅读者和消极阅读者。[⑥]图书馆欢迎阅读爱好者参与活动，但阅读推广的主要目标人群应该是潜在阅读者和迟钝阅读者，针对其阅读意愿的动摇性，可施以阅读方法指导、推荐优秀图书等举措，将其引导成为活跃读者。而针对消极阅读者，转变其阅读观念比开始阅读更加重要。五是按照时间细分。阅读需要时间、空间的支持，不同群体可用于阅读的空闲时间不同、阅读地点不同。比如，中小学生在寒暑假会有阅读作业；退休老人空闲时间较多，且有人员聚集特征；公职人员在工作日比较忙碌，往往会选择双休日放松心情；对于大学生读者，越临近考试越无暇阅读，而日常学习期间，大课间往往是图书馆人流量最

---

① 周永红，陈思．芝加哥公共图书馆儿童阅读推广项目分析及启示［J］．图书馆杂志，2016（4）：86-91.

② 唐红．公共图书馆家庭阅读推广的问题及对策［J］．图书馆学刊，2015（9）：108-110.

③ 潘玲．从“重图微世界”到青少年阅读推广思考［J］．河北科技图苑，2015（4）：28-31.

④ 陈莉莉．公共图书馆开展老年阅读推广活动的思考——以深圳图书馆为例［J］．四川图书馆学报，2015（6）：34-37.

⑤ 中共湖北省委省直机关工作委员会办公室．关于印发《省直机关2016年“全民阅读·书香机关”读书活动实施方案》的通知［EB/OL］．［2016-05-10］．http：//www.hbjgdj.gov.cn/tzgg/201605/t20160510_6977.shtml.

⑥ 张春峰，丁玉东，石伟铂．基于市场细分的大一新生阅读推广研究——以燕山大学为例［J］．图书情报工作，2016（8）：68-72.

大的时候，举办阅读推广活动可以充分吸引其目光。[①]

台湾大学陈书梅教授提出，公共图书馆的阅读指导服务应是“知书”与“知人”服务，即馆员针对读者个人特质与特殊需求主动建议适合的阅读素材。[②]这其中讲的就是向“谁”推广及推广“什么”的问题。阅读推广要在读者细分的基础上，对不同的读者对象设计不同的阅读推广内容，采用合适的阅读推广策略，策划特色的宣传品牌。读者细分后仍然需要优秀的策划、良好的组织、密切的互动来保证阅读推广效果，即通过划分有意义的读者群体，策划能满足目标读者需求的活动，并提供对应图书与读者互动，传递其需要的价值，最后评估读者满意度及对阅读态度的影响，进而留住读者并不断增加其数量，完成整个阅读推广计划。

3.以儿童和青少年为重点，兼顾其他群体

从各国阅读推广的开展情况来看，儿童和青少年是阅读推广的重点人群。“书籍是青年人不可分离的生活伴侣和导师”，如果青少年能够养成阅读的好习惯，那么将会使他们受益终身；使他们的视野更加开阔，提升鉴赏能力，培养极强的思维能力，了解和感知社会，为将来更好地适应社会打下良好的基础。在社会快速发展和科技不断进步的时代背景下，人们对青少年阅读推广工作的关注度也不断提升，通过有效的推广策略，将青少年阅读作为重点工作来开展。在美国，公共图书馆会定期举办一些丰富多彩的读书活动，进行阅读的推广工作，并通过设置相应的奖励，吸引更多的人参与到读书活动中来。在学校里，教师对学生每天的阅读量有明确的规定，还会让家长对学生的阅读结果进行实时监督。同时，为了大力倡导越来越多的青少年投入到读书的浪潮中来，图书馆会设计一些相关的活动方案，旨在调动学生的阅读兴趣，让他们在体会阅读趣味性的同时，阅读能力不断增强。在英国，公共图书馆都实行免费开放的政策，一些图书管理员会积极投入到阅读推广工作中来，他们通过多种形式的社会服务，使更多的人充分享受读书的乐趣。他们

---

① 张春峰，丁玉东，石伟铂．基于市场细分的大一新生阅读推广研究——以燕山大学为例［J］．图书情报工作，2016（8）：68-72.

② 陈书梅．从台湾阅读推广活动之现况谈公共图书馆之阅读指导服务［J］．图书馆建设，2005（5）：78-81.

对青少年群体更是有着很高的关注度，他们花费了大量的精力和时间来鼓励青少年加入阅读的行列。政府经常在公共图书馆、学校、书店开展和读书有关的各种形式的活动。出版社也会对一些优秀书籍进行归类和整理，从而更好地向青少年推广。①

这里要强调的是，尽管儿童和青少年是阅读推广的重点，但是面向其他人群的阅读推广活动也要重视。国外无论是图书馆界还是社会机构，都很重视面向成人的阅读推广。比如，美国很多公共图书馆的暑期阅读不仅有面向青少年的，还有面向成人的。芝加哥公共图书馆面向成人的暑期阅读在每年的7—9月举行，每年的主题会有所区别，包括环保、音乐、电影等；根据主题安排不同的阅读推广活动，包括作家讲座、演唱会、读书讨论等。英国阅读社有专门面向成人的“阅读挑战”项目，旨在通过让读写素养比较低的成人群体一定时间内阅读完六本书，来提升他们的阅读素养。反观我国面向成人的阅读推广，可以说是比较薄弱的，希望国内的相关机构特别是公共图书馆能够在这方面有所加强。②

4.关注老年人等弱势群体

一般认为，弱势群体是指社会中经济贫困、能力贫困或者受到法律、制度、政策排斥而造成权利贫困的人的概称。③作为阅读推广对象的弱势群体包括：老年人、未成年人、残疾人、外来务工人员、城市低收入人群、服刑人员等。当前，各阅读推广主体都将面向未成年人的阅读推广活动作为日常重要工作，开展的活动丰富多彩。针对社会弱势群体的阅读推广应该充分体现平等性、无差别性，能最大限度地满足他们对文化的需求。阅读推广中对弱势群体的关注主要体现在两个方面：一方面，阅读推广对象的确是弱势群体，如吉林省图书馆新馆在设计时充分考虑到了残障读者的特殊需求，在建设之初就设计了轮椅通行坡道，并在全馆范围内铺设盲人专用通道；同时，设计残疾人专用卫生间，并在大厅显要位置设计了直升观光电梯，方便残障读

① 林文娟. 浅谈公共图书馆青少年儿童阅读推广工作［J］. 经济管理者，2016（6）：40-41.

② 赵俊玲，郭腊梅，杨绍志. 阅读推广：理念·方法·案例［M］. 北京：国家图书馆出版社，2013：8.

③ 王越. 关于弱势群体权利保护问题的几点思考［J］. 长沙大学学报，2013（3）：75-77.

者在馆内无障碍通行。此外，还在一楼设立了视听阅览室和视障阅览室。[①]另一方面，在整体的阅读推广项目中加入关注弱势群体的元素，如英国的“夏季阅读挑战”，面向英国所有4～13岁的儿童和青少年；为了让视力有障碍的孩子也能参加，在项目中增加了面向视弱儿童的单元。美国的“触手可读”项目推出了面向视觉障碍儿童、听觉障碍儿童、自闭症儿童、智力低下儿童等的阅读指导指南，包括给父母的建议、阅读书目等。

（四）阅读推广方式

阅读推广方式是指采用哪种方式、策略对特定目标群体进行推广。阅读推广方式可以说是千姿百态，具有无限的可拓展性，给阅读推广者留下了极大的创新空间。在开展阅读推广活动时，只有采取正确的方式，才能把握好阅读推广活动的着力点。但是直到今天，关于图书馆阅读推广方式，还没有专家拿出令人信服的类型划分。已有的类型划分要么类目繁多，达几十种甚至上百种，不便于记忆、理解和应用，要么划分标准不统一，所以应该考虑如何把图书馆阅读推广方式的类型划分得更加简洁、实用。关于图书馆阅读推广方式的类型，曾有一些专家、学者探讨过，以下是三家具有代表性的成果：

1.张怀涛分类法

张怀涛认为，阅读推广活动包括读者、读物和环境三个要素，在这三个要素下可分化出若干小要素，小要素下可分化出各种活动（见表3-1）。[②]

2.岳修志分类法

岳修志把图书馆阅读推广分为21类（见表3-2）。其中，将“污损图书展览”作为一种阅读推广类型颇具新意。“污损图书展览”的作用，一方面，警示读者，不要破坏公物；另一方面，凡是污损的图书实际上都是好书，只有读者翻得多，才会带来污损。“污损图书展览”实际上是变相的好书展览。另外，岳修志还把图书馆阅读推广中最费力的活动和最省力的活动都通过调查进行排序，对图书馆开展阅读推广具有

① 庞璐．公共图书馆信息弱势群体阅读推广服务探析——以吉林省图书馆为例［J］．河南图书馆学刊，2016（11）：14-16.

② 张怀涛．阅读推广方式的维度观察［J］．大学图书馆学报，2015（6）：59-65.

重要的参考价值（见表3-3）。[①]

表3-1　　张怀涛对图书馆阅读推广方式的划分

一级要素	二级要素	活动类型
读者	读者特征	行业型推广、学科型推广、层级型推广、年龄型推广、性别型推广、时间型推广、地域型推广
	读者水平	养成型推广、训练型推广、帮助型推广、服务型推广
	读者需求	导向型推广、导读型推广、导用型推广
	读者集群	个别型推广、群体型推广、普适型推广
读物	媒介形式	人媒式推广、物媒式推广、纸媒式推广、视媒式推广、数媒式推广、多媒式推广
	运作形式	对话式推广、沙龙式推广、授课式推广、参与式推广、展示式推广、集会式推广、参观式推广、评介式推广、游戏式推广
	组织形式	直接式推广、间接式推广、联动式推广
	过程形式	正向式推广、反向式推广、多向式推广
环境	推广力度	指令性推广、倡导性推广、感染性推广、疗愈性推广
	活动周期	常态性推广、策划性推广、随机性推广
	启动机制	主动性推广、被动性推广、互动性推广
	效果范围	单项性推广、系列性推广、氛围性推广

表3-2　　岳修志对图书馆阅读推广方式的划分

读书征文比赛	图书推介	名家讲座
图书捐赠	读书有奖知识竞赛	图书漂流
精品图书展览	经典视频展播	读书箴言征集
名著影视欣赏	馆徽设计征集	名著名篇朗诵
品茗书香思辩赛	优秀读者评选	污损图书展览
书法作品选	书签设计	校园风景摄影比赛
读书节启动仪式	读书节闭幕仪式	读书节口号征集

① 岳修志. 基于问卷调查的高校阅读推广活动评价［J］. 大学图书馆学报，2012（5）：101-106.

表3-3　　最费力和最省力的图书馆阅读推广活动

最费力的活动	最省力的活动
读书辩论赛	经典视频展播、名著影视欣赏
读书节启动仪式和闭幕仪式	图书推介
书法作品选（展览）	读书征文比赛
校园阅读（风景）摄影比赛（展览）	名家讲座
名著名篇朗诵	污损图书展览
读书有奖知识竞赛	图书漂流
书签设计	读书箴言征集
精品图书展览	优秀读者评选

3.张彬分类法

张彬将调研到的所有图书馆阅读推广活动分为23对46种类型（见表3-4）。[①]有些类型是别的分类法所没有的，如仪式型和日常型、财政拨款型和社会捐助型、阅读关怀型和阅读疗法实践型，都是比较有特色的。

表3-4　　张彬对图书馆阅读推广类型的划分

仪式型和日常型	理念型和实施型	政策型和法规型
财政拨款型和社会捐助型	有纸型和无纸型	低碳型和共享型
网络型和实体型	展示型和推荐型	快速阅读型和深度阅读型
儿童阅读型和成人阅读型	亲子阅读型和故事会型	班级读书会型和图书馆读书会型
分级阅读指导型和生口书包型	文本阅读型和绘本阅读型	科普型和人文型
互动型和反馈型	有奖竞赛型和趣味型	主角型和主题型
一托多型和多托一型	汉民族语言型和少数民族语言型	讲座型、论坛型和沙龙型
阅读关怀型和阅读疗法实践型	阅读推广型和阅读大使型	

① 王波．图书馆阅读推广的定义、类型、方法——在“图书馆阅读推广理论与实践”专题研讨会上的演讲［J］．上海高校图书情报工作研究，2017（1）：6-19.

综上所述，阅读推广主体、阅读推广客体、阅读推广对象、阅读推广方式共同构成阅读推广的要素体系（如图3-1所示）。在这四方面中，阅读推广对象是阅读推广的核心，阅读推广客体和阅读推广方式都要围绕推广对象展开，不同的目标群体，其阅读推广的读物选择、阅读推广的侧重点都会有所区别。[①]

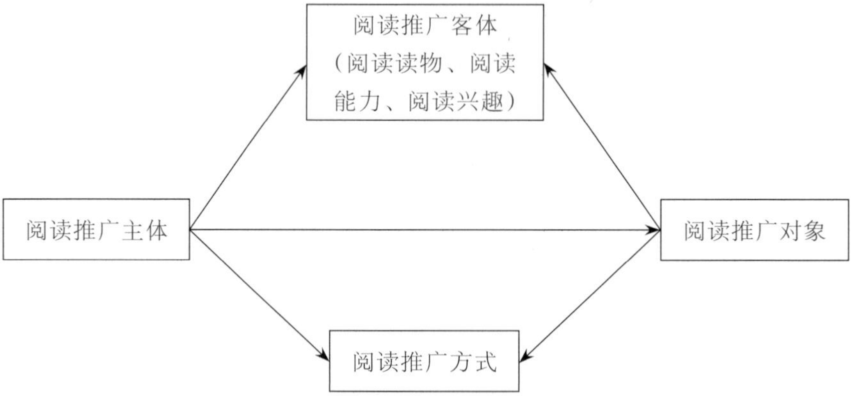

图3-1 阅读推广的要素体系

第二节 全媒体时代的阅读推广

阅读是人们获得知识和信息的重要手段。阅读推广是将阅读这种认知过程向更广的范围传播，使更多的人参与阅读活动。随着全媒体的出现，传统的图书馆阅读推广活动难以激发读者的阅读兴趣，读者参与度不高。在全媒体时代，图书馆如何采取更加有效的措施，引导人们更加关注阅读，通过提供多种方式和多种层次的传播形态来满足人们的多元化阅读需求，使人们获得更及时、更多角度、更多听觉和视觉满足的阅读体验，提高其阅读效率，是当前图书馆阅读推广所需研究的重要课题。

一、全媒体时代的内涵与特点

为了深刻把握全媒体时代的阅读推广，首先需要探讨一下全媒体时

① 赵俊玲，郭腊梅，杨绍志．阅读推广：理念·方法·案例［M］．北京：国家图书馆出版社，2013：3.

代的内涵和特点。

（一）全媒体时代的内涵

“全媒体”（Omnimedia）起源于美国一家名为“玛莎-斯图尔特生活全媒体”的家政公司。该家政公司成立于1999年，拥有和管理包括书籍、杂志、报纸、电视、广播节目以及网站在内的多种媒体，希望通过这些所谓的“全媒体”传播自己的家政服务和家政产品。[①]限于当时的科技以及信息技术水平，该公司自认为的“全媒体”并不全面，现在看来，其形式和内涵更接近“多媒体”。但该公司提出的“全媒体”概念无疑具有创新意义，甚至在无意中道出了未来传媒业的发展玄机。[②]

当前，“全媒体”的概念在业界并没有被正式提出，它更多地来自传媒界的应用层面。媒体形式的不断变化，媒体内容、渠道以及功能层面的融合，使得人们在提及“媒体”的概念时需要意义涵盖更广的词语，这也导致全媒体逐渐被更多的人使用，并逐渐应用于新闻传播、远程教育等领域中。[③]虽然学术界对“全媒体”的概念仍未达成共识，但它却在传播领域的实践中不断发展着其内涵。业界普遍认为，全媒体是指媒体机构及运营商采用文字、图形、图像、动画、网页、声音和视频等多种媒体表现手段，通过广播、电视、音像、电影、出版物、报纸、杂志、网站等不同媒介形态，利用融合的广电网络、电信网络以及互联网络进行传播，以最终实现为用户提供电视、电脑、手机等多种终端的融合接收服务，即任何人在任何时间和任何地点以任何方式接收任何媒体内容。

近几年，随着科学技术的不断发展，我国也进入了全媒体时代。我们可以从广义和狭义两个方面理解“全媒体”。从广义上看，全媒体是指对媒介形态、媒介生产和传播的整合性应用；从狭义上看，全媒体是指立足于现代技术的发展和媒介融合的传播理念，综合传统媒体与新兴媒体，在媒介内容生产、媒介形态、传播渠道和传播方式、媒介运营模

---

① 王孝坡．微媒体时代高校图书馆阅读推广微服务探析［J］．科技与创新，2016（10）：22-23．

② 海涛．全媒体时代高校图书馆移动阅读推广分析［J］．长春师范大学学报，2017（10）：166．

③ 李明．全媒体时代高校图书馆阅读推广策略［J］．新闻战线，2015（8）：48-49．

式、媒介营销理念等方面的整合性运用，以此为特征的时代就可以被看作全媒体时代。

（二）全媒体时代的特点

全媒体直接影响了读者的阅读，全媒体时代读者的阅读具有以下特点：

1.功能性、休闲型阅读增多

在全媒体时代，读者主要阅读的是电子读物、网络小说等，由于这些读物自身拥有保存久、生产快、易更新、方便携带等优势，受到广大读者的青睐。同时，部分读者为了能够增加自己就业的砝码，会阅读一些关于升学、考证等方面的内容。与传统的阅读读物相比，全媒体时代背景下的阅读明显呈现出功利化、休闲化的色彩，经典作品等传统读物的阅读量大为减少，大多数读物比较通俗易懂，生活类、时尚类读物不断涌现。

2.微阅读方式开始盛行

在传统的阅读中，人们主要是通过阅读去了解更多读物的内在蕴意，需要消耗一定的时间和精力去把握阅读内容，是一种较为慢节奏的阅读形式。[①]全媒体时代，微阅读盛行。所谓微阅读，主要指一种以短消息和短文体为主的阅读方式，这些文章的主要形式为搜索式、标题式等，主要特点表现为通过对这些主题的把握，可以在最短的时间内阅读大量的内容，追求一种"效益最大化"，这在一定程度上也符合快节奏的时代特征。现实生活中，人们经常在手机、电脑上通过微信、微博等来阅读这种小文章。这些小文章有些是针对社会现象的，有些是搞笑类的，都是较为通俗化的东西，不能深入研究一些问题。在全媒体时代的大背景下，智能手机、笔记本电脑、iPad等电子产品更新换代频繁，各种阅读软件层出不穷，人们通过手机、电脑等进行的这种微阅读往往是一种快节奏的碎片化阅读，有别于传统阅读方式。

3.阅读形式丰富多样

不可否认，在生活快节奏的今天，随着网络化接收信息的快速发

① 成爱萍．新媒体时代高校图书馆数字阅读微媒体推广研究［J］．图书与情报，2015（2）：57-60.

展，网络化阅读因其强大的网络搜索引擎和丰富的信息资源，给读者带来了更多样化、个性化的选择。中国新闻出版研究院发布的第十三次全国国民阅读调查报告显示，2015年我国国民图书阅读率为58.4%，数字化阅读方式的接触率为64.0%，同比上升了5.9个百分点。数字阅读更是首次明显超过纸质阅读，成年国民网络在线阅读率、手机阅读率、电子阅读器阅读率都呈增长态势。数字阅读、移动阅读、社交阅读成为未来的发展趋势。[①]

4.手机等成为阅读的主要载体

在全媒体时代，手机等信息化通信工具成为主要阅读载体。在大街上、学校里、商场里，几乎人手一部手机，阅读大多通过这些信息化通信工具进行，主要形式就是电子书，纸质书阅读已经很少见了。随着科技的不断发展，人们的阅读方式已经与传统的阅读方式有了很大的不同，从深阅读到浅阅读，从书本阅读到数字阅读，从熟读到遍览，读书的习惯发生了很大的变化。在这种情况下，各阅读推广主体尤其是图书馆必须结合时代发展的趋势，适应学生的需要，并深入体验数字化生产方式，不断完善服务本领，在社会生活中不断发挥自己独特的作用。[②]

二、全媒体时代的挑战

全媒体时代的到来，使纸本阅读与电子阅读、物理阅读与网络阅读、定点阅读与移动阅读、碎片阅读与集中阅读、文字阅读与视听阅读、个体阅读与群体阅读、线性阅读与互动阅读、大众阅读与经典阅读、本土阅读与国际阅读等多种方式融合共存、交叉汇聚，对出版业、图书馆界、数据公司、作者和读者都产生了重大影响[③]。其中，对图书馆的影响尤甚，使图书馆面临严峻的考验，图书馆的功能逐步削弱，图书馆的阅读服务受到影响，其可持续发展成了一个非常重要的问题。[④]

---

① 王丹. 全媒体时代高校图书馆阅读推广分析［J］. 科技视界，2017（1）：273-274.

② 何德兵，杨玉全，乐雪雯. 全媒体时代高校图书馆阅读推广探究［J］. 合作经济与科技，2015（4）：98-99.

③ 陈卫萍.基于全媒体时代的高校图书馆经典阅读推广研究［J］. 湖北函授大学学报，2011（11）：37-39.

④ 周平. 浅析全媒体时代我国图书馆的阅读推广活动［J］. 学理论，2015（9）：84-85.

（一）削弱了图书馆的阅读服务功能

当前，在全媒体的环境下，大众媒体信息资源丰富，获取信息方便、快捷。读者可以多渠道地获取信息，如广播、电视、网络，特别是移动图书馆。手机阅读成为一种阅读时尚，读者无须去图书馆就可以满足自己的阅读需要，而且现代媒体更能吸引读者，生动、趣味，信息表达的多样性，给读者很好的听觉、视觉感受，改变了读者的阅读习惯，激发了读者的阅读热情。传统图书馆与此相比，显得有点单一和枯燥。目前，人们在学习和生活中遇到相关阅读的问题时，图书馆不再是首选；读者不选图书馆，图书馆的阅读服务很难开展。

（二）提升了阅读服务的难度

全媒体时代信息资源的传播具有多样性的特点，这集中在一个“全”字上，即所有的有线广播、数字电视、互联网融合在一起，实现了对受众的全面覆盖和最佳传播效果，读者可以随心所欲地选用互联网或者移动图书馆，网络上的生活、健康等知识只需要在手机上下载客户端就可以参与学习，也可以在终端上通过有线或者无线访问学习。这些对图书馆的阅读服务提供方式产生了重大的影响和冲击。在现有条件下，图书馆的网络化服务稍有进步，但目前覆盖有线或无线网的移动图书馆还不成熟，只是在试用阶段，更谈不上电视图书馆；阅读服务方式还比较肤浅，特别是在与读者互动方面，部分图书馆在主页上采取了在线服务方式，但这些还远远不能满足读者的互动需求。

（三）阅读服务难以开展

在全媒体时代，读者阅读目的的变化使图书馆难以开展阅读服务。在全媒体时代之前，读者到馆阅读的目的性比较明确，是为了提高文学修养或者是学习文化知识；而现在网络技术的发展，使网络阅读朝着享乐化和实用化的方向发展，许多图书馆开始设置电子阅览室，但大部分读者是在聊天、看电影，只有少部分读者在学习。因此图书馆阅读服务很难开展，只能引导，而且必须适度，否则上座率就会降低，这是目前电子阅览室遇到的一个难题。[①]

---

① 蔡朝晖. 全媒体时代高职图书馆阅读的推广与创新［J］. 产业与科技论坛，2013（23）：225-226.

三、全媒体时代的阅读推广策略

全媒体时代，阅读资源丰富、阅读开放便捷、阅读具有互动性等优势不可忽视，图书馆置身于全媒体的环境下，要充分利用其优势，立足当前，瞻顾长远，把握全媒体阅读的特点，科学地开展阅读推广工作。

（一）汇聚力量，成立机构

对全民阅读活动进行推广，离不开政府部门的有效保障；同时，在这一过程中还需要社会组织与民间力量的大力帮助。此外，作为纸质书籍供应者的出版社、书店、传媒企业、图书馆也需要充分地调动自身的资源来有效地推动全民阅读活动的开展。这也就使得图书馆作为阅读活动的中坚力量，要利用阅读推广活动的主体地位，承担起基本职责和义务，联合地方文化部门与社会力量来推动全民阅读的发展，进而为自身发展创造良好的环境。①

图书馆要更好地开展全民阅读活动，积极发挥其优势，需要建立多方参与的阅读推广组织机构。阅读推广活动本身就要求图书馆最大限度地面向读者展示自身的馆藏资源，在这一过程中，它需要发挥主导作用。然而，要把阅读推广活动上升到更高的一个层级，做好顶层设计，有必要成立专门的阅读推广组织机构，统一协调各方的力量，以整体提升全媒体时代的阅读推广工作。这样一来涉及的内容就会很广，包括推广活动前期的谋划，推广过程中人、财、物方面的调配，以及推广活动后期的维护。在阅读推广机构的统一组织和指导下，整合资源，优势互补，各司其职，发挥所长，形成阅读推广的合力，就会使阅读推广活动取得更好的效果。②

（二）打造平台，满足需求

在数字阅读高速发展的今天，阅读活动的开展呈现出了前所未有的趋势。人们越来越依赖更为便捷的网络阅读，这样的阅读活动也对人们的生活方式产生了巨大的影响。因此，在新技术与新媒介不断发展的今

---

① 李瑞金．新时代环境下大学图书馆阅读推广研究［J］．河南图书馆学刊，2016（1）：40-42.

② 汪浩．新时代环境下高校图书馆阅读推广研究［J］．鞍山师范学院学报，2016（8）：95-97.

天，图书馆也需要根据自身的实际情况来优化服务，把这样的发展需求作为活动开展的推动力，进而完成对多元化阅读平台的构建，让读者的阅读需求能够得到更好的满足。

酒香也怕巷子深，新时代是新媒体时代，也是互联网+的时代，图书馆不能固守传统的收藏借阅模式，自身的服务内容和服务方式也应该适应新时代的发展趋势而有所转变，否则自身的馆藏资源将得不到有效开发和利用。图书馆要积极利用网络信息平台与读者密切联系，加强沟通与交流，从而达到阅读推广的目的。

1.使用微博、微信、博客等网络社交平台，推送阅读信息

随着信息技术的不断发展，人们的日常阅读活动与移动客户端产生了紧密的联系。高校图书馆需要利用这种趋势，借助微博、微信等形式，开展新书推介、好书导读、专题资源推送等活动，来实现对阅读内容的快速传达。同时，图书馆也可以建立自己的博客平台，针对阅读活动的开展设置专门的阅读内容推荐，以对所推荐的书籍内容进行补充与完善，从而借助这样的形式来实现对自身的推广以及读书活动的全面推进。

2.开通使用“手机图书馆”，加强移动数字图书馆的建设与发展

一般情况下，移动图书馆指的是借助无线移动网与互联网技术，让读者能够使用不同的移动客户端来获取阅读信息的网上图书馆。这些信息是由图书馆本身的资源所整合而来的，读者可以在这样的平台中第一时间实现对所需信息的掌握。同时，手机图书馆建立与完善后，读者可以随时随地地享用移动数字图书馆带来的便捷服务。手机图书馆可为读者提供馆藏书目的查询、预约、续借，数据库的文献检索、下载以及订阅和个人书签等服务，给读者提供丰富多样的阅读资源，激发读者的使用兴趣，帮助读者养成行之有效的阅读习惯。①

3.完善图书馆网站建设

图书馆网站要定期更新，可上传新书榜单、读者书评等信息；同时，版面设计要体现图书馆的馆藏特色，要方便读者的查找需求。图书

① 李瑞金. 新时代环境下大学图书馆阅读推广研究［J］. 河南图书馆学刊，2016（1）：39-41.

馆网站要秉持在网络信息资源配置上注重以读者需求为上的服务理念。

4.开展电子书阅读

电子书具有海量存储、阅读方便的特点，它也有利于图书馆数字阅读服务的推广，可以拓展图书馆数字资源阅读服务的途径。图书馆可以引进电子书借阅机，在读者手机上安装电子书客户端后，只要在电子书借阅机上扫描所选图书的二维码，就可以在几秒钟内将书籍内容下载到手机上，而且下载后可以离线阅读，占用的空间也特别小。①

（三）加强宣传，广为知晓

推进新媒体时代的阅读推广工作，要注意加强宣传，拓宽宣传渠道，提高阅读推广的知晓度。阅读推广不但要注重实体宣传，更要注重网络宣传。实体宣传方面可利用广播电台、校报、宣传栏、微视频等有形媒介，如图书馆自身的宣传方式有图书推介、书展、图书漂流、主题展览、图书捐赠等活动；也有一些组织机构通过承办与图书馆主题有关的活动来进行宣传；还可以利用图书馆网站、校园网、微信、微博等平台加强网络宣传，形成推广规模化、效应化，实现具有一定力度的融合推广。②

（四）阅读习惯，着力培养

在过去，图书馆主要通过单向推广的方式推广阅读活动，能力、范围均有限，而且读者大多被动地接受图书馆的各种推广信息，导致读者的参与度较低，活动缺乏宣传效果。③随着全媒体技术的应用，图书馆的阅读推广活动不再单调。读者的参与度较过去有了明显提高，图书馆方面也能够更准确地掌握读者的相关信息，包括阅读习惯、阅读兴趣等。通过运用全媒体的思维方式，可以实现图书馆阅读推广，丰富阅读的相关内容；同时，综合全媒体的多种新颖创意及策划，吸引广大读者积极参与。图书馆应充分利用全媒体平台，研究并掌握读者的阅读习惯和兴趣，加大对读者阅读习惯的培养力度；综合不同读者的个人爱好，

---

① 汪浩．新时代环境下高校图书馆阅读推广研究［J］．鞍山师范学院学报，2016（8）：95-97.

② 陈雁鸣．基于全媒体时代高校图书馆阅读推广分析［J］．信息系统工程，2017（20）：167-168.

③ 邢丽华．数字时代高校图书馆阅读推广策略研究［J］．现代经济信息，2016（6）：422-423.

提供有针对性的服务。图书馆还应运用全媒体思维，积极开展阅读推广评价活动，并吸取经验教训，力争做到越来越完善。[①]

第三节 案例探讨

文化营销视角下的“乐龄俱乐部”老年人阅读推广实践

我国是世界上老龄人口最多的发展中国家，辽宁省图书馆所在城市沈阳市从1992年开始进入老龄化社会。随着老龄化社会的到来，越来越多的老年读者开始走进图书馆，成为图书馆不可忽视的一支读者队伍。在这样的背景下，辽宁省图书馆成立了“乐龄俱乐部”，将原来服务老年读者的“老年学电脑”“英语沙龙”“诵读俱乐部”三项服务内容加以整合，形成了为老年读者服务的子母项目（如图3-2所示）。该项目以“用知识乐享晚年”为品牌口号，秉承“公益性、基本性、均等性、便利性”的原则，面向老年读者提供系列化服务。这里从文化营销视角，以辽宁省图书馆的“乐龄俱乐部”项目运行为例，对图书馆老年读者阅读推广实践进行总结和思考。

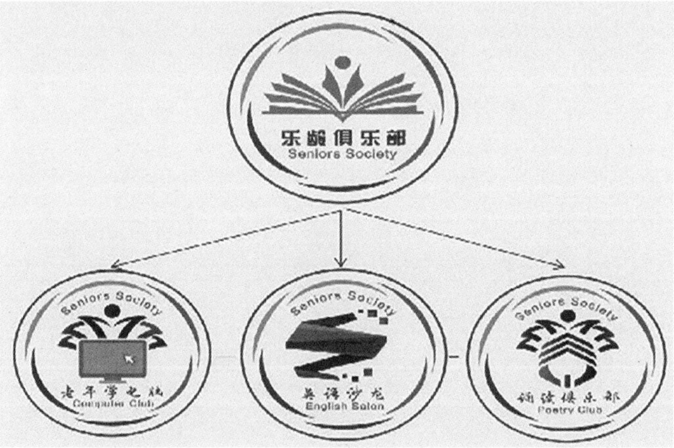

图3-2 “乐龄俱乐部”子母品牌

1. 市场调研与用户细分

（1）市场调研。它是以系统的科学方法收集市场资料，并运用统计

① 陈雁鸣. 基于全媒体时代高校图书馆阅读推广分析［J］. 信息系统工程，2017（20）：167-168.

方法分析这些市场资料，以得到所需有用信息的过程。[①]通过市场调研，能够让拟提供服务的图书馆了解读者对这些服务的期望、想法和评价。以“乐龄俱乐部”所在的辽宁省图书馆为例，其在项目营销之初，首先组织开展了以下三种方式的市场调研准备工作：

① 借助大数据平台筛选相关读者证注册信息。2016年辽宁省图书馆新办证人数21 030人，其中1 882人为超过60岁的老年读者，占总办证人数的8%，同比2015年增加2个百分点。在2016年借阅次数前100人中，有12人为超过60岁的老年读者。可见，越来越多的老年读者开始走进图书馆，并成为忠实读者。他们成为图书馆不可忽视的一支读者队伍。

② 制作活动专属调研问卷。为使图书馆的老年读者服务更具针对性，首先必须了解和把握老年读者的真正需求。为此，辽宁省图书馆于2017年12月制作并发放了《辽宁省图书馆乐龄俱乐部读者满意度调查问卷》。通过对回收的896张有效问卷进行统计分析发现，“朗诵”“学电脑”“学英语”是老年读者的主要兴趣点。除此之外，老年读者对“学习使用智能手机”“学习网上购物”也有迫切需求。对此，“乐龄俱乐部”在2018年“老年学电脑”的课程中特别加入关于使用智能手机和网上购物的学习内容，手把手地教授老人使用智能设备获取信息。

③ 互动信息。从读者留言簿、读者感谢信、社交媒体上的留言以及活动QQ群、微信群中的互动信息可以看出，终身学习已经成为这个时代的主旋律，老年读者也向往丰富的精神文化生活，他们希望自己紧跟时代的步伐，开阔视野，让晚年的生活更加丰富多彩。

通过以上调研，为我们制订营销方案打下了基础，同时也为阅读推广活动的改进和完善指明了方向。

（2）目标用户细分。通过对市场调研结果的进一步分析和对一线图书馆员的深度访谈，可以描摹出“乐龄俱乐部”的用户细分图（如图3-3所示）。其实际用户群为以下三部分人群的交集：图书馆读者、60岁以上老人、对电脑/英语/诵读有爱好或需求的人；潜在用户群的范围

---

① 常晓武. 图书营销7堂课［M］. 北京：世界图书出版公司，2014：3.

较为广泛，被营销活动、媒介宣传吸引的市民和被老成员口口相传吸引而来的亲朋好友，共同构成了庞大的潜在用户群。

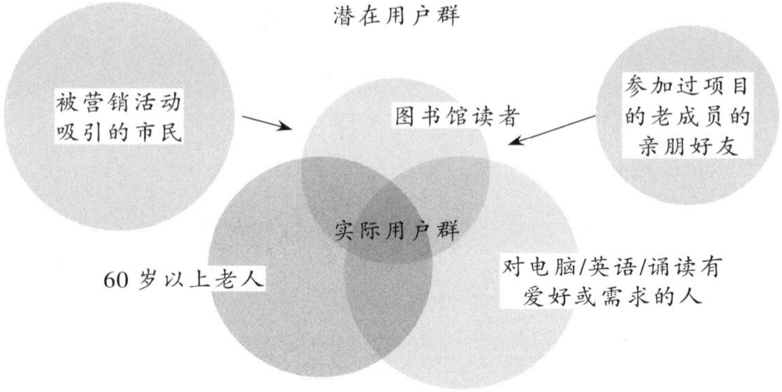

图3-3 “乐龄俱乐部”的目标用户细分

（3）营销节奏。基于以上分析和认识，“乐龄俱乐部”设定了固定的活动时间。受北方天气影响，在最低气温低至-30℃并伴有大雪天气的2月和炎热的8月，“乐龄俱乐部”不举办常规活动，以防老年读者摔伤和中暑现象的发生，最大程度地体现人文关怀。依据老年读者的不同需求和生活规律，省图书馆科学设计了“乐龄俱乐部”服务项目，并对各项目的依据目标和需求进行了分解（具体见表3-5）。

表3-5 **“乐龄俱乐部”目标分解**

项目名称	分解目标	辐射人次
老年学电脑 （逢周一、周三、周五活动）	开设基础班、提高班各4期，每班人数不低于30人	3 600人次
	招募文化志愿者30人	
英语沙龙 （逢周日活动）	开设基础班、提高班各两期，每班人数不低于30人	1 200人次
	招募文化志愿者30人	
诵读俱乐部 （逢周六活动）	指导成员创作诗歌600篇	3 200人次
	参加演出4次	
	每班人数不低于80人	
乐龄俱乐部	三项目联合开展大型活动两次；惠及老年读者8 000人次	

2. 基于4P理论的营销组合策略

（1）产品和服务策略。它是指图书馆根据市场调研和目标用户细分，确定服务方案，同时通过有固定周期的营销节奏，充分进行信息采集和加工，整合、开发各类资源，从而设计并推出高质量的产品和服务，不断满足读者的精神需求。在图书馆服务方案设计的过程中，应注重从单纯的信息服务层次转向更高的层次，即知识服务应当成为今后图书馆服务的重心。[①]图书馆应发挥图书馆员和众多文化志愿者的专业特长，形成知识的有序集合，使知识结构化，为目标读者提供所需的知识服务。以“乐龄俱乐部”为例，经过周密的前期调研和目标读者细分，图书馆先后设计推出以下服务项目：

① 老年学电脑。该项目创建于2005年，每月开班，老年读者预约报名参加，每周一、三、五授课。电脑班常年有文化志愿者为老年学员辅导讲解电脑的使用方法和智能手机及热门软件的应用；针对老年学员的特点，采用集中授课、现场操练、上机比赛等多种培训方式。图书馆为每名学员免费提供一本由本馆编印的教辅材料和一台可以上机练习的电脑，让每一位学员都能轻轻松松学会并掌握所学知识。

② 英语沙龙。该项目创建于2006年，每周日上课，为老年英语爱好者提供锻炼英语口语、互相交流的平台。零基础的读者可以在这里找到学习英语的兴趣和信心，有一定基础的读者可以作为志愿者帮助他人学习，体会奉献的快乐和幸福。除常规活动外，“英语沙龙”每年还为老年读者举办一次英语联谊活动，提供学习交流的机会和展示自身风采的舞台，丰富老年读者的文化生活。

③ 诵读俱乐部。朗诵和阅读息息相关。2014年以来，辽宁省图书馆“乐龄俱乐部”针对老年读者的兴趣，为爱好诗歌创作和诗歌朗诵的老年读者搭建了展示自我、抒发感情的平台。辽宁省图书馆借助资源优势聘请辽宁省播音界泰斗房明震等老师作为艺术指导，成立了老年诗歌朗诵团队，多次在阅读推广活动中诵读经典美文，为弘扬中华民族传统文化起到了积极作用。项目力求将“学、写、诵”统一，让老年读者在

① 乔杨．论全媒体时代图书馆知识服务的优化路径［J］．中国报业，2012（4）：215-216.

文娱活动中愉悦心情，收获快乐。

（2）价格和促销策略。图书馆的公益属性决定了其不能以经济效益为目的来提供信息服务。事实上，图书馆的营销活动正是借助其公益性和亲民性在市场竞争中占据优势，吸引更多的读者走进图书馆的。根据4P理论和由其衍生出的4C理论，企业在制定价格策略时要考虑到消费者所愿意支付的价格[①]。也就是说，在价格和成本策略方面，除了要考虑图书馆自身的产品和服务的成本外，更多的是从读者角度出发。考虑到老年读者“未富先老”的特点和对“低成本高收获”的渴望，图书馆在活动预算的范畴内，通过精心谋划开展的促销活动，往往会取得“四两拨千斤”的显著功效。以下是“乐龄俱乐部”的两个经典案例。

① 百分百获得奖品的老年电脑大赛。在辽宁省图书馆重阳节文化嘉年华活动中，“乐龄俱乐部”举办了第一届老年电脑大赛，比赛形式包括笔试和上机操作。为了吸引更多读者关注，图书馆特别购置了护手霜、护眼灯等受老年人喜爱的奖品，向老年读者宣传参与即得奖、获得名次还能得大奖。活动共吸引200名老年读者报名，经过半天时间的激烈角逐，有20名老年读者取得名次。奖品直接刺激了老年读者的参与热度和学习热情，此次比赛有效宣传了辽宁省图书馆“乐龄俱乐部”项目，活动共计吸引678名读者咨询，吸纳351人报名加入，报名率51.7%。

②“想得到免费教材？连续参加两次活动吧！”“乐龄俱乐部”为每个项目精心编写和印刷了专用教材和内部资料，只针对连续参加两次活动的读者免费发放。辽宁省图书馆2017年共计发放资料900份，有超过150名读者被内容丰富、印刷精美的资料所吸引，报名加入“乐龄俱乐部”。

（3）渠道策略。它是指组织为使目标顾客接近和得到其产品而制定的各种活动策略。[②]在全媒体时代，图书馆应科学利用传统渠道、网络渠道和新媒体渠道，全面整合社会资源，以“组合拳”的形式覆盖重要媒体资源。

① 王雁行．全媒体时代的我国图书馆营销现状与发展对策——以对我国47家（副）省级公共图书馆的实证调查研究为视角［J］．图书与情报，2016（4）：77-82.

② 王中华．营销渠道策略理论的演进［EB/OL］．［2018-03-15］．https：//www.glo-brand.com/2009/167083.shtml.

根据美国哈佛大学教授雷蒙德·弗农（Raymond Vernon）的PLC（Product Life Cycle，产品生命周期）理论[①]，“乐龄俱乐部”分别按以下4个周期达成目标（如图3-4所示）。

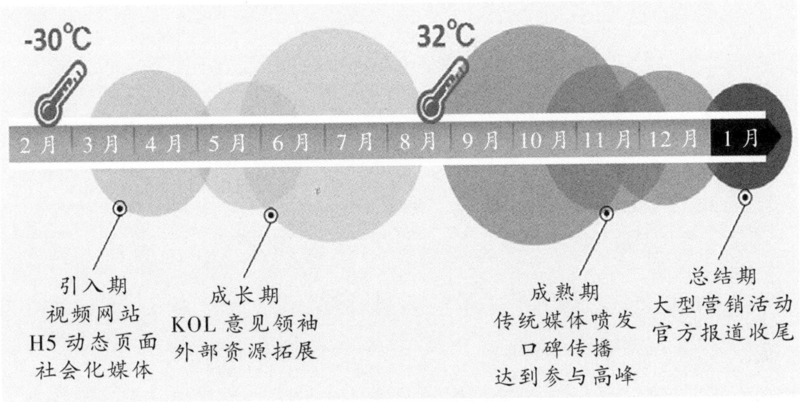

图3-4　“乐龄俱乐部”宣传周期与手段

① 引入期（3—4月）：利用辽宁省图书馆官方网站，优酷、爱奇艺等视频网站，H5动态页面，在微信、微博、QQ群等社会化媒体引爆话题，在引爆前期持续投入各种资源。

② 成长期（5—7月）：借由海涛（沈阳市广播电视台知名播音主持）、宁家宇（辽宁广播电视台知名播音主持人）等自带粉丝的文化志愿者，作为关键意见领袖，提升影响力，发挥名人效应，吸引更多的老年人关注和参与。在这一时期，“乐龄俱乐部”组织相关活动走进社区、养老院、民间社团和老年大学，为成熟期蓄势。

③ 成熟期（9—12月）：利用传统媒体可控性强、单向传播的特点，在《人民日报》、《中国文化报》、《辽宁老年报》、《沈阳日报》（报纸媒体）和《图书馆界》（杂志媒体）发表近10篇报道；在辽宁文化共享频道、辽宁都市频道（电视媒体）和辽宁广播电视台交通广播、沈阳市广播电视台新闻广播（广播媒体）播出不少于5条新闻；这一时期新旧媒体结合铺开营销渠道，引爆“乐龄俱乐部”的活动。同时，口碑传播在这一时期也呈现出最大效能，依托社区、养老院、老年大学中老人之间

① RAYMOND VERNON.International Investment and International Trade in the Product Cycle[J]. The Quarterly Journal of Economics，1966（5）：9.

的“口口相传”，“乐龄俱乐部”的活动迎来参与高峰。

④ 总结期（1月）：在重要的传统节日（如重阳节、读书节）举行两次大型营销活动，并在辽宁省文化和旅游厅、辽宁省图书馆的官方网站上，发布至少5篇媒体报道为学年收尾，为下一学年积攒力量。

（4）宣传推广策略。其纷繁众多，近年经常被运用的有体验式营销、关系营销、情感营销等。“乐龄俱乐部”结合以下营销策略达到既定目标：

① 知识营销。“乐龄俱乐部”挖掘读者真正的文化需求，彼此形成相同的价值观并产生共鸣。通过增加知识的方式，让读者获得更大的收获。“乐龄俱乐部”利用省级图书馆的平台招募一批拥有一定专业知识储备的人才，组成文化志愿者团队，将他们的知识通过沙龙、授课的方式传递给潜在用户，逐渐形成对“乐龄俱乐部”品牌的认知，将潜在用户最终转化为现实用户群。

② 情感营销。“乐龄俱乐部”帮助每一位新成员建立朋友一样的情感连接。一个成功的社群核心最终是情感。“乐龄俱乐部”的成员们在社交媒体中晒兴趣爱好和最新作品，拉近了老年读者彼此间的关系。“凡在圈中，皆是朋友”，成员们相互沟通、交流、关心、点赞、解惑。

③ 环境营销。辽宁省图书馆新馆幽美、宽敞的环境吸引了一大批老年读者高频率到馆，他们每天早上按时来上课，中午自备便当，共进午餐的同时交流情感、切磋技艺，下午根据个人爱好阅读、上网、看电影。图书馆的图书和活动丰富了老人们的晚年生活，使他们远离空虚和寂寞。

④ 志愿者营销。辽宁省图书馆招募有爱心、有专长的文化志愿者，作为指导者，最大限度地满足老年人的文化需求。在志愿者招募之初，即邀请专家和有经验的馆员进行业务培训和岗位督导，为每位文化志愿者建立个人服务档案，追踪记录其提供文化志愿服务情况，并对档案进行科学管理和有效评估。在“乐龄俱乐部”连续学习超过一年的读者，经过面试、考核、选拔也可成为文化志愿者，辅导教学。志愿者营销一方面提供了“乐龄俱乐部”成员的上升方向；另一方面壮大了志愿者群体，因其良好的文化素养和较高的社会地位，成为很好的关键意见领

袖，提升了“乐龄俱乐部”的社会影响力。

3. 营销效果评估

图书馆作为非营利性组织，其营销活动的目标主要是提升图书馆社会效益（包括服务效益和资源效益），优化公共关系，提高读者满意度、忠诚度等。因此，对图书馆营销效果的评估应该不同于对一般的营利性组织①，应由图书馆领导和营销小组反复讨论制定评估策略，采用定性和定量相结合的评估方法对营销项目进行全面评估。以“乐龄俱乐部”为例，其进行了以下三个方面的评估：

（1）评估营销活动对图书馆资源的影响。其主要是对营销活动中推广的资源进行统计，分析并评估营销活动对图书馆资源产生的影响。近年来，越来越多的公共图书馆迎来馆舍改造甚至新馆重建，这些图书馆在馆内硬件环境大幅改善的同时，也把服务从单一的借还书拓展到更加丰富的领域，覆盖到更为广泛的人群。营销活动效果的好坏很大程度上决定了图书馆资源能否在规定时间内传递给读者。

“乐龄俱乐部”所在活动地点“特殊群体服务中心”位于辽宁省图书馆南侧，入门处不易被新来的读者察觉，室内的大字本图书、无障碍电脑、盲人阅读机等设备更是在新馆开放之初不为大众所知。据人流计数系统显示，在2017年共有30 140人次出入特殊群体服务中心，比2016年（24 150人次）增长了24.8%。其中，“第一届老年电脑大赛”所在的10月人流增幅明显，同比增幅翻番，说明促销手段极大地刺激了读者的参与热情，读者更是通过参与营销活动了解并体验了无障碍电脑。对比数据笔者发现，图书馆资源因其日益庞杂和丰富，容易被读者忽略，通过此类营销活动的揭示和整合，读者能够更容易地发现和体验这些资源。

（2）评估营销活动对图书馆服务的影响。其主要通过对推广活动所覆盖的人群进行统计分析，论证营销活动对图书馆服务的影响。除此之外，还可以对具体参与营销活动的馆员进行深度访谈，了解受众在活动中的一些反馈乃至这个群体在营销活动前后发生的变化，目的都是让目

① 张敏，王乐. 图书馆营销活动的评估方法研究［J］. 图书馆建设，2010（9）：80-83.

标读者在图书馆服务中获得越来越多的收益。“乐龄俱乐部”的目标受众主要是老年读者，那么“60岁以上新办证读者占比”可以作为有效的评估指标。据读者证发放后台系统显示，2017年有11%的新办证读者是60岁以上的老人，而这一数字在2016年仅为8%，老年读者占比增幅同比提升3个百分点。在读者证总发放量增加的基础上，60岁以上读者占比的提高说明有更多的老年读者受到口口相传和大众媒介宣传推广的影响走进图书馆，享受文化带给他们的愉悦。

（3）评估营销活动对图书馆形象的影响。营销活动还有一个重要目标就是提升图书馆的形象。评价营销活动对图书馆整体形象的提升效果，需要综合各方面的信息①，包括读者、图书馆内部、外部媒体的反馈等。

“乐龄俱乐部”在各类传统媒体、社会化媒体上的曝光“全面开花”，尤其是借助关键意见领袖在新媒体领域的传播取得了明显效果，并首次在《人民日报》上刊登相关报道。与此同时，在读者留言簿、微信公众号、活动QQ群、微信群上收到了众多好评：“我来参加学习一个多月，很受启发和教育，感受到了老年人社会待遇的提高和优惠政策的体现……电脑班和英语沙龙的老师给了我春天般的温暖”“这个活动使我有了很大信心，我非常享受线下的生活”等等。

资料来源：李光媛.基于文化营销视角的老年阅读推广实践研究——以“乐龄俱乐部”项目为例［J］.图书馆学刊，2019（1）：103-108.

① 张敏，王乐．图书馆营销活动的评估方法研究［J］．图书馆建设，2010（9）：80-83.

第四章　老年人阅读推广的方式

公共图书馆应当通过开展阅读指导、读书交流、演讲诵读、图书互换共享等活动，推广全民阅读。

——《中华人民共和国公共图书馆法》

日前，我国图书馆的阅读推广活动已进入迅猛发展阶段，活动丰富多彩，遍地开花。但万变不离其宗，任何阅读推广活动都要找到阅读推广的基础工作方式，这样才能取得理想的效果。本章主要介绍开展老年读者阅读推广工作的方式，以期更进一步地推进图书馆阅读推广工作的开展。

第一节　推荐书目

面对浩如烟海的书库和每天出版的成百上千种新书，如何选择优秀图书，如何高效阅读，老年读者往往无所适从，所以图书馆应把阅读书目推荐摆在更加突出、重要的位置。推荐书目是阅读推广的重要手段之一，构建阅读社会，促进老年人阅读，可以从推荐书目开始。

一、推荐书目的含义和由来

《中国大百科全书》将推荐书目定义为“为指导读书治学或普及文化知识，选择适合特定读者群需要的文献而编成的目录，又称选读书目、导读书目”。[①]从图书馆学的角度来看，推荐书目是一种根据不同的阅读对象指定的书目。这些书目需要针对某一问题精心选编，让读者有更加深入的了解，进而引导读者知道自己应该选择什么书来读，形成系统的理论知识。推荐书目是一种快速有效地帮助读者的方式，也是当前图书馆阅读推广工作的重要方法。[②]

书目研究与制作由来已久。孔子亲自为学生整理删定“六经”，即推荐阅读书目。从《汉书》开始，历代史书很多都有“艺文志”，将当时的图书编制出目录记载下来，后来一些私人藏书馆、国家编修图书集成活动以及一些学者也编制了很多书目图书，其中最著名的如清代纪晓岚的《四库全书总目提要》等。中国传统学问中的目录学历来被视为读书的“钥匙”，而这些书目也确实为时人查找图书和后人搜罗研究带来了很大的方便。清光绪初年，张之洞因一些读书人问他该读何书何本最好而著《书目答问》，挑选2 200余种图书，以指引治学门径，为读书人所称颂，影响近半个世纪。[③]而在国外特别是发达国家，阅读推荐书目工作都抓得比较好，受到民众自觉的推崇和认可。发达国家在做阅读书目的过程中非常理性，同时不断地积累历史经验和提升学科价值，政府、媒体、科研机构、图书馆、作家、评论家以及学者都会发布和编制各种推荐书目，书目推荐是全社会都参与的一件事情。

二、推荐书目的作用

推荐书目是老年读者阅读选择过程中的重要辅助工具。通过推荐书目为好书找读者、为读者找好书，对提高老年读者的阅读水平和使用文献效率有着十分重要的作用；同时也会提高馆藏图书的利用率，实现图

---

① 柯平. 文献目录学［M］. 开封：河南大学出版社，1998：61-62.

② 覃柳慧. 书目推荐：公共图书馆阅读推广工作探析［J］. 黑龙江史志，2015（5）：311-313.

③ 朱永新. 把最美好的东西给最美丽的童年［EB/OL］.［2016-04-21］. http：//edu.qq.com/a/20110422/000307.htm.

书馆阅读服务的创新。

（一）引导老年读者阅读和更好地利用馆藏

通过推荐书目，一方面，对老年读者的阅读目的、阅读内容及读书方法给予积极教育和引导，从而影响老年读者选择图书的范围，引导老年读者正确领会图书中的知识。在多元化的推荐模式下，老年读者会主动阅读更多、更深层次的图书，避免了在查阅图书时面对海量的馆藏图书不知从何下手、找不到自己所需图书的问题，进而提升老年读者的人文素养。另一方面，图书馆每年花费大笔经费购置中文图书，但这些图书很多都是零借阅或借阅率很低；通过推荐书目，让老年读者更好地利用馆藏，解决了每年新书借阅率低及零借阅图书较多的问题，从而提高了馆藏资源的利用率。

（二）激发老年读者的热情，创新阅读服务

新形势下，图书馆的功能不再单一，书目推荐是图书馆读者服务的重要手段，深化推荐书目工作是图书馆转变服务理念、创新工作模式的一种表现。推荐书目不仅可以引导老年读者阅读哪些书，明确阅读的次序和层次，具体指导老年读者如何读书，有效地提高文献利用率，而且能激发老年读者爱书、读书的热情，提升其人文素养，实现图书馆的阅读服务创新。随着各种读书活动的蓬勃开展，推荐书目变得更加引人注目，并成为社会阅读活动中不可缺少的组成部分。

三、推荐书目的编制原则

为促进老年人阅读推广而进行的推荐书目编制，需遵循以下四项原则：①

（一）群体兴趣原则

阅读推广活动中的书目推荐面向老年群体，本质上是非个性化推荐。目前的书目推荐工作通常以单个用户的数据或用户间的关系为基础进行个性化推荐，满足个体用户的需求。但从阅读推广的目的来看，书目推荐需具有普适性，以被大部分老年人接受。以老年群体的兴趣为基

① 明均仁，周知，陈雪. 阅读推广推荐书目的自动生成研究［J］. 图书馆论坛，2017（10）：94-99.

础编制推荐书目，更能反映老年人整体的偏好，因此，阅读推广中的书目推荐应以老年群体的兴趣为基础，坚持群体兴趣原则。

（二）质量保证原则

面向老年读者阅读推广的书目推荐，需要推荐的书目有质量保证，在思想深度和价值引导方面有助于老年读者的素养提升。

（三）广为接受原则

阅读推广的另一个重要目标是改变潜在读者的非阅读行为，即让不阅读的老年人接受阅读[①]。因此，阅读推广效果的一个重要评价指标是老年人阅读量变化。由此可见，只有推荐接受度较高的图书，老年读者才更倾向于采纳与阅读，最终达到改变非阅读行为的目的。

（四）角度多样原则

作为现代图书馆的重要职能之一，阅读推广活动的开展频率较高，线上线下的书目推荐频率也较高，每次活动中推荐的主题均有较大差异，书目变化较为频繁。因此，需要在自动化推荐方案中，根据主题或目标群体的不同，提供各种角度的推荐书目；可以针对老年人不同的情感、主题诉求，多角度地开展书目推荐。

四、推荐书目的实现途径

具体来说，图书馆推荐书目主要有以下几个实现途径：[②]

（一）编制专题书目

图书馆对专题文献建设普遍比较重视，纷纷建立专题图书馆，开展专题服务。基于此，编制专题书目，开展专题文献推介，不仅有条件，而且会推动专题文献服务。另外，还可以根据读者的需要或某种主题活动的开展有针对性地编制相应的专题书目，以取得延伸阅读的效果。如针对老年读者可以编制“银发市场开拓推荐书目”“老年人养生书目”等。

---

① 谢蓉，刘炜，赵珊珊．试论图书馆阅读推广理论的构建［J］．中国图书馆学报，2015（5）：87-98.

② 李正祥，陆书红．书目推荐：公共图书馆参与社会阅读的重要途径［J］．高校图书馆工作，2012（6）：84-87.

（二）馆藏新书通报

新书通报是图书馆最传统的一项工作，过去是以纸本的方式供读者阅览，帮助读者了解最新到馆图书。现在，馆藏新书通报更多地是在网上开展，读者在公共检索系统可以通过多种途径查询各种状态下的图书，如已到馆的、正在编目加工中的、处于预订中的，十分便捷。

（三）馆藏借阅排行

实体书店有销售排行，网络书店有点击率排行，图书馆也可以开展图书借阅排行、电子图书点击率排行。外借量大和点击率高的图书，一般是比较受读者欢迎的书，将这些书按月度、半年度、年度等方式进行排行，并公之于众，对展示馆藏利用情况、帮助读者进行阅读选择具有十分重要的意义。此外，图书馆还可以将排行榜制作成宣传牌，立于图书外借处，醒目地告诉读者，作为读者借阅的参考。还可以借助媒体，报道本馆图书借阅排行榜，向社会进行推介，如《图书馆报》会定期报道国家图书馆、首都图书馆、苏州图书馆等各类图书外借排行前20位的图书，有一定的参考阅读价值。

（四）配合阅读活动的推荐书目

开展阅读活动是图书馆的经常性工作，如参与城市的读书节、世界读书日主题活动、建党节读书活动、廉政建设月读书活动等。有些活动是图书馆自己开展的，有些活动是需要图书馆参与的。这个时候就需要编制相关的优秀图书推荐书目，作为阅读推荐读物，促进各种阅读活动深入开展。如为了深化服务，引导阅读，开发总量庞大的馆藏资源，大连图书馆积极开展推荐书目编制工作。每逢重要的大型活动，编制推荐书目便成为配合导读活动的硬性要求，同时要求在编制中注重书目的科学性、宣传性、引导性、评介性等特性。大连图书馆为配合“世界读书日”“图书馆宣传周”“大型书画展”和各种节庆纪念日等，分别编制了“世界名人推荐书目”“热门图书推荐书目”“建党百年书画推荐书目”“当代中国画十大名家山水画荐目”“纪念罗继祖先生百年暨捐献图书推荐展”“中日书法联展推荐书目”，以及“一二·九运动”“五四运动”“国庆节”等相关主题的推荐书目等；通过深层次的微创新，为读者推荐了优秀读物，使参加相关活动的读者尤其是老年读者，如同享受了一场场丰富多彩的图书文献导读盛宴。①

（五）利用全媒体时代的新技术推荐书目

随着全媒体时代的到来，现代新技术为图书馆广泛使用，如计算机技术、网络技术、数字技术等，这使传统的书目推荐活动得以更全方位地开展，如虎添翼，社会影响力和效果也大大提高。许多图书馆纷纷利用现代新技术推介馆藏好书，如通过图书馆网站，可以开辟专门的好书推荐栏目，介绍新书、好书；还可以通过网站公共检索系统，向读者通报各种新书目录；与电信部门合作，推出手机图书馆，通过手机向读者推介图书馆馆藏新书、好书。大众读者下载App，只要在手机上一点，无论身在何处，都可以了解图书馆最新的书目情况。图书馆还可以开设自己的微博，通过发布推荐书目消息，加强与“粉丝”的互动，来提升服务的深度和广度。

（六）随时向读者发布各种书业信息

相对读者来说，图书馆由于与书业的联系比较密切，因此对书业的各种信息了解得更多，对各种新书信息的占有度更高。图书馆要充分利用自己的优势，有意识地收集和掌握新书的社会影响信息，如对新书的评价、各类图书的评奖和获奖信息、权威机构或专家的新书推荐等，及时向读者发布，开阔读者的阅读视野，为读者提供更多的阅读选择机会。

（七）专家推荐书目

专家推荐书目比馆员推荐书目更有权威性和前瞻性。由于高校拥有各个学科的专家，高校图书馆应当合理利用这些人才资源，充分发挥他们在编制推荐书目中的作用。图书馆要通过学科馆员了解各个学科的发展状况，掌握各位专家的专业特长，与他们进行及时的沟通和交流，邀请专家自行编制书目，或在专家的指导下由学科馆员编制书目。同时，可以邀请专家定期开展相关讲座，通过他们深入浅出的讲解，使读者对经典名著及精品图书的阅读渴望增强。

（八）让读者参与推荐书目工作

公共图书馆经常遭遇无法满足读者需求的缺藏尴尬，为了加强藏

① 徐捷. 浅谈公共图书馆“推荐书目与导读工作”的微创新——以大连图书馆的实践为例［J］. 河南图书馆学刊，2014（4）：9-11.

书建设，馆员们应虚心向读者请教，动员广大读者向图书馆逆向推荐图书，以最大限度地完善馆藏。如本溪市图书馆为了推进推荐书目工作，策划开展了"我的书单"活动。馆员们发现数量众多的读者因研究方向、学识和造诣水平、阅读兴趣偏好的迥异，对好书的标准存在着判断差别，不同读者会从不同角度去领悟作者的精神世界，于是馆员们通过与重点、专业读者倾心交流，动员其撰写读者推荐书目——"我的书单"，内有每本书的推荐理由和阅读心得。作为馆员推荐书目之外的另一种范式，读者推荐书目真实记录了读者的阅读习惯、阅读口味和阅读效果，值得作为借阅的第一手参考资料。"我的书单"搭建了重点、专业读者与普通读者之间的读书交流桥梁，这种交流更为亲切、自然、多元。相继有读者自告奋勇地参与进来，逐步营造了本溪图书馆读者间"我读书、我推荐、我分享、我快乐"的和谐阅读氛围。①

第二节　举办讲座

讲座文化在全国各地方兴未艾。图书馆讲座是由图书馆员组织策划，由专家、学者、教授向社会大众免费提供的一种知识、信息传播方式，已成为现代人普遍接受的公共文化服务形式。②图书馆创办的免费公益讲座旨在传播先进文化，引领全民阅读，倡导公民终身学习，现已成为图书馆的核心业务和城市的文化亮点。老年人已经成为图书馆讲座听众中的主力军。在上海图书馆"上图讲座"的领跑下，各地公共图书馆纷纷开展讲座活动。大型图书馆中影响力大的有山西省图书馆的"文源讲坛"和中国国家图书馆的"文津讲坛"等，选题多元化、形式立体化，分层服务、创出品牌；而中小型图书馆亦不乏奇招，把讲座办得有声有色，如九江市图书馆的"寻庐讲坛"、绍兴图书馆的"越州讲坛"、宁波市图书馆的"天一讲堂"等，都已成为都市文化的重要阵地。

---

① 丁轶. 公共图书馆书目推荐工作的实践与思考——以本溪市图书馆为例［J］. 山东图书馆学刊，2016（1）：64-68.

② 赵晓丹. 新时代公共图书馆讲座改革探索［J］. 河南图书馆学刊，2020（10）：28-29.

一、讲座的特点

讲座是图书馆发挥其社会教育职能、开发智力职能、信息传递职能的重要载体，肩负着思想引导、知识引导的社会责任，以一种百姓喜闻乐见的形式，向公众宣传新思想、传播新知识。图书馆讲座是图书馆对外服务中参与者最多的活动之一，其快速发展吸引了无数热心学习的人群。许多老年人把参加图书馆讲座作为老年生活中的一件大事，自觉接受讲座的熏陶，在参加各类讲座中获取文化滋养。图书馆讲座主要有以下特点：

（一）内容的丰富性

随着社会的不断发展，人们对知识的需求范围越来越广，涵盖政治、经济、天文、历史、文化、法律等各个方面。为满足不同年龄层次、不同欣赏口味的听众需求，各讲座关注社会民生的热点、重点、难点，通过社会调研、现场与网络问卷调查、读者活动等方式了解公众需求，经过多年实践，打造出多个深受欢迎的系列讲座品牌。讲座力求实现选题高端化与本土化相结合、传统文化类和实用类相结合、专业性与普及性相结合，在凝聚时代感、超前性、实用性的同时，普遍注重地域文化的传播。如上海图书馆的“上图讲座”已形成“名家解读名著”“信息化知识”“世界与上海”“新世纪论坛”“知识与健康”“东方之声”等18个系列。[①]浙江图书馆的“文澜讲坛”形成了“风雅钱塘”“非物质文化遗产保护”“国学与儒学”“文学欣赏”“文学解读浙江”“国际形势”“音乐”“书画艺术”“浙江文化名人”“浙江历史文化”“良渚文化”“经济”“古玩收藏与鉴定”“家庭教育”“投资理财”“文化休闲”“心理健康”“戏曲名家”“市民学法”“创新创业”“名校校长面对面”“未成年人阅读辅导”等20余个讲座系列[②]。讲座内容丰富多样，地域特征明显，并由各领域的知名专家、学者担纲主讲，保证了内容的精品化。

---

① 姜小玲．坚持32年没有围墙的“城市教室”“市民课堂”，“上图讲座”举办2000场[N]．解放日报，2010-11-20.

② 贾晓东．公益亲民开放——浙江图书馆文澜讲坛的创新实践[J]．图书馆建设，2008（5）：7-9.

（二）时间的持续性

图书馆讲座具有时间的持续性强，经常化、通俗化，互动性强的特点。各类讲座保持了比较密集的周期频率，一般于节假日定期开讲，一周1次或2次以上，“文津讲坛”“上图讲座”“首图讲坛”“湘图讲坛”的讲座每年达200场以上。相比电视讲座、报纸讲座、广播讲座等媒体讲座，图书馆讲座具有明显的现场互动优势，组织者一般在讲座结束之前，都会留有一定时间供主讲专家、学者与听众互动，听众可以自由地就讲座内容和自己感兴趣的相关延伸问题向专家、学者请教，专家、学者也会有针对性地答疑解惑，在互动中进一步深化讲座效果。讲座在坚守思想性、学术性、综合性的同时，更体现普及性；讲座语言生动通俗、深入浅出、雅俗共赏，保证让不同层次的读者都能够听得懂。[①]

（三）对象的大众化

图书馆讲座以让百姓享受公共文化成果为出发点，立足于公共文化服务，使老百姓可以充分品尝各类免费的文化大餐，其吸引力、凝聚力经久不衰。各类讲座通常面向所有听众免费开放，不设任何门槛，讲座内容照顾不同年龄层次、不同教育程度的读者，既为本市市民服务，也为外来务工人员服务；既为普通人服务，也兼顾弱势群体。大家平等地在这里吸纳知识、交流信息，提高文化素质。图书馆讲座参与对象的大众化及其普惠大众的公益性，使它成为吸引大众的最大亮点。

（四）鲜明的导向性

当今时代，多元文化并存给主流价值观带来的挑战异常严峻。用主流价值观引领多元文化，充分发挥主流价值观的导向作用，是图书馆讲座的神圣使命。图书馆讲座鲜明的导向性，使它成为我们了解主流价值取向的有益平台。[②]

（五）形象的品牌化

各图书馆讲座均有朗朗上口的或体现地域特征，或具有深刻文化与社会内涵的名称。如“文津讲坛”的名称来源于古代藏书楼“文津阁”。“大众讲坛”的名称通过向社会各界公开征名得来，其含义是：讲座的

---

① 高艳丽．对公共图书馆讲坛的思考［J］．新世纪图书馆，2011（8）：55-57.

② 王晓青．把握图书馆公共讲坛的特征 推动公共文化服务体系的发展［J］．农业图书情报学刊，2011（6）：17-19.

内容是面向社会大众的，讲座活动由大众报业集团旗下的《齐鲁晚报》与面向社会提供公益服务的山东省图书馆主办。[①]2010年，天津图书馆将讲座正式命名为“海津讲座”。[②]吉林省图书馆将讲座正式命名为“长白讲坛”。[③]除了特定的名称外，各讲座还拥有标志性徽标。一些讲座特别请专业人士设计讲座徽标、宣传手册、海报、入场券、会场整体效果图等，如“名家论坛”。[④]“上图讲座”“文澜讲坛”等为自己的公益服务品牌进行了商标注册。2011年3月，为进一步提升“天一讲堂”的文化品牌价值，凸显其独特性和标志性，宁波市图书馆面向全国公开征集“天一讲堂”主题Logo和主题宣传语。[⑤]各图书馆讲座都确立了特点鲜明的服务理念和宗旨，形成了讲座独特的定位。“上图讲座”将“城市教室”“市民课堂”作为品牌理念，把传承文化、传播知识、陶冶情操、指导人生作为组织使命。[⑥]“文津讲坛”以弘扬中华民族优秀文化传统，彰显和培育“爱国至上”的人生观、价值观、道德观，增强民族凝聚力为目的。[⑦]“天一讲堂”以“传播先进思想，发扬前沿文化”为理念，以“服务市民，提升城市文化品位，引领宁波文化发展”为目标。[⑧]各讲座的选题、内容、质量、主讲人是讲座品牌形象的核心构成。此外，讲座固定听众群体、举办的周期频率、传播方式等均是各讲座品牌形象的重要组成部分。[⑨]

（六）传播的立体化

各讲座与电视、广播、报纸、网络、期刊等各种媒介建立合作关系，宣传、传播讲座。各讲座还纷纷建立网页，针对讲座内容及讲师、讲座时间等相关信息进行网上发布，有的还提供讲座网上视频点播。例如，“南风讲坛”设立了博客，通过博文传播讲座内容。经主讲人同

---

① 李勇慧．城市的教室　市民的课堂——“大众讲坛”周年回眸与展望［J］．山东图书馆季刊，2006（4）：118-120.

② 刘静华．“海津讲坛”百期万人受益［N］．今晚报，2011-02-15（03）.

③ 孟凌云．省图公益讲座500期推出特别策划［N］．吉林日报，2010-08-21（03）.

④ 叶莉．构建公共文化服务平台　打造公益讲座服务品牌——以武汉图书馆“名家论坛”为例［J］．情报探索，2009（9）：123-124.

⑤ 陈奇，洪敏．“天一讲堂”面向全国征集主题logo、宣传语［N］．宁波日报，2011-03-10（03）.

⑥ 梁艳红．上海图书馆讲座中心“城市教室”引领阅读［EB/OL］．［2009-11-10］．http：//archive.wenming.cn/zt/2009-11/10/content_18187813.htm.

⑦ 却咏梅．“文津讲坛”永远的精神故乡［N］.中国教育报，2010-02-04（03）.

⑧ 陈奇，洪敏．“天一讲堂”面向全国征集主题logo、宣传语［N］．宁波日报，2011-03-10（03）.

⑨ 高艳丽．对公共图书馆讲坛的思考［J］．新世纪图书馆，2011（8）：55-57.

意，一些精品讲座内容被结集正式出版，使讲座的受众面进一步扩大，影响更加深远。很多图书馆还将现场讲座录音、录像后，进行数字化加工，制作成光盘等音像资料，向社区、学校、机关、企事业单位等赠送，并将精品讲座数字视频上传至全国文化信息资源共享工程国家中心和相关网站，扩大讲座服务范围。

二、讲座的功能

图书馆讲座是文化与公众之间的桥梁，具有民众的精神家园和公共教室的功能。作为具有一定地域影响力的公益性系列文化讲座，图书馆讲座正以其不同特色、不同运行模式在社会科学普及和公共文化服务领域发挥着积极的作用。这主要在于图书馆讲座具有以下功能：[①]

（一）教育功能

图书馆讲座是传播知识、交流思想的有效方式。图书馆是由国家和地方政府财政资金支持、对所有人提供信息知识服务的公共服务机构，因其具有传道解惑功能、信息传递功能、智力开发功能，发挥着没有围墙的大学的作用，开发民智，引领学习，培育好奇心，因而教育功能最为突出。

（二）服务功能

图书馆讲座满足人民群众多样性、多层次、多方面的文化需求，受到广泛的关注和欢迎。图书馆讲座在传播先进文化、拓展教育功能、实现平等服务以及促进社会和谐等方面具有积极的作用，是图书馆参与构建公共文化服务体系的有效方式，为服务社会、服务地方、服务百姓、服务文化提供及时、便捷、有效的信息资源，因而服务功能不可忽视。

（三）交流功能

图书馆讲座是文化传播和交流的重要阵地，既包括学科间、历史间、民族间、国家间文化、科技的交流与鉴赏，也包括图书馆同行间、师生间、受众群体间的交流。公共讲座的形式与目的都离不开交流。

---

① 王晓青．把握图书馆公共讲坛的特征 推动公共文化服务体系的发展［J］．农业图书情报学刊，2011（6）：17-19.

（四）创新功能

图书馆讲座在对文化科学知识的选择、优化、存储、传播的同时，也在加工创造，促进文化知识的更新，形成新的思考和新的认识，从而促进文化与科技进步。公共讲座以其独特的魅力成为公共图书馆宣传先进文化、启发公众智力、活跃思想、培养科学创新思维的重要方式。

三、讲座的组织工作

图书馆讲座要借助资源开展，因此需要做好以下资源的组织工作：

（一）听众

听众是讲座的重要构成要素，也是图书馆讲座的重要资源。听众的满意度是衡量讲座成功与否的重要标准，因此，图书馆讲座的策划，无论是主题选择、主讲人选择还是时间选择和场馆选择，都必须以听众的特点和需求为重要参考标准。图书馆员可以通过发放调查问卷、评估测试等方法调研并分析听众的需求，然后进一步设计并组织策划讲座活动。此外，还可以根据听众的年龄、性别、职业、兴趣、需求等进行细分，打造多元而立体的讲座活动。如为老年人举办养生保健、书法鉴赏、历史文化类讲座；为青少年举办趣味科普、学习方法与经验交流类讲座，使得每个讲座主题都能吸引到固定的听众群体。

（二）主讲人和主持人

图书馆讲座活动能否做成品牌，能否持续地发展下去，主讲人是关键因素。作为信息和知识的提供者，主讲人是讲座活动的核心。主讲人首先要有丰厚的学识和素养，同时还要有“个性化”的语言和风格。要想长期开展讲座活动，图书馆应有计划地培养主讲人，既要重视某个领域的研究者、专家、学者，也要重视畅销书作者和社会名人；同时，探索建立讲座联盟新模式，实现主讲人资源共享。

除了主讲人之外，图书馆讲座的主持人也必须具备专业形象和综合素质。主持人应当能够主导讲座活动有序开展，合理地控制现场节奏，把握讲座的方向，并善于处理讲座中出现的各种突发情况。讲座主持人的言行举止代表了图书馆的形象，对图书馆讲座品牌的塑造具有重要意义。

（三）场馆和资金

图书馆讲座的场馆一般选择在报告厅或多功能厅，可以满足各种多媒体文件的播放和展示需要。图书馆讲座活动的资金包括讲师费用、宣传费用、图书和光盘制作费用以及其他费用等。许多图书馆讲座的开展受制于资金不足，因此如何组织资金、合理利用资金、提高资金使用效果，成为讲座活动开展的重要课题。首先，讲座经费应当争取纳入预算，列入专项业务费用中，获得财政支持。其次，当讲座活动有了一定的知名度和美誉度后，可以争取社会力量的参与，通过与社会各界合作，获得免费宣传和免费师资等。此外，图书馆还应当强化管理，提高资金使用的效能，并积极争取上级机关的拨款，这样才能保障讲座活动的顺利开展，把讲座办好，做出成绩和影响力。

（四）媒体与合作

图书馆想要有效地、高质量地开展讲座的宣传和推广，就应当适时地运用各种媒体的力量，如主动联系媒体、邀请媒体采访、编写并播放讲座活动信息、向社会预告讲座信息等。随着网络技术的发展，特别是微信公众号和手机App的运用，图书馆自媒体发展到了一个全新的阶段。许多公共图书馆通过微信公众号实现了讲座信息推送、图书检索、个人信息查询等功能。在微信公众号上发布图书馆讲座活动信息和音频、视频，提高了图书馆的服务层次，使听众足不出户就能参与到讲座活动中来，实现了讲座活动的多样化。

图书馆讲座的资源是有限的，但是以开放、分享、共赢的心态，通过与政府机关、大学及研究院所、业内同行和志愿者的合作，必然可以实现图书馆讲座长期的可持续发展。[①]

第三节　组织读书会

随着图书馆阅读推广工作的开展，公民的阅读意识逐渐觉醒，各种类型的民间阅读组织纷纷涌现，以独有的姿态成为推进全民阅读的重要

① 梅新慧．公共图书馆讲坛的组织与运作研究——以安徽省图书馆新安百姓讲堂为例［J］．内蒙古科技与经济，2020（3）：121-122．

力量。读书会作为一种公众乐于参与的阅读活动，受到图书馆的青睐，越来越多的图书馆开始举办读书会，以吸引用户参与到阅读中来。读书会是一种基于“共同阅读”的集体阅读形式，最早兴起于瑞典，后在美国、日本得到蓬勃发展，近几年在我国也发展迅速。图书馆组织的读书会以及民间读书会是阅读组织的重要组成部分，它们以创新的服务内容、多元的服务形式推广阅读理念，推动全民阅读。

一、读书会的定义和特点

（一）读书会的定义

最早的读书会起源于瑞典，人们普遍将其视作针对特定主题的讨论与学习的定期聚会。在众多关于读书会的定义中，普遍被大家接受的是卡兰德的观点，他认为读书会为想要共同学习的群体提供了一个便利方式，让他们能在约定的场所与时间进行有计划的学习。读书会就是一群志趣相投、有共同读书意愿的人举行的定期聚会，针对一个或多个主题，开展共同研讨，以期达到提升阅读水平、增进阅读兴趣的目的。简而言之，读书会是一种非正式的自愿形成的团体，成员有共同的读书意愿，因而自发组织在一起，进行有计划的、自主的阅读学习。①

一般来说，构成读书会的要素有书籍、讨论、小组，而中文的“会”也有“集会”之意。因此，结合语义及实践，读书会可以说是一群读者通过不同的方式聚集在同一个空间，针对某一书籍或者主题，进行观点的分享和讨论。这个过程是观点碰撞的过程，是知识传递的过程，也是“读者将个人阅读由私有转向集体的过程”。②读书会上的阅读行为是几个要素之间的交互，如图4-1所示。③

读书会中的阅读行为是在特定空间中发生的，对公共图书馆的读书会来说，一般都是发生在图书馆内或者图书馆组织的线上空间。领读者的角色一般由专业老师、专业的文化志愿者或者馆员担任，他们先是对

---

① 姚妙娟. 公共图书馆读书会运营策略分析［J］. 佳木斯职业学院学报，2018（6）：458-459.

② 向剑勤. 读书会的演进及其功能探析［J］. 图书情报工作，2016（5）：38-44，76.

③ 罗杏芬. 我国内地公共图书馆读书会的实践与思考［J］. 晋图学刊，2020（4）：54-60.

某一书籍或者主题进行深入的研究，然后将其中的信息、知识传递给读者；读者根据领读者所传递的信息与自身所掌握的知识生成自我观点，并据此与其他读者或者领读者进行讨论交流。在读书会的阅读行为中，安全的阅读空间是一切要素交互的基础，读者的观点应能在这个平台上得到有效且放心的表达。领读者是知识、信息传递的关键，读书会阅读行为的信息传递以及讨论交流都是从领读者开始的。限定的书籍和某一主题能让读者的讨论更加集中，观点的交流更加深入，同时也能让个人观点转换为集体观点的过程更有针对性。

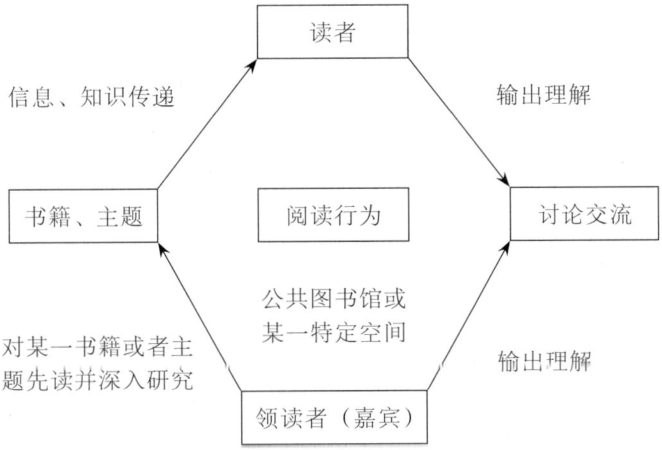

图 4-1　读书会阅读行为要素交互关系

读者是参与阅读行为的主体，一方面，他们接受着领读者的观点；另一方面，他们也结合自身的阅读储备、知识体系输出自身的观点。知识和信息的流通、碰撞是在他们的讨论中完成的。从举办读书会的意义来看，在这些阅读行为中，读者与读者之间、领读者与读者之间的讨论交流无疑是最为重要的一个环节，也是读书会的核心所在。观点的交流与碰撞，不仅仅是知识的传播，相互讨论也是知识的修正，更有可能是一个观点由个人观点转变为集体观点的过程。这是读书会的读者聚在一起的重大吸引力。因此，可以说一场读书会中，领读者、书籍或者主题、读者以及讨论交流这几个要素是不可或缺的，它们之间也是相互影响的。[①]

① 罗杏芬. 我国内地公共图书馆读书会的实践与思考［J］. 晋图学刊，2020（4）：54-60.

（二）读书会的特点

读书会具有小众、自由和对话方式独特的特点。①

1.小众

和图书馆的其他活动不同，读书会受读者阅读进度和时间安排的影响较大，如果参加的读者过多，图书馆的工作人员很难把控现场秩序，也无法保证每一位读者都有分享观点的机会。因此，为了保证读书会现场的秩序和交流的有效性，参加读书会的读者数量不宜过多，一般应控制在20个人之内。

2.自由

读书会的另一个特点是自由，在读书会中，读者可以根据自己的心得体会和阅读感受自由表达观点，不需要考虑观点是否正确。此外，读书会没有固定的活动形式，以读者自由发挥为原则，鼓励读者多表达、多交流，让读者在一个开放包容的环境中畅所欲言。

3.对话方式独特

区别于其他阅读推广方式，读书会拥有一种独特的对话方式，即融合了主导与对等、辩论与交流。首先，读书会有一个组织者，由其控制整个活动的进度和节奏，保证每位读者都能分享自己的观点，同时又尊重客观事实。其次，在整个讨论过程中，每一个成员都要遵循“尊重他人、和平对话”的原则，不进行人身攻击、利用逻辑进行对话等。

二、读书会的类型和组织架构

明确图书馆读书会的类型和组织架构，有助于通过组织读书会，成功地开展老年人阅读推广活动。

（一）读书会的类型

读书会的成立有许多不同的模式，原则上依其类型而有不同的程序。读书会是一种非正式、相对松散的社会组织形式，有不同的类型和模式，按组成方式划分有社区读书会、族群读书会、主题读书会、书目

① 郑瑶．公共图书馆读书会服务存在问题及对策研究［J］．内蒙古科技与经济，2017（5）：151-152.

读书会等[①]。以社区老年居民作为成员的社区读书会比较容易招收成员，时间和主题更为灵活，但成员构成比较复杂，容易出现意见不统一的情况。以性别、职业、特定团体等作为区隔而组成的族群读书会，如妇女读书会、退休职工读书会、残疾人读书会等，其组成的程序与社区读书会类似。此外，还有以某个主题为阅读讨论内容的主题读书会，如盲文读书会、消夏读书会等。以主题形式创办的读书会主题明确，更容易制订阅读讨论计划。以书目编制和作者的作品为阅读讨论内容的书目读书会，其组成过程如下：选择书目→选定“领导人”→确定聚会方式→发出简章→招收会员→制订活动计划→成员回馈。

（二）读书会的组织架构

组织架构会影响到读书会的运营与管理，根据主题、成员的不同会产生不同的组织模式。读书会通常有以下两种组织架构：

第一，会长、执行秘书、艺术组、社会组、教育心理组、文学组、哲学组、生活保健组（每组各设组长、副组长、会计、联络员等人员）。

第二，会长、执行长、副执行长、发展组（负责读书会未来5年、10年的发展规划及推动）、公关组（筹办每季专题活动、接洽对外演讲及交流活动）、行政组（负责一般事务的联系并协助执行长、副执行长）、活动组（负责户外读书会活动的规划及执行）、编辑组（负责会内刊物及出版印刷品的策划与编辑）、美工组（负责制作每次活动的海报并配合布置会场）。[②]

三、组织读书会的策略

图书馆借助读书会形式推进阅读推广，需要采取以下策略：

（一）加强宣传，争取支持

图书馆应该多渠道宣传，引起各方面的重视。社会公众尤其是老年人对读书会的认识与图书馆的宣传是分不开的。因此，图书馆要利用多种渠道宣传读书会，引起各方面的重视。具体可采用以下方法：

---

① 邱天助. 什么是读书会［EB/OL］.［2007-07-23］. http://www.360doc.com/content/10/1129/11/16747_73368095.shtml.

② 王琳. 公共图书馆读书会的活动组织与构成要素［J］. 黑龙江科学，2020（4）：146-147.

一是引入在国际图书馆界被广泛应用的图书馆营销模式，如CIS战略（企业形象识别系统），塑造图书馆的形象。

二是公共图书馆可以在图书馆主页或者刊物上开辟读书会专栏，介绍读书会的基本情况，宣传读书会活动，普及读书会知识，展示读书会成果，增强影响力，引起政府的关注。

三是公共图书馆可以结合世界读书日、我国传统节日以及诺贝尔文学奖等设计读书会宣传海报，在馆内展示读书会成果，增强读书会的影响力。

四是公共图书馆可以将读书会延伸到社区中，在社区宣传读书会，为读书会招募更多的读者。①

五是把读书会活动纳入图书馆的读者活动预算，争取政府部门活动经费的支持。②

六是图书馆组织读书会活动时还要加强与社会各界的密切联系，包括政府部门、当地企事业单位、各大高校等，以争取它们的配合，吸引更多的资金投入，为读书会的可持续发展提供物质支持。

（二）制定规划，组织实施

图书馆应制定读书会长期的总体战略规划，绘制可持续发展的宏伟蓝图，将读书会作为图书馆阅读推广的主要环节，拟定图书馆未来5年、10年乃至更长时间的目标和任务；制订详细的图书馆阅读推广计划和实施方案，系统培训阅读推广人，配合世界读书日、读书节等组织大型读书活动，以互联网+读书会为手段，全面实现图书馆阅读推广的总体目标。③

（三）建立机构，创新服务

图书馆应建立专门的读书会推广机构，打造读书会专属阅读空间。图书馆可以借助高校、图书馆学会、社会组织等的力量，成立专门的读书会推广机构，负责统筹读书会活动及推广工作，为读书会的发展提供专业指导。此外，图书馆要为读书会开辟出专门的阅读空间，保证读书

---

① 郑瑶．公共图书馆读书会服务存在问题及对策研究［J］．内蒙古科技与经济，2017（5）：151-152.

② 曹桂平．公共图书馆开展读书会活动的探讨［J］．图书馆论坛，2010（4）：152-154.

③ 孙广成．互联网时代图书馆读书会的组织与发展［J］．图书馆学刊，2017（6）：25-29.

会不会受到外界的干扰，为用户营造舒适、安全的活动环境；创新服务内容，给予读者更加鲜活的体验。如果只是简单地将读书会理解为阅读沙龙活动，读书会就不可能产生更大的效益。因此，图书馆要创新读书会的服务内容，在主题挖掘、内容设计和形式安排上推陈出新，积极利用信息技术创新服务手段，线下线上同步进行，把互联网工具作为读书会之间互动的纽带，给予用户更好的参与体验，吸引更多的人参与阅读活动。①图书馆作为读书会的规则制定者，负责辅导成立与管理读书会，包括：制订读书会发展计划，促成读书会成立；培训读书会带领人；奖励优秀读书会等。此外，还要为读书会提供各种支持和服务，包括：读书会书目推荐；提供读书会阅读讨论所需文献、活动场地、发布信息与发表成果的网络空间；向广大读者推荐相应读书会等。图书馆还要完善阅读空间，更好地促进读书会的发展。当前，在图书馆内为读书会开辟经过专业设计的读书沙龙空间正成为一种趋势。这种沙龙空间有别于报告厅和会议室，规模适中，可容纳30～40人，配备电脑、网络、投影仪、音响、书架和桌椅等必要设施，利用精心设计的书架陈列经典书籍，打造舒适的学习、讨论空间。②

（四）借鉴经验，促进发展

“他山之石，可以攻玉”。借鉴国外读书会活动的先进经验，可以更好地促进自身读书会的发展。国内外一些国家、地区的读书会活动经验十分丰富，有很多值得我们借鉴的地方。比如，中国台湾高雄图书馆就特别针对读书会制定了奖励办法，对一些优秀的读书会团体进行物质奖励，会员可优先录用为图书馆义工，并有优先参与图书馆相关活动的权利等。此外，图书馆还为读书会争取更多政府部门的经费资助等。而美国读书会组织则形成了一套成熟的理论体系与培训体系，针对读书会的相关文章、专著等的研究非常广泛。此外，很多机构还专门开设了“读书会带领人培训”等专业课程。瑞典的读书会活动起步较早，故其组织系统十分完善，该组织中不仅包括学术机构、文教机构，还包括行政机关、企业人士、民间团体等，并成立了各级读书

① 吴惠茹. 以读书会促进全民阅读探析［J］. 国家图书馆学刊，2014（6）：33-38.
② 曹桂平. 我国高校图书馆读书会现状与发展对策探讨［J］. 图书馆情报工作，2015（1）：44-50.

会、发展协会；一些读书会甚至注册成为法人社团，不仅组织架构十分完整，还制定了完善的读书会章程。这些均对读书会的可持续发展起到了积极的促进作用。[①]

体验读书最深刻的方式就是与他人共享阅读感悟。像图书的载体一样，读书会也在演变，不变的是读书会固有的感召力。在“文化强国”的国家战略框架下，图书馆利用读书会模式来开展阅读推广活动，是提升国民素质、营造书香社会、增强中国文化软实力的有效途径。[②]

第四节　开展读书节活动

读书节涵盖了读书日、读书月等活动。1995年，联合国教科文组织宣布将每年4月23日定为“世界读书日”，这得到世界各地的纷纷响应，各国出版社、图书馆、作家、文化人每年都积极组织、参加各种图书宣传活动。如前所述，我国于1997年由中央宣传部、文化部、国家教委等9个部委共同发出了《关于在全国组织实施“知识工程”的通知》，并提出实施“倡导全民读书，建设阅读社会”的“知识工程”；2004年将每年的“全民读书月”活动交由中国图书馆学会负责承办。[③]中国图书馆学会为了实施该“知识工程”，进一步激发全民读书的热情，推动学习型社会、学习型组织、学习型家庭的建设，在全国范围内多次举办大型活动，使全国公众对“世界读书日”有所了解。在“知识工程”的推广和影响下，全国各地中小学、高校图书馆以及各级市政机关纷纷组织并举办了丰富多彩的读书节活动。读书节活动已成为社会文化系统工程建设不可缺少的一部分，而活动中各项工作的组织和协调将直接影响到读书节活动的举办，以及今后读书节活动的继续开展。如何组织好读书节活动，使读书节活动开展得有条不紊、卓有成效，需要我们努力探索和创建行之有效的工作机制和管理方法。

---

① 时晓红. 略论高校图书馆与校园精神文明建设［J］. 大学图书情报学刊，1999（2）：342-343.

② 秦鸿. 欧美图书馆读书会经验及其借鉴［J］. 图书情报工作，2013（6）：88-92.

③ 佚名. 读书节［EB/OL］.［2008-06-10］. http：//baike.baidu.com/view/82645.htm.

一、读书节活动的意义

图书馆积极开展读书节活动具有以下意义：

（一）推进图书馆阅读推广工作

读书节活动体现了图书馆作为阅读推广主力军的作用。图书馆作为社会文化传播的重要机构，在推动读书节活动的开展上具有绝对的优势。与出版机构推广阅读、促进读物销售的目的相比，图书馆的读书节活动更具中立性、公益性和客观性。对图书馆的读书节活动可以分两个层面来分析：行业协会的宏观布局与各图书馆的具体实施。各图书馆读书节活动的开展真正体现了图书馆作为阅读推广主力军的作用。作为保存、收藏人类文明成果的社会机构，图书馆为读书节活动的开展奠定了基础，凭借自身的优势，在引导阅读、满足不同层次的阅读需求、保障弱势群体阅读权利、促进阅读方面发挥着独特的作用。各级图书馆举办了丰富多彩的读书节活动，开展了不同类型的阅读推广活动，如推荐书目、阅读空间布置、市民学堂或专家讲座、晒书大会、图书漂流、换书大集、诵读经典、送书下乡等。有些城市图书馆融合新媒体所举办的读书节活动已成为阅读创新的特色与品牌。[①]

（二）扩大图书馆的社会影响力

图书馆具有公共、公益和共享的性质，是国家和政府为保障公民自由、平等地获取信息和知识而做出的制度安排。最大限度地满足每一位公民对信息和知识的需求，是图书馆应尽的职责，也是图书馆义不容辞的责任。图书馆有广大读者和社会的信任，有大量的各种形式的文献资源、先进的技术网络设施和技术服务手段，能够满足大众多种渠道的阅读需求。举办读书节活动，图书馆可以进一步强化读者的读书意识，共同营造浓郁的文化氛围，加快精神文明建设的步伐，扩大自身的社会影响力。[②]

（三）促进人的全面发展

人的能力来自两个方面：一是先天的，是与生俱来的；二是后天通

---

① 赵文娇，解敏．开展“读书月”活动对图书馆开展工作的意义［J］．民营科技，2017（9）：201-202．

② 李桂华．图书馆开展读书之重要性［J］．情报杂志，2009（12）：279-280．

过学习、实践获得的。先天的能力是基础，后天的学习和实践可以唤起、激活先天的潜在能力；同时，借鉴他人的知识和经验，使能力的发展产生加速和累积效应。读书是让自己的能力得到提升的一个良好途径，谁忽视了这一途径，谁就会被时代所抛弃，被知识所遗忘。开展读书节活动，为每一个有学习意愿的社会成员提供多层次、多形式的读书服务，是全面提升国民素质、推动中华民族全面发展的重要手段。读书可以提高人的修养和境界，能净化人的思想，纯洁人的心灵，引导和教育人们真正做一个纯粹的人、高尚的人、脱离了低级趣味的人、有益于人民的人；读书可以提高文化素质。当前，新的读书无用论有所抬头，不爱读书的现象比较普遍。为此，更应该倡导多读书，提高全民的文化素质。读书可以增强人的生存能力和生存本领。现代社会各个方面的发展日新月异，各种新知识、新技能层出不穷，人们难免产生知识恐慌和本能恐慌。只有通过读书，不断更新知识和技能，才能立于不败之地。[①]

二、开展读书节活动的策略

读书节活动作为大型的、节庆式的阅读推广活动，已经成为现代社会的文化景观，它不仅促进了人们阅读，而且成为一种生活方式，日益受到图书馆的重视和青睐。图书馆读书节活动的开展要注意采取以下策略：

（一）做好活动编排

读书节活动是主办方为读者准备的一系列在内容和时间上都安排好的活动，既包括组织者专门策划和设计的节目，也包括其他紧密围绕读书节主题而开展的活动和项目。读书节活动的编排，就是对不同活动和项目进行创造性的安排，以使各项活动能连贯衔接、反映读书节（读书月）特色，并呈现出较强的吸引力。戈德布拉特（Goldblatt）认为，节庆活动编排以最大化增强活动参与者的体验为主要目标。[②]因此，组织者在进行活动编排时，应当具有战略性眼光，并争取形成集聚效应。

① 蒋秋艳．“读书月”活动的若干思考［J］．湖南科技学院学报，2012（12）：201-203.

② GOLDBLATT J. Special Events-The Best Practices in Modern Event Management［M］. New York：Van Nostrand Reinhold，1997：11-18.

绍兴图书馆的李文学、徐萍、陈琦提出了影响读书节活动编排质量的六大因素：一是读书节活动在内容和形式上的多样性，特别是馆员与读者之间互动的多样性。读书节活动只有通过变化和创新，才能拥有更持久的生命力。二是利益相关者要求的平衡。读书节活动需要考虑主办方要求的传播效果、赞助机构要求的宣传效果和读者要求的体验效果的平衡，使各利益相关者都能受益，从而形成合力，共同推动读书节活动的开展。三是时间上的同步性。由于读书节活动多种多样，我们需要考虑这些活动是应该交叉举行还是同步举办，相互之间是否会产生影响等。四是活动安排的递进性。要确定哪些活动是作为铺垫的，哪些活动是作为高潮的，收尾活动是否需要揭示下一次读书节活动的主要内容等，尤其要安排一些能给读者带来惊喜的有奖活动。五是活动安排的灵活性。其表现在读书节活动和场地设施的灵活协调及出现紧急情况时的应急方案等方面。六是读书节活动和图书馆常规服务的联系。读书节活动既要宣传图书馆的常规服务，更要推广图书馆的特色服务，二者要连贯衔接、互为补充。

这六大因素为读书节活动的策划和主办方集中资源、提升读书节（读书月）活动编排质量提供了突破口，需要引起读书节活动组织者的高度关注与重视。例如，组织者需要在读书节活动的计划和酝酿阶段注意到活动形式和内容的多样性，并实行严格的项目管理。同时，主办方要加强与各利益相关者的合作，恰当地平衡各方利益，以取得互惠互利、各取所需的结果。在促进活动的递进性方面，组织者应多参照文化艺术表演领域内的一些技巧和手法，不断提升读者体验。在活动编排和图书馆常规服务的结合方面，组织者应该有效利用活动的吸引力来助推图书馆服务，从而产生良好的聚合效应，提升图书馆形象。另外，对于历时较长的读书节活动，更应充分做好活动编排工作，使其常变常新，不断稳固和吸纳读者，从而延长读书节活动的生命周期。[①]

（二）设计宣传口号

读书节宣传口号是向读者传递图书馆馆藏或服务的具有纲领性或鼓

---

① 李文学，徐萍，陈琦．读书节活动编排质量探析［J］．图书馆建设，2012（5）：44-46.

动性信息的简短语句，是图书馆核心理念的精辟表达，是向读者传递读书节主题和图书馆形象的有效工具，在读书节宣传推广过程中起着很重要的作用，更是读书节策划组织所围绕的核心。读书节宣传口号展示了图书馆特有的馆藏优势和服务理念，一句好的读书节宣传口号能使读者对图书馆举办的读书节活动产生兴趣和向往，从而吸引读者的参与。一般来说，读书节宣传口号的作用包括两个方面：对图书馆来说，读书节宣传口号可以简洁通俗地提炼图书馆形象，增强图书馆读书节推广活动的针对性，提升图书馆的声誉和影响力；对读者而言，读书节宣传口号可以带给其心灵的撞击，从而激发读者的参与热情，并最终促成其阅读行为的实现。设计读书节宣传口号应注意以下三点：一是读书节宣传口号要简洁通俗、生动形象，易于识别和记忆。二是读书节宣传口号要切合目标读者群体的真实需求，要足够引起他们的注意和兴趣；读书节口号要组合多样，易于宣传。三是读书节宣传口号要采用恰当的创意模式。

读书节宣传口号因创意角度不同，大致可分为两类：资源诉求型和价值诉求型。资源诉求型主要从馆藏资源特色的角度进行设计，着眼于图书馆形象，如“典藏百年守护，文明薪火相传”；价值诉求型则主要是激发潜在读者的兴趣，体现的是阅读的价值，如“知识改变命运，智慧书写人生”“浓郁读书风尚，丰富心灵世界”。总的来说，除馆藏资源极其丰富、极具特色的图书馆选择资源诉求型宣传口号外，多数图书馆会选择更具亲和力的价值诉求型宣传口号。因此，在读书节宣传口号中，多数为价值诉求型的创意模式。①

（三）树立品牌意识

树立阅读推广中的读书节品牌意识十分重要。品牌是一种名称、名词、标记或设计或是它们的组合运用，其目的是借以辨认某个销售者或某群销售者的产品，并使其同竞争对手的产品和劳务区别开来。②将这一销售领域的概念引入读书节，就是希望利用图书馆本身所具有的文献资源、物理空间、人力资源、文化设施及氛围等优势，打造出独具特色的读书节，以产生图书馆阅读推广中的品牌效应。图书馆要寻求品牌的

① 孔繁超．读书节宣传口号的创意模式初探［J］．山东图书馆学刊，2012（4）：4-47.

② 科特勒．营销管理：分析、计划、执行和控制［M］．9版．梅汝和，梅清豪，张桁．译．上海：上海人民出版社，1999：607-608.

支撑点，要在品牌建设上下功夫，通过有意识的个性化品牌经营，让图书馆活动与读者的素质拓展、能力提升、专业发展结合起来，使其在参与品牌建设中获得收益，从而产生对品牌的归属感。[①]为此，图书馆应增强读书节的品牌意识，引入商业品牌理念，力求产生品牌聚合效应，使读书节成为阅读推广中的一枝独秀。[②]构建品牌读书节要从以下方面入手：

1.充分调研，有的放矢

读书节活动方案确定之前，图书馆应选派专人对读者的需求、兴趣、图书馆自身状况及社会热点等进行调研，尤其是对活动主题、内容、形式等方面的可行性进行充分而细致的调查，多方征求读者的意见、建议，使活动贴近实际、贴近读者。

2.优化资源，有序开展

举办读书节活动，从活动方案的设计到执行、落实，从对读者的宣传、发动到对参与读者的组织、管理，从与馆外部门的公关协调到馆内人力资源的调配等，涉及方方面面，是一个系统工程[③]，所以图书馆应充分优化并利用好校内外各类资源，确保活动顺利举行。此外，要多方宣传，凸显活动举办效果。宣传工作一直是读书节活动中的重中之重，因为只有将活动内容、形式、情况、效果等诸多方面宣传到位，才能与读者产生共鸣。调研结果也显示，图书馆应采取多元化的方式进行活动宣传。读书节一般持续一个月左右，宣传工作不是一蹴而就的事，要分步骤持续不断地进行。要充分发挥校报、BBS、微博、手机、电视等媒体的不同优势，聚合传统媒体与新媒体之力，开展良性的互动宣传，通过“媒体总动员”，将传统的纸质媒体与新型的各类电子媒体全都纳入进来，打造强大的宣传攻势。[④]

3.不断创新，吸引读者

读书节活动的形式能否吸引读者的眼球，内容能否激发读者参与的

① 朱小玲．校园文化品牌活动构建和阅读推广［J］．大学图书馆学报，2011（2）：31-37.

② 袁家莉．以构建品牌读书节为契机 促进高职馆的阅读推广［J］．哈尔滨职业技术学院学报，2016（1）：29-31.

③ 陈善礼．读书活动，提升图书馆核心竞争力的生长点［J］．图书馆论坛，2009（3）：5-7.

④ 戴娟，张薇．全媒体打造“南京大学读书节”［J］．艺术百家，2011（7）：421-422.

欲望，是活动能否成功举办的重要因素。因此，读书活动的主题一定要切合读者的需要，内容健康、积极向上，形式要有创新，充满活力，将务实和求新结合起来，这样才会吸引读者积极参与，取得预期效果。[①]图书馆应充分利用本馆优势，研究读者的特点，打破固有模式及思想禁锢，不断创新活动主题、活动内容、活动形式，从而赢得众多读者的期待与参与，大大激发读者阅读与求知的欲望。[②]

4.及时总结，积累经验

每次读书节活动结束后，都应进行资料收集整理、查漏补缺、分析活动成败原因并最终形成读书节的长效机制。评估各项活动取得的成果，根据读者的需要及时改变活动的内容和方式，并从其他机构举办的活动中借鉴先进的思想和理念，这样才能使下届活动更进一步地创新和提高。[③]图书馆可在结束读书节各项活动后，从活动内容、举办形式、宣传渠道、读者建议等诸多方面开展一定范围内的问卷调查，并形成分析报告存档；对优秀征文、所荐好书等给予专门成果展示；将读书节（读书月）精彩活动视频、数字资源学习资料等放置在图书馆网页上，以供读者随时浏览、学习等。[④]

（四）加强理论研究

图书馆要搞好读书节活动，就要善于总结，逐步探索、理解和掌握活动本身的规律及其丰富的内涵，把在读书节活动中“涌现”出来的各种经验、创造和不足上升到理论高度，并加以分析研究。图书馆不但要加强对读书节活动自身规律的探讨，而且要充分利用读书节活动所产生的好的影响和经验成果，为构建和谐图书馆服务。对于读书节活动后的研究成果，要抓紧论证其可行性，使其直接为读书节活动的开展和深化服务，从而有力地指导和促进读书节活动持续、深入、健康地开展下去。[⑤]

---

① 陈茂国. 高职高专图书馆读书活动探析——以“首届泰州高校‘4·23’世界读书日活动”为例［J］. 图书馆论坛，2010（1）：142-144.

② 袁家莉. 以构建品牌读书节为契机 促进高职馆的阅读推广［J］. 哈尔滨职业技术学院学报，2016（1）：29-31.

③ 晏磊. 图书馆开展读书服务月活动的思考［J］. 大学图书情报学刊，2010（6）：80-83.

④ 袁家莉. 以构建品牌读书节为契机 促进高职馆的阅读推广［J］. 哈尔滨职业技术学院学报，2016（1）：29-31.

⑤ 郭启松. 以举办读书节为契机 构建高校和谐图书馆［J］. 中小学图书情报世界，2008（12）：55-57.

图书馆每年举办的主题鲜明、内容丰富的读书节活动增长了人们的知识，提高了人们的文化素质，培养了人们的阅读习惯。我们坚信读书节活动产生的整体社会意义将是巨大而深远的。

第五节　案例讨论

浦东图书馆第十届读书节活动

1.活动概况

浦东图书馆自2010年创办读书节活动品牌以来，至今已举办了10多届。在历届活动中，浦东图书馆都秉持公益性原则，充分发挥总分馆制优势，组织全区各级各类分馆同步开展活动；在每一届读书节活动中，都确定一个主题方向，作为本届品牌活动开展的重点。2020年，浦东图书馆将第十届读书节开幕日定于4月23日，当天也正是“世界读书日”，开幕日与纪念日的重合，进一步烘托了读书节活动的氛围。第十届读书节的主题为“书香温润浦东，阅读通达未来”，寓意在浦东新区开发开放30周年之际，通过阅读品牌活动的转型发展与持续推广，为广大浦东读者提供更为优质、更具时代气息的阅读服务[①]。

2.活动亮点

“寻找最美书香人”活动是浦东图书馆第十届读书节开幕日的首场活动，该活动的主要目的在于展现浦东图书馆在履行推进全民阅读责任的过程中所体现的新理念、新模式以及新业态。为了配合疫情防控工作的开展，本届活动的读者报名、评选以及形象展示完全采取线上开展的方式。最终所评选出的“最美书香人”也于浦东图书馆新馆开馆十周年之际与广大读者见面，并前往部分分馆举行讲座，讲座视频也同步通过B站、浦东观察App、浦东工会通微信公众号、超星等新媒体平台面向读者进行即时播送。

与此同时，为持续推动读书节活动的全方位开展，给予广大读者全新的阅读体验，浦东图书馆在4—5月间，还密集推出了多样化、多类

---

① 佚名. 寻找浦东最美书香人——第十届浦东图书馆读书节开幕［EB/OL］.［2020-04-24］. https://baijiahao.baidu.com/s?id=1664817461127350731&wfr=spider&for=pc.

型的特色读书活动。这些活动由总馆与直属分馆举办，街镇分馆负责现场活动环节的组织与实施。其中，培训讲座类活动主要有浦东课堂线上讲堂、传统文化经典导读、青少年国学经典课堂、阅读朗诵演讲训练营、“我们爱科学”青少年编程等；征文竞赛类活动主要有“诗词为伴、相约云端”线上诗词主题活动，浦东开发开放30周年征文等；亲子阅读类活动主要有故事妈妈讲故事、浦宝亲子故事会等；公益阅读类活动主要有“众志成城 抗击疫情”主题连环画创作推广公益行系列活动、“疫情当前，‘读’懂你我”等。

3.活动成效

线上线下相结合的阅读推广方式不仅有效提升了浦东图书馆第十届读书节的社会影响力和覆盖度，而且多姿多彩的活动营造出了浓厚的阅读氛围，激发了广大读者的读书热情。据不完全统计，参与第十届读书节系列活动的读者突破10万人次，其中参与线上活动的读者约占70%。同时，第十届读书节活动也得到了新闻媒体与社会各界的广泛关注与支持：B站对活动开幕仪式以及线上讲座活动进行同步播放；《东方艺术长廊》栏目对活动进行了专题访谈；“寻找最美书香人”活动也在浦东观察App、浦东工会通微信公众号等多个新媒体渠道开辟了线上报名通道；东方网、《新闻晚报》、《上海日报》等上海多家主流媒体对总馆与分馆所开展的线下活动进行了跟踪报道，使该活动产生了更为深远的社会影响力与品牌化效益。

资料来源 许群毅. 总分馆制背景下图书馆阅读推广活动品牌化建设研究——以浦东图书馆读书节活动为例［J］. 图书馆学刊，2021（4）：36-39，60.

第五章　老年人的经典阅读推广

不学《诗》，无以言；不学《礼》，无以立。

——《论语·季氏第十六》

老年读者阅读推广的实践领域十分广泛，这里我们择其主要，介绍一下经典阅读推广、数字阅读推广和红色阅读推广，以期更有针对性地开展老年读者阅读推广活动。

图书馆作为重要的社会文化服务机构，在传统文化传承与弘扬方面扮演着重要角色。经典文化作品是传统文化的浓缩与精粹。在当前时代背景下，推广经典阅读，让更多的老年人了解传统文化，从经典中汲取养分，不断提高自身修养，这是公共图书馆应当做好的工作。尤其对图书馆工作人员而言，需要把握新媒体的优势，将经典阅读推广服务工作予以创新，使其能够取得理想的效果。

第一节　经典阅读推广概述

为了开展老年人经典阅读推广活动，首先要对何为经典、经典阅读的价值、经典阅读推广的活动类型等有正确的认识。

一、经典与经典阅读的价值

认识经典以及明确经典阅读的价值，是成功开展老年人经典阅读推广的重要前提。

（一）何谓经典

对于什么是经典，古今中外的名家各有自己的理解，但对哪些是经典作品的看法却基本一致。《文心雕龙·宗经》中说："经也者，恒久之至道，不刊之鸿教也。"经就是经典意义的来源，是指在长期流传中形成的，经过历史选择并且具有历史传承的思想观念的文本。阿根廷的博尔赫斯也认为，"经典是一个民族或几个民族长期以来决定阅读的书籍，是世世代代的人们出于不同的理由，以先期的热情和神秘的忠诚阅读的书"。[①]而通俗一点的，则是意大利作家卡尔维诺在《为什么读经典》一书里对经典的第一条定义所说，经典是那些你经常听人家说"我正在重读……"而不是"我正在读……"的书。[②]在这里，卡尔维诺着重强调的是经典不断地被认知的过程。而大多数现代人对经典的态度，则可以从马克·吐温对经典的调侃中略见一斑——人人都希望读过，但人人又都不愿去读的东西。

所谓经典是指具有典范性、权威性的著作，通常是指那些经过了历史考验、有着持久的生命力、具有重要影响的经久不衰的著作[③]。经典是经过历史选择出来的"最有价值的"，最能表现该专业精髓、最具代表性、最完美的文本[④]。经典既包括经过历史沉积下的具有时间性跨度著作的集合体，又包括在现代社会意识形态影响下带有大众文化色彩的价值观念、不断传承衍变的、能够引发人向往追求"真、善、美"教化人性的著作。[⑤]

经典具有三重性，又称为"经典三要素"，分别是影响力、实践性、

---

① 吴晓东. 从卡夫卡到昆德拉［M］. 北京：三联书店，2003：3.
② 卡尔维诺. 为什么读经典［M］. 黄灿然，李桂蜜，译.南京：译林出版社，2006：1.
③ 许欢. 儿童传统经典阅读推广研究［J］. 图书与情报，2011（2）：7-10.
④ 陈月华，黄巧娇. 基于微信平台的高校图书馆经典阅读推广研究［J］. 科技创新导报，2015（10）：222-223.
⑤ 郭海明. 高校图书馆经典阅读的推广策略与方式［J］. 潍坊学院学报，2017（8）：110-113.

广泛性。影响力是指作品内容对大众产生的吸引力；实践性是指经典需要经得起时间的考验，受得起历史的打磨；广泛性是指经典所关注和讨论的问题应当是大家普遍关心与接受的。这是选择经典阅读和开展经典阅读推广的重要判断标准。①

经典所具有的经久不衰的魅力和不可穷尽的张力决定了经典阅读不同于实用性、功利性阅读，也不同于大众文化语境中的时尚阅读。②经典阅读是传承文明的桥梁，是延续文化的中介。

（二）经典阅读的价值

经典阅读的时代性要求培养有独立思考意识和自由批判思想的有个性的现代人，从而摆脱无意识接受，淡化功利性，提高道德性和价值性认识，满足人们对知识需求和自身发展的需要，成就人的理想价值。对老年读者来说，经典阅读的价值体现在如下方面：

1.提升道德修养，加强文化认同

经典著作凝聚着传统文化的精髓，是人类在社会发展各阶段的智慧和经验的结晶。一个人系统阅读经典，可以从经典著作中汲取丰富而富有哲理的思想，培养高尚的道德品质。思想犹如指路明灯，照亮了前进的道路。道德品质犹如大树的根部，其滋养着大树长久挺立。经典阅读不会像功课阅读一样取得立竿见影的效果，但通过不断地阅读，心灵的浸染在潜移默化中进行，你会慢慢地发现自己找到了文化信仰并日益理解和认同社会主义核心价值观，认同传统文化的精髓。③因此，经典阅读对于提升读者文化道德修养、加强传统文化认同具有重大意义。主动阅读经典、研读经典，从而达到亲近经典，由亲近经典再逐渐发展到热爱经典，由热爱经典再到主动地弘扬经典。开展经典阅读不仅可以使读者了解历史，获取知识，提升自身修养，更可以促进悠久传统文化的发展。只有通过经典阅读，充分认识到我们中华民族传统文化的先进性，才能自觉地认同传统文化，主动弘扬传统文化。④

① 苏晓明. 公共图书馆地方文献经典阅读推广策略——以《广州大典》为例［J］. 图书馆学刊，2022（8）：81-85.

② 张学军. 论大学生经典阅读［J］.图书馆论坛，2009（5）：31-33.

③ 马琳. 高校图书馆国学经典阅读推广研究［J］. 科技情报开发与经济，2014（11）：51-52.

④ 姚晓丹. 高校图书馆经典阅读推广创新路径研究［J］. 内蒙古师范大学学报（哲学社会科学版），2017（1）：174-176.

2.浸润读者心灵，提升阅读品位

经典文本是语言的艺术，阅读经典作品，读者除了要有对语言的敏感能力外，还应具有能动性、参与感、体验和再创造的能力。这对开启读者想象力具有积极意义，同时起到了浸润读者内心世界的作用。[①]阅读主体以最大的能动性进入作品，使自己的心灵与作品的意境相融通，与作品以诚换诚地交流。经典阅读对于阅读主体的心态、心境以及环境有着较高的要求，能涤荡浅俗与躁气，使人的心态获得宁静和独立伸展，直至逐渐形成通古今纳天地的心胸气度。阅读品位对主体精神品格的塑造有着重要的潜在影响，阅读主体的文化素养与阅读品位可以从内涵丰富的经典作品中得到更多的精神给养和审美享受。[②]

3.摆脱快餐文化，建构和谐人格

随着网络技术、计算机技术的发展，各种新媒体给人们尤其是年轻一代的阅读带来了诸多便捷。各种网络信息层出不穷，但实际上精品很少，而且很大部分都是大众传媒的快餐文化，尤其是网络文学、电子图书的流行与发展，越来越多的人倾向于网上阅读，网上阅读虽便捷，但也逐渐呈现浏览式的浅阅读、读图重于读文字、娱乐性阅读多于经典阅读等特点。在快餐文化的冲击下，人们很容易迷失自我，只有提倡文学经典阅读，才能冲淡快餐文化的影响，进而摆脱快餐式阅读，建构和谐的人格。[③]

二、经典阅读推广活动的类型

王余光教授在《阅读推广》一书中写道："经典阅读推广是指图书馆通过精心创意、策划，使读者将注意力放至经典著作上，以提高经典著作利用率的活动。与其他阅读推广活动相比，经典阅读推广更突出推广内容的经典性。"[④]经典阅读推广主要围绕经典而展开，张利平总结

① 宋生贵. 论当代文化背景下倡导经典阅读的意义［J］. 思想战线，2004（1）：55-59.
② 郭海明. 高校图书馆经典阅读的推广策略与方式［J］. 潍坊学院学报，2017（8）：110-113.
③ 黄巧娇. 新媒体时代高职院校图书馆经典阅读推广研究［J］. 科技经济导刊，2017（15）：156-157.
④ 段昌华. 图书馆经典阅读的概念、方法和特点［J］. 河南图书馆学刊，2020（2）：7-9.

了近年来各地图书馆的经典阅读推广活动，梳理出以下经典阅读推广活动的类型。①

（一）诵读和朗诵

图书馆邀请专家学者举办诵读会或朗诵会，带领读者一起诵读经典美文。如吉林省图书馆举办的“我的声音是你的天空”经典美文朗诵会；河北省图书馆举办的“吟诵经典，品味雅意”中华古诗词诵读活动；贵州省图书馆举办的“传承经典弘扬文化”传统文学赏析会等。活动方式有现场吟诵，也有与器乐、声乐、戏曲等多种艺术形式相结合的朗诵形式，能够带领读者感受经典，并为其呈现集艺术性、观赏性、娱乐性于一体的文化盛宴。此外，一些省级公共图书馆还举办了以家庭为单位的诵读活动，如广西壮族自治区图书馆开展的“诵诗词歌赋，品经典书香”活动，就是以亲子诵读、家庭成员组合诵读等形式进行的；安徽省图书馆联合新华书店举办的“传承经典　亲子诵读”公益沙龙活动；浙江图书馆举办的“我和爸爸读经典”活动等。诵读经典活动既促进了经典阅读，又促进了家庭阅读、亲子阅读，为全民阅读氛围的形成奠定了基础，深受老年读者的欢迎。

（二）比赛

图书馆通过线上线下相结合的方式，举办经典阅读知识竞赛、朗读大赛、阅读挑战赛等活动，鼓励人们多读书、读好书，如广州图书馆举办的“经典伴我成长”知识竞赛；福建省图书馆举办的“读吧！福建”福建省第二届“正谊杯”古诗文大赛；甘肃省图书馆举办的“无声经典，有声诵读”首届朗读大赛；河北省图书馆举办的“与经典同行——暑期阅读挑战赛”等。

（三）读书分享会

图书馆邀请各界阅读爱好者，通过阅读、互动、角色扮演等方式，分享各自阅读的所悟所感，领略经典的内涵。读书分享会的形式多样，更有利于推广经典阅读，提升读者的个人修养，增进文化认同感，如广西壮族自治区图书馆举办的“分享经典　传播文化”阅读者读书会；浙

① 张利平．省级公共图书馆经典阅读推广活动实践探析［J］．河南图书馆学刊，2020（2）：7-9.

江图书馆举办的“我们为什么热爱武侠小说”读书分享会；南京图书馆举办的陶风读书会等。

（四）讲座、论坛

图书馆邀请有关专家到馆内举办讲座或开设论坛，解读或赏析经典作品，帮助读者理解那些晦涩难懂的经典所表达的主旨及其带给人们的启示。如上海图书馆举办了“名家解读名著”系列讲座和“经典3.0”阅读专题讲座，邀请名家在网络时代重新解读经典，带领读者品味经典的魅力；南京图书馆举办了“一年解读一部中华典籍”主题论坛，每年选择一部中华经典名著，邀请专家学者共聚一堂，为读者深入解读每部名著的精义。

（五）抄写

图书馆邀请书法爱好者指导读者抄写经典著作，让读者在经典书画作品所营造的意境中，通过一笔一画的描摹，领略经典之美，体会书写之乐。如海南省图书馆举办了以“抄写经典　记忆汉字”为主题的“汉字记忆”活动，将读者抄写的国学经典制作成手抄本，并放在古籍阅览室进行展览；广西桂林图书馆举办了“观书画　抄经典”中华传统文化体验活动。

（六）音乐、戏曲、影视作品赏析

图书馆开展经典音乐、戏曲、影视作品赏析，邀请专业学者带领读者品味经典音乐、戏曲或欣赏经典文学改编的电影，以另一种方式解读经典。如海南省图书馆举办了“经典浸润人生，阅读启迪智慧”绘本舞台剧，通过舞台剧表演的形式将经典绘本、经典故事呈现在舞台上，激发了小朋友们的阅读热情；南京图书馆举办了“悦·经典”儿童文学改编电影赏析活动及第五届南图阅读节《论语》影视片赏析。

（七）阅读培训

由地方图书馆牵头，聘请专家学者，邀请专业教师、志愿者对未成年人进行阅读引导和培训，引导他们养成良好的阅读习惯，掌握阅读的技巧，如云南省图书馆开办的少儿国学经典诵读训练营和上海图书馆开办的中华传统经文少儿诵读班。

（八）展览

图书馆组织开展各种主题的经典文学作品、绘画、书法征集活动，并展出所征集的优秀作品供读者观赏。如安徽省图书馆举办的“红色经典收藏展&革命诗词书法展”；浙江图书馆举办的“透过书籍看世界”G20经典文献展及“爸爸的小人书”经典连环画展。

除上述活动类型外，有些地方图书馆还开展了手工制作、标语设计、VR视频朗读等活动，形式新颖，激发了读者的阅读热情。如山东省图书馆举办了“经典传情·书福迎春”电子有声贺卡活动；天津图书馆将经典阅读与VR技术相结合推出了“VR诵经典”活动，以经典诵读为主题，以春夏秋冬为线索，利用VR技术构建了传统文化与经典诗词的体验空间；福建省图书馆举办了“重温童话，再塑经典”亲子手工体验活动，引导孩子用黏土制作《格林童话》中白雪公主、灰姑娘、睡美人等经典形象等。[①]

以上经典阅读推广的类型，图书馆在开展老年读者阅读推广中可以有选择性地创造应用，以便不断推进老年阅读推广的方式创新。

第二节　老年人经典阅读推广的问题与策略

伴随国家有关部门对图书馆尤其是地方图书馆工作职能、服务规范引导的调整，图书馆经典阅读推广逐渐被纳入图书馆常态化服务工作。图书馆要针对老年人经典阅读推广存在的问题，采取有效的策略，不断提升老年人经典阅读推广活动的效果。

一、老年人经典阅读推广存在的问题

在新媒体时代，碎片阅读、无营养阅读、功利性阅读逐渐成为我们的阅读趋势和新常态，成为图书馆人在新形势下倡导经典阅读、弘扬优秀传统文化必须解决的难题。老年人经典阅读推广面临以下三方面问题：

① 张利平．省级公共图书馆经典阅读推广活动实践探析［J］．河南图书馆学刊，2020（2）：7-9.

（一）浅阅读带来的冲击

在现今社会，网络技术发达，新媒体载体发展迅速，人们的阅读形式已经不局限于书本阅读与图书馆阅读，而是在网络普及的环境下，许多人（包括一些老年人）也开始利用平板、手机移动端等电子设备参与阅读。这种移动设备在当今社会的普及，改变了人们阅读的载体、媒介，使全民阅读更加便利，人们可以随时随地利用移动设备进行阅读。但是，大多数人借助移动设备阅读的并不是经典著作，而是大量碎片化的信息，这种浅阅读主要包括网络小说、新闻、朋友圈、微博、短视频等。这种阅读现状不是真正意义上的阅读，不利于老年人经典阅读推广的开展。①

（二）经典阅读面临的困境

由于经典著作一般篇幅较长、内容较难，在人们已经习惯现今社会生活与工作快节奏的情况下，很少有老年人愿意花费大量时间与精力阅读经典著作，使经典阅读推广面临困境。有一部分老年人是读了一部分经典著作，但处在阅读经典进行时又继续不下去的状态，他们往往有心阅读但因为专业背景知识不够、理解能力有限或时间碎片化等原因而中断。②特别是内容较难的经典著作，在不理解其内容的基础上，老年人很难对其产生阅读兴趣。同时，在网络阅读资源更加快捷、便利与娱乐化的发展形势下，一些老年人对经典阅读的价值认识不足，往往为了追求一时之快而忽略经典书籍，更倾向于选择网络快餐式阅读，逃避经典阅读。这种阅读状况会进一步构成图书馆在推广经典阅读的过程中的阻碍，使经典阅读在许多老年人中变得形式化与表面化，不利于将阅读真正融入老年人的生活，为其身心健康带来益处。③

（三）图书馆整体认知有限

图书馆在经典阅读推广的过程中，要充分认识到老年人的特殊性和多元化，采取多种形式积极引导老年人主动探索，寻找解决问题的方

① 彭增光．全民阅读背景下的经典阅读推广实践——以公共图书馆为例［J］．智库时代，2019（7）：23，26．

② 寿晓辉，叶丹，翁亚珂．公共图书馆经典阅读推广的实践与思考——以杭州图书馆为例［J］．图书馆研究与工作，2017（12）：56-59．

③ 彭增光．全民阅读背景下的经典阅读推广实践——以公共图书馆为例［J］．智库时代，2019（7）：23，26．

法，只有这样，老年人对读到的知识才能印象深刻，并达到举一反三的效果。图书馆对老年人经典阅读推广的整体认知有限，主要表现在以下三方面：

1.对经典理解狭隘

部分图书馆的管理者和馆员对经典的理解过于狭隘。狭隘的理解与认知一定程度上会阻碍老年人的经典阅读推广工作，一定程度上也会削弱图书馆的阅读服务功能。具体地说，首先，有些管理者或馆员由于知识或观念的局限，对经典的认识不够准确，对经典阅读概念的理解不到位，把对经典的认识局限于具有显著影响力的文艺作品，在进行经典阅读推广时也仅仅选择部分名著，忽视同样可以对读者的精神世界产生影响却相对“冷门”的作品。还有一种情况是，他们认为经典就是文字性作品，忽视雕塑、绘画、戏曲、影视等文化艺术形式。这种狭隘理解或片面选择会导致读者对经典的认识停留在表面，致使经典阅读趋向边缘化。其次，作为推广者的馆员缺乏对经典的深层次解读和理解，不能为读者起到提示、指导的作用，这也可能导致读者对经典的认识处于肤浅层次。

2.对经典利用意识淡化

所谓“润物细无声”，经典阅读对读者的陶冶和影响是一个潜移默化的过程，经典阅读推广也就非一时一力可见其功，它更体现于工作常态性的运行。当今手机移动端的兴起让信息阅读极为便捷，然而从另一个方面看，当人们沉浸于快餐式阅读时，便难以复归静读、细读经典的心境。阅读浮躁化成为当下一种必须关注的现象。在这种情况下，学习经典的氛围需要人为推动和创造。然而，部分图书馆对经典保护、利用的意识仍比较淡薄，它们在经典阅读环境和氛围的创造上仍较为不足。比如，有的图书馆缺乏专门的经典文化读物室，让经典文化读物分散在各室、各架，不能为有需求的群体提供查询、借阅之便；还有的图书馆未及时对一些破损的经典文化读物进行修补，对一些经典文化读物未附介绍或导读的提示语，这都让经典文化读物显得黯然失色；再比如，有的图书馆未能针对书籍流转的时空制约问题推出化解之策，在信息供给、文化服务方面仍存有不足之处。总之，在信息化环境下，图书馆经典利用意识的淡薄将难以调动读者关注和阅读经典的兴趣。[①]

3.活动方式缺乏创新

图书馆对经典阅读推广的成效在很大程度上取决于服务机制的完善以及服务内容与手段的人性化程度。目前，大部分图书馆在经典阅读推广过程中采用的方式，依旧停留在增加经典文献库存、粘贴宣传标语、开设经典著作阅览室等方式。这些传统方式都有其可取之处，但对于现代读者的需求而言是远远不够的。[②]一些图书馆举办的老年人经典阅读推广活动比较零散，偶尔在系列讲座或论坛中推广一次，或在某些节日举办一些活动，没有系统、连贯地组织开展，没有形成经典阅读推广品牌、对阅读推广活动的宣传也不够。许多图书馆关于老年人经典阅读推广活动的宣传报道较少，活动开始前的宣传力度不够，几乎没有其他渠道（如微信公众号、微博、网络媒体、电视、报纸等）的宣传。对于活动进行中的情况、活动结束后的效果，图书馆自身和相关媒体的报道也较少。[③]为此，图书馆要顺应时代的变化与发展，打破传统阅读推广模式的束缚，创新经典文献服务的内容与形式，增强活动连贯性，加大宣传力度。

二、老年人经典阅读推广的策略

针对老年人的经典阅读推广，应采取以下策略：

（一）构建工作机制

一个成熟、稳定的经典阅读推广机制，是工作持续开展的重要保障，而这套工作机制的核心是实现资源有效分配。工作机制要以读者为中心，运用流程管理思维，贯通“需求分析、资源筛选、目标确定、资源分配”等环节，以实现工作的针对性、精准性，如图5-1所示。由此图可以看出，工作机制需要贯彻读者中心理念，发挥图书馆资源与人才的优势，做好资源整编工作。其中，人力是决定工作机制运行成功与否的关键因素，一支专业的、负责任的队伍是不可或缺的。另外，志愿者

① 陈芳璇．图书馆经典阅读推广的价值辨明与实践路径［J］．黎明职业大学学报，2022（3）：58-62.

② 郭秋燕，蒋琦．公共图书馆经典阅读推广策略研究［J］．图书馆学，2021（2）：68-71.

③ 张利平．省级公共图书馆经典阅读推广活动实践探析［J］．河南图书馆学刊，2020（2）：7-9.

队伍也是重要的力量补充。[①]

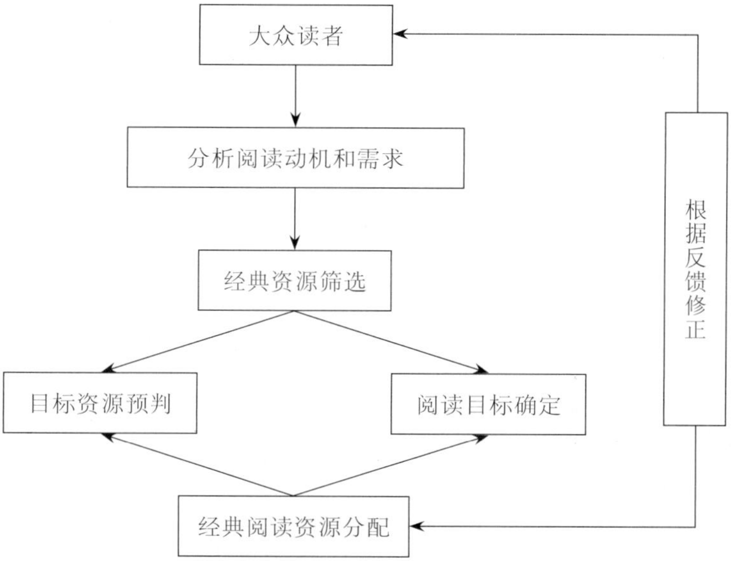

图5-1　经典阅读推广工作机制示意图

（二）编制推荐书目

推荐书目作为读者读书的向导和顾问，其教育性表现得尤为鲜明突出。但是编制推荐书目需要有一定的学识，对所编的图书要有一定的了解，甚至需要邀请某一方面的专家进行指导。图书馆可以吸纳高等院校、研究机构的专家学者成立专门的专家小组对经典推荐书目编制进行指导。通过经典书目的编制，一方面可以为经典读物馆藏建设提供建议，另一方面也可以为个人经典阅读提供良好的指引。

（三）营造阅读环境

目前，有的图书馆界开辟了经典阅读专门空间——经典阅览室，如国家图书馆的经典阅览室、河北省图书馆的经典空间、深圳市南山区图书馆的“南书房”等，都收到了较好的效果。图书馆应以人为本，通过创建舒适的人性化阅读环境，让读者在精神上亲近经典书籍。阅读环境整洁明亮，陈设舒适优雅，使人感到亲切愉快，让人有一种如沐春风的感觉，这既是一种享受，又在不知不觉中受到熏陶。图书馆在功能布

① 陈芳璇. 图书馆经典阅读推广的价值辨明与实践路径［J］. 黎明职业技术大学学报，2022（3）：58-62.

局、设施安排及内外环境营造上，应充分考虑读者的意愿和习惯，方便读者使用文献信息，室内绿色植物环绕，处处给读者以亲切和关怀，也可在适当位置设立小区域的休闲讨论区供学生自由交流与讨论。[①]可以为经典文化读物附上“贴士”，简要介绍经典的源流、影响等；可以配备电子音像设施，将相关影视作品、学术讲座视频作为学习资源进行播放，引导读者感受经典魅力。还要从读者需求的角度考虑，在图书馆电子服务系统中增加经典文化读物、文献的目录，以及实时更新文献资料存放场所、借阅状态的提示，拓展预约、电子书查阅等功能。这样通过环境氛围的营造，就可以最大程度激发读者热情，使其拥有经典阅读的获得感。[②]

（四）搭建网络平台

在全民阅读背景下，图书馆也可以通过搭建网络阅读推广平台的方式，实现经典阅读的有效推广。例如，图书馆可以对“互联网+”的优势进行充分发挥，建立图书馆官方公众号或官方微博，打造线上经典阅读推广平台。图书馆可以在微博、公众号这类线上平台上推荐经典书籍，扩大受众面，为读者阅读经典著作提供便利。同时，图书馆还可以成立线上图书馆读者微信群与QQ群等，为读者提供阅读分享空间，促使大家共同在线上平台中进行经典书籍分享，并分享自身阅读心得。图书馆还需要对读者的阅读经典兴趣进行重点培养，提升读者阅读经典的品位与能力，帮助读者形成良好的阅读习惯，为图书馆经典阅读推广活动的持续发展提供保障。[③]

（五）吸引老年人参与

为了让更多的老年人参与到经典阅读推广活动中来，要集中做好以下两项工作：一是打造专业导读人团队。有条件的图书馆应组建民间阅读联盟，加大、加深与民间阅读组织的联系，挖掘专业阅读导读人，组建一支素质过硬的导读人团队，加强经典阅读推广的权威性和深度。在

① 郭海明. 高校图书馆经典阅读的推广策略与方式［J］. 潍坊学院学报，2017（8）：110-113.

② 陈芳璇. 图书馆经典阅读推广的价值辨明与实践路径［J］. 黎明职业技术大学学报，2022（3）：58-62.

③ 彭增光. 全民阅读背景下的经典阅读推广实践——以公共图书馆为例［J］. 智库时代，2019（30）：23，26.

图书馆内可以设立“阅读指导咨询师”岗位，吸引素质高的老年知识分子为读者提供阅读方面的指导咨询，与读者分享阅读经历、阅读体验、阅读观点，并针对不同的读者群体推荐不同的阅读书目，让读者能有针对性地进行有效阅读[①]。二是加强志愿者队伍建设。图书馆应注意吸纳有一技之长、有教育经验、有阅读推广热情的老年人参与图书馆的志愿服务，邀请他们积极参与阅读推广活动的具体策划、宣传和实施，并加强对其阅读指导、评价引导等专业化的培训。无论是组建专业队伍还是吸纳更多的志愿者，其目的都在于让更多的老年人参与到经典阅读推广中来。[②]

（六）完善评价体系

图书馆经典阅读推广要达到良性运行的状态，需要以评价作为推动，形成评价修正的良性调节。评价可分为读者的反馈评价和图书馆馆员的反馈评价两方面。这就需要经典阅读推广工作构建一个完善的反馈评价体系，如图5-2所示。

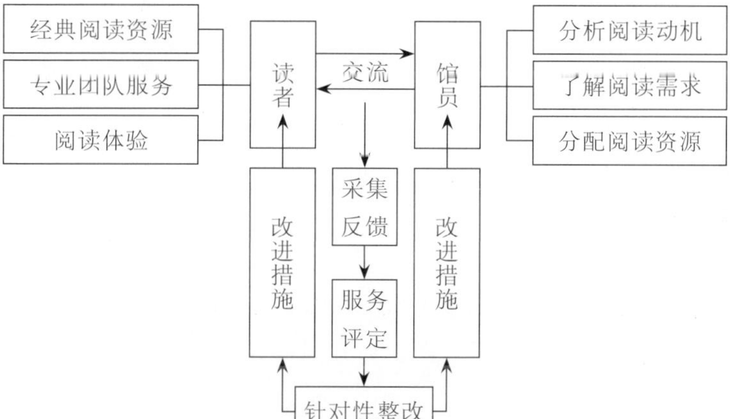

图5-2　经典阅读推广评价体系

从读者角度来说，经典文化读物获得的便利性、专业团队服务的质量、良好的阅读体验是和谐馆读（馆员-读者）关系建立的关键，也是可以施予评价的内容。从图书馆馆员角度来说，阅读动机、阅读需求、

① 李肖华．基于全民阅读的经典阅读推广策略研究［J］．公共图书馆，2010（2）：62-65.
② 寿晓辉，叶丹，翁亚珂．公共图书馆经典阅读推广的实践与思考——以杭州图书馆为例［J］．图书馆研究与工作，2017（12）：56-59.

阅读资源分布等是日常工作需要加以关注的，并且也是要及时分析和采取相应举措的。通过与读者进行充分的交流沟通，馆员能够对不同意见分类施策，形成评定意见，以利于图书馆制定整改措施，最终再运用到实践中，帮助读者获得良好体验、提升自身工作效率。在这一过程中，图书馆要设置线上线下意见箱，诚纳各方意见，借助计算机技术对意见进行整理与分析，针对问题制定优化之策，整改措施要向读者公布。总之，评价体系的建立，将会为良好馆读关系的建立提供有效路径。图书馆要运用好评价体系，推动服务工作精细化，最终让经典阅读推广工作具有良性调节力。①

总之，经典文化是一个民族赓续发展的根基，是一个民族凝聚力和生命力的所在，需要融入民族血脉，世代传承。图书馆作为文化传播的重要载体，要不断改革创新，肩负起文化强国的使命。图书馆要在了解经典阅读及其价值、经典阅读推广含义的基础上，通过开展经典阅读推广活动，构建经典阅读推广内部工作机制，合理使用新媒体技术等举措，达到经典阅读在老年人中全面推广的目的。

第三节　案例探讨

韶山毛泽东图书馆的毛泽东经典著作阅读推广

近年来，作为全国唯一以毛泽东同志名字命名的纪念性专业图书馆，韶山毛泽东图书馆以毛泽东的经典著作和毛泽东的读书方法作为阅读推广的主要内容，积极探索阅读推广新路径，启动了“读毛主席的书与学毛主席读书”阅读推广项目，这对促进全民阅读、推进党史学习教育活动、助力我国社会主义文化强国建设无疑具有重要的理论意义和实践价值。

毛泽东经典著作阅读是一项“难事”，毕竟这些经典著作所处的历史背景和针对的时代问题与当今相比已有很大不同。如果要进一步达到常学常新、真学真用的境界，那就更难了。因此，研究探索毛泽东经典

① 陈芳璇．图书馆经典阅读推广的价值辨明与实践路径［J］．黎明职业技术大学学报，2022（3）：58-62.

著作阅读推广是新时代的一个大课题。韶山毛泽东图书馆依托独特的地缘优势，结合馆内丰富的毛泽东经典著作资源，以韶山爱国主义教育基地为主要阵地，探索出多条独具特色的毛泽东经典著作阅读推广对策。

1.以“陈列展览”形式，推进毛泽东经典著作普及读

陈列展览式阅读推广是一种综合性艺术活动，是艺术性、思想性、真实性的统一体。在图书馆界利用陈列展览来进行阅读推广并不多见，就算有也多是以临时展览为主。韶山毛泽东图书馆用这种方式开展阅读推广，是在充分调研的基础上，基于地域特点而做出的选择。韶山是全国爱国主义教育基地、红色旅游胜地，每年参观的游客达1 000多万。这些游客读者大部分是不重复的，这与一般公共图书馆基本服务本地读者是完全不一样的。尽管陈列展览的主体内容基本不变，但是每天进馆的游客读者是不同的，因此他们不会因为相同的内容而失去兴趣。这是用陈列展览来做好普及推广毛泽东经典著作和读书方法的基础。从近几年的数据来看，每年入馆的游客读者约40万人次，游客来馆参观的时间一般在1～2小时。在有限的时间内，向游客普及推广毛泽东著作和读书方法，最好的模式是“陈列展览+讲解”。用这种方式来推广毛泽东经典著作，要利用这方面的研究专家来深入挖掘毛泽东著作背后的故事和毛泽东的读书方法，通过讲解巧妙融入陈列展览的内容中。在讲解过程中，讲解员可根据实际情况，增加毛体书法体验环节，让游客通过毛体书法机手抄毛泽东著作，作品可上传网络也可打印，这样有助于提升阅读推广的效果。

韶山毛泽东图书馆充分利用馆藏丰富的毛泽东著作版本及其他珍贵藏品，主办了“馆藏毛泽东著作珍品展”“毛泽东的读书生活”两个基本陈列展览。“馆藏毛泽东著作珍品展”以马克思主义文献学的基本要求为指导，实事求是地展示毛泽东经典著作，主要有各种版本《毛泽东选集》、毛泽东批注、书信和诗词等。通过向社会各界推介、展示毛泽东著作出版、发行情况，宣传蕴含于著作中的革命传统和红色文化，进一步发挥好图书馆的阅读推广等文化教育功能。“毛泽东的读书生活”陈列展览主要以图片、影视、实物相结合的形式展出，带领读者走进毛泽东的读书生活，了解毛泽东读什么书、怎么读书，让人们学习毛泽东生命不息、读书不止、学以致用、不断创新的求知与进取精神。展览已接待读者300多万人次，广大读者、游客给予了高度评价。

2.以体验式教学活动模式，推进毛泽东经典著作重点读

党员和学生团体读者是有组织有目的来接受革命传统教育的。图书馆针对这些团体读者一般采取“一团体一方案”体验式教学活动模式。重视“无字之书”对毛泽东著作阅读理解的重要作用，充分利用韶山丰富的红色资源，做好体验式阅读推广工作。

韶山毛泽东图书馆建立了“毛泽东研读过的书”“毛泽东写的书”“研究毛泽东的书”三大藏书体系，收藏图书资料18万余册（份）。韶山还完整地保存着大量不可移动的文物、旧址、场馆。这里有全国唯一系统展示毛泽东生平事迹、思想和人格风范的纪念性专题博物馆；有全国重点文物保护单位——毛泽东同志故居、毛泽东启蒙私塾旧址南岸、毛泽东开展农民运动的旧址毛氏宗祠、毛鉴公祠、毛震公祠；有毛泽东1959年回乡调研住过的故园一号楼、1966年7月居住过的滴水洞；有缅怀毛泽东、开展理想信念教育的毛泽东广场等。这些丰富的红色文化资源，既有“有字之书”也有“无字之书”。把毛泽东著作及其蕴含的思想融入一个个文物旧址场馆中、一个个鲜活的故事中、一场场精彩的讲座中，探索出了一系列既有思想深度，又能为广大党员、学生所喜闻乐见的体验式教学活动。如以《湖南农民运动考察报告》为题创作的音乐史诗舞台剧，《七律·到韶山》手稿背后的故事，《依靠学习走向未来——跟毛泽东学读书》的专题党课，都广受好评。每一种活动形式都以“立足韶山，围绕毛泽东”为根本，同时结合知识性、趣味性、互动性，把“读毛主席的书与学毛主席读书”融入全过程。

3.构建数字网络阅读平台，推进毛泽东经典著作广泛读

随着信息技术的飞速发展，读者获取信息的渠道日益多元化，图书馆的服务模式也发生了深刻变化。为促进网络时代全民阅读，图书馆要结合新媒体传播，创新线上活动方式，打造一体化、多渠道毛泽东著作阅读推广服务模式。

第一，打造毛泽东思想研究中心数字资源平台。“数字资源平台”从阅读推广的角度来说，要着力做好三件事：一是建设好资源丰富有特色的毛泽东数字资源库。毛泽东部分著作存世极少，十分珍贵，出于对文献保护的考虑，它们被重点保护起来，普通读者很难见到，这样非常不利于对毛泽东著作的学习、研究和传播。毛泽东思想研究中心数字资源平台建成开放后，几乎人人都能通过网络以文字、音频、视频和3D文献等模式阅读毛泽东经典著作。二是不断完善平台的智慧服务功能。平台可以根据读者的浏览阅读习惯、时间和内容等数据，通过大数据分析等方式优选适合资源推荐给网络读者。三是做好平台宣传推广活动。借助“智慧韶山”建设成果，主动为读者提供阅读服务，每年可为近1 000万人提供获得阅读毛泽东著作和学习毛泽东思想的机会，并将毛泽东著作及其研究成果带到全国各地，影响其身边的人。

第二，利用微信服务平台，做好线上线下相结合的阅读推广。微信公众服务平台现设置有“服务大厅”“互动服务”“缅怀伟人”三个栏目，可以实现书目检索、图书预约与续借、书目在馆和借出状态实时查询等功能。定期推送最新资讯、活动通告、优质资源、毛泽东著作珍贵版本介绍、毛泽东相关精品文章等，通过文字、图片、音频视频等多种方式呈现给读者；定期举办经典阅读签到打卡、答题通关等有奖线上活动，增强读者的参与性和积极性，提升读者阅读经典的兴趣。

4.打造“红色经典·悦读”品牌，推进毛泽东经典著作示范读

开展多级联动的“红色经典·悦读”活动。韶山毛泽东图书馆利用朗读亭扫码诵读毛泽东经典著作。朗读亭录入了大量的毛泽东诗词、毛泽东著作及节选，并持续更新，提供了朗读、跟读、唱读等多种模式，增强了朗读的趣味性。可以通过网络分享诵读作品，这个功能受到了读者的欢迎，也扩大了作品的传播范围。同时，毛泽东韶山图书馆还定期邀请专家学者举行“毛泽东著作导读”“毛泽东诗词大会”“毛泽东与国学”等讲座，打造以毛泽东经典著作为主要内容的“红色经典·悦读”系列大讲堂。另外，不定期组织文化志愿服务进军营、学校、社区和村组活动。通过赠送书刊、讲述故事、诗词朗读、经典著作导读与诵读等形式，在润物无声中培养读者阅读毛泽东经典著作的兴趣。

举办有特色的世界读书日活动。每年会围绕“读红色经典，与时代同行”的主题开展系列活动。面对2020年初暴发的新冠肺炎疫情，全国各族人民在党中央的坚强领导下，有效控制了疫情，取得抗击新冠肺炎疫情斗争重大战略成果。2020年世界读书日活动就围绕“传承红色基因，致敬中国力量”这一主题，用最自然的声音讲述抗疫英雄群体的感人故事，用最真实的情感表达对疫区人民的关切，用最激昂的诗句发出“众志成城，共克时艰”的最强音。这次活动吸引了1 000多人次参加，收到了600多篇参赛作品，很多参赛作品都引用了毛泽东经典著作内容。在颁奖仪式上，全体人员齐诵毛泽东《七律二首·送瘟神》将活动推向了高潮。新中国成立后，毛泽东领导开展了全国范围的消灭血吸虫病、鼠疫、霍乱等传染性疾病的人民战争。通过特定的读者活动，激发人们重温毛泽东关于卫生防疫的重要论述，对于深刻认识中国共产党为人民服务的宗旨，深刻认识社会主义制度的巨大优越性，具有重要时代意义。

5.以学术研究方式，推进毛泽东经典著作深入读

阅读经典著作，特别是毛泽东经典著作，若不做深入、细致、理性的思考研究，就会难以知其然，更难以知其所以然。面向研究型读者，不仅要做好原始文献查阅等参考咨询服务，更要做好二次文献和三次文献的服务。同时，也要充分利用研究型读者的科研成果，为深入阅读毛泽东著作提供智力支持。

第一，编辑对毛泽东著作进行阅读研究的工具书。许多读者，特别是研究型读者，在问卷调查和读者留言中均希望有馆藏书目类工具书。这样就能为读者深入研读提供便利。韶山毛泽东图书馆依托馆藏资源先后出版了《韶山毛泽东图书馆馆藏书目提要》（毛泽东生平卷和思想卷）、《韶山毛泽东图书馆馆藏精品图录》等书籍。

《韶山毛泽东图书馆馆藏书目提要》（毛泽东生平卷）收录书目内容涵盖毛泽东的传记、生平事迹、回忆录、年谱、年表、纪念文集、人物研究、肖像、照片、画传、像章、纪念地、故居、遗物等。全书共收条目993条（其中包括同一著作的不同版本）。《韶山毛泽东图书馆馆藏书目提要》（毛泽东思想卷）是《韶山毛泽东图书馆馆藏书目提要》（毛泽东生平卷）的姊妹篇。全书共收录有关研究毛泽东思想方面的图书条目1 542条（其中包括同一著作的不同版本），内容涵盖政治、经济、哲学、历史、文化、军事等各个方面。这两本书分别是融学术性、实用性为一体的毛泽东生平研究和思想研究的工具书，在让读者了解韶山毛泽东图书馆馆藏书目的同时，更加方便依据自身需求来检索、学习和研究。《韶山毛泽东图书馆馆藏精品图录》是精选部分馆藏珍品编著而成，全书分为“毛泽东选集”“毛泽东亲自主持编的书”“毛泽东读过的书”“毛泽东著作单行本”“毛泽东著作伪装本[①]”“文献资料”六个部分，以图片和文字相结合的方式对每本书的作者、出版时间、出版社、页数、内容等进行了介绍，有利于读者检索并了解1949年前毛泽东著作版本。

第二，参与“毛泽东1949年以前著作版本搜集研究”课题。该课题是湘潭大学马克思主义学院申报并获得立项的国家社会科学基金重点课题。韶山毛泽东图书馆依托馆藏特色资源，与该课题项目组达成合作协议，积极做好参考咨询等工作，并承担部分子课题。主要研究方法是在详尽收集1949年前毛泽东著作版本的基础上，以1951—1960年毛泽东主持审定的《毛泽东选集》一至四卷，新中国成立后出版发行的单行本以及1991年版《毛泽东选集》中的篇目与最早公开发表的初版本进行校勘，通过史料梳理明晰版本演变历程，探究毛泽东思想演进过程。这对深入研读、理解毛泽东经典著作有重要价值。

第三，主办毛泽东著作及版本研讨会。为推进毛泽东著作版本研究，推动和深化从毛泽东思想到习近平新时代中国特色社会主义思想一脉贯通的研究，韶山毛泽东图书馆联合湘潭大学毛泽东思想研究中心、毛泽东哲学思想研究会从2019年起每年在韶山召开“毛泽东著作及版本研讨会”。《毛泽东选集》《毛泽东文集》共收录论著962篇。这仅仅是毛泽东同志众多论著中的一小部分。这些已经出版的内容需要不断深入研究，发掘其思想，对未出版发行的论著也需要给予关注。针对毛泽东的研究论坛和研讨会在全国范围内有很多，但从毛泽东著作及版本这一角度来看，可以说“毛泽东著作及版本研讨会”是全国唯一的实践案

① 伪装书，又称“托名本”“伪装本”，是指将封面印成伪装书名，以掩盖其内容。中华人民共和国成立以前，在中国共产党领导及其影响下的出版机构，为应对反动当局查禁革命进步书刊，对书刊进行伪装。具体做法通常是采取封面伪装、不断变化书刊名称以及伪托别的出版社的名号等。伪装书体现了党在特殊年代的斗争智慧。

例。目前，已举办了两届毛泽东著作及版本研讨会，得到了学术界的积极响应，每次会议都有100多位专家学者以文赴会。这既是毛泽东思想研究的新路径，也是借助权威专家学者的影响力来做好毛泽东著作阅读推广的有益探索，对推进毛泽东经典著作深入阅读具有重要意义。

毛泽东经典著作阅读推广是一个重大的时代课题。对图书馆来说，要做好这一课题，一定要把握自身优势，充分利用馆藏特色资源，联合社会各界力量，根据读者群体的不同需求，因“人”而异，采用不同的阅读推广策略和方法。另外，由于毛泽东经典著作的特殊性，毛泽东经典著作阅读推广需要此领域研究专家及教育机构、党史研究机构、图书馆等共同参与。每一个阅读推广人都应坚定理想信念，深刻领会毛泽东经典著作蕴含的时代价值，对毛泽东思想要“真学”“真信”“真传”，做到职业与信仰相统一，推动毛泽东经典著作阅读推广工作落到实处，收到实效。

资料来源：朱春飞. 毛泽东经典著作阅读推广：价值、问题与对策——以韶山毛泽东图书馆阅读项目为例［J］. 图书馆，2021（6）：16-21.

第六章　老年人的数字阅读推广

老年人数字阅读作为全民阅读的重要组成部分，是建设书香社会和推动全民阅读的关键支撑。

——作者

随着人数据时代的到来，数字阅读已经成为常态，数字阅读普及率连年增长。2022年4月25日公布的由中国新闻出版研究院组织实施的第19次全国国民阅读调查结果显示，2021年我国成年国民数字化阅读方式（含网络在线阅读、手机阅读、电子阅读器阅读等）的接触率为79.6%，较2020年的79.4%增长了0.2个百分点；人均电子书阅读量为3.30本，高于2020年的3.29本。进一步对各类数字化阅读载体的接触情况进行分析发现，2021年有77.4%的成年国民进行过手机阅读，较2020年的76.7%增长了0.7个百分点；71.6%的成年国民进行过网络在线阅读，较2020年的71.5%增长了0.1个百分点；27.3%的成年国民在电子阅读器上阅读，与2020年（27.2%）基本持平；21.7%的成年国民使用Pad（平板电脑）进行数字化阅读，与2020年（21.8%）基本持平。从数字化阅读方式的人群分布特征来看，在我国成年数字化阅读方式接触者中，越来越多的中青年群体成为数字化阅读的主体，18~59周岁人群占92.8%，60周岁及以上人群占比达到7.2%。[①]可见，数字阅读正在成为新的国民阅读趋势，且随着数字媒介的推广普及，老年群体对数字阅读的接触率和应用率也在缓步上升，利用微信等同时具备移动性质和社交性质的微媒体是许多老年人进行数字阅读的首选。

对图书馆来说，随着科学技术的发展，数字阅读设备得到了极大的推广，面向老年人群体开展数字阅读的机会也逐渐增加，因此图书馆应做好对老年人数字阅读的推广工作，营造新时期图书馆的新生长空间和事业亮点。[②]

第一节 数字阅读推广概述

为了更好地促进老年人数字阅读推广，首先要弄清数字阅读的含义、数字阅读推广的定义、特点等基本问题。

一、数字阅读的含义

数字阅读指的是阅读的数字化，主要有两层含义，即阅读对象的数字化和阅读方式的数字化。[③]阅读对象的数字化，是指阅读的内容数字化，如网络小说、博客、网页等；阅读方式的数字化是指阅读的载体、终端是电子屏幕显示的，如Kindle阅读、手机阅读等。数字阅读是基于数字文本知识和数字媒介进行信息获取的一种阅读活动和文化现象[④]，是利用数字阅读设备（主要是电脑、手机和电子书阅读器）实施网络获取文本信息的行为，具体包括浏览网站的网页信息、论坛帖子、邮件信息、文献数据库、电子书、演示文档、手机短信、数字化报纸期刊等内容。[⑤]数字阅读的主要内容就是数字资源，数字资源也是信息资源，它将计算机技术、多媒体技术及通信技术相融合，使其形成一种以数字形

① 央视新闻. 中国新闻出版研究院发布第十九次全国国民阅读调查结果［EB/OL］.［2022-04-25］. https://t.ynet.cn/baijia/32657904.html.

② 芦婷婷. 从阅读的特性角度谈图书馆的数字阅读推广［J］. 图书馆工作与研究，2015（6）：94-98.

③ 杨小凤. 高校图书馆数字阅读服务调查研究［J］. 现代情报，2012（5）：142-145.

④ 柯平. 数字阅读的基本理论问题［J］. 图书馆，2015（6）：1-6.

⑤ 肖雪. 国内外老年人数字阅读研究述评［J］. 图书情报工作，2014（8）：139-146.

式发布、利用、存取的信息资源。数字阅读明显不同于传统阅读，它具有数字化、动态化、交互化、媒体化等特性，阅读的工具、环境或是主体，都表明它是一种新型的阅读模式。[①]

二、数字阅读推广的定义

数字阅读推广是指图书馆利用数字化推广媒介，为读者提供系统的馆藏资源和数字化资源。数字阅读让读书变得轻松，是名副其实的“移动图书馆”。[②]

老年人是数字阅读推广的重点人群之一，向老年人推广数字阅读的主要目的在于对老年人的阅读行为实施干预，促进老年人跨越数字鸿沟，对阅读障碍加以冲破，促进老年人更能理解并掌握新型阅读模式。[③]然而，目前关于老年人数字阅读研究的文献资料较少，实证研究更是寥寥无几。仔细阅读已有关于老年人数字阅读的研究文献，可以得出以下结论：第一，老年人数字阅读在全民阅读中占比较低，但是占比率也在逐年上涨；第二，鉴于老年人身心特殊性，老年人数字阅读推广存在较大障碍；第三，随着老龄化现象的加剧和大数据时代的到来，推广老年数字阅读势在必行。[④]

可见，加强面向老年人的数字阅读推广研究是图书馆面临的重要任务之一。

三、数字阅读推广的特点

数字阅读已成为人们获取信息的一种新常态，是利用网络检索、下载、浏览、传递为基础的新型图书馆服务模式。随着数字图书馆的发展，数字资源在图书馆馆藏资源建设中的比重越来越大，移动图书馆已成为图书馆发展趋势，数字阅读推广的重要性日益凸显。

---

① 王瑜，郭志勇．向老年群体的公共图书馆数字阅读推广工作探讨［J］．江苏科技信息，2019（4）：18-20.

② 王家莲．图书馆微书评应用前景探析［J］．图书馆建设，2013（1）：46-48.

③ 王瑜，郭志勇．向老年群体的公共图书馆数字阅读推广工作探讨［J］．江苏科技信息，2019（4）：18-20.

④ 王子昕，李朝恒．老年大学数字阅读推广的拓展路径与思考——以吉林省老年大学为例［J］．图书情报工作，2017（8）：165-170.

（一）推广媒介多元化

社交网络平台即时通信功能非常强大，微博、播客、维基、社交网络和内容社区（如豆瓣、优酷）等社会化媒介可为移动终端提供阅读的便捷性和多媒体化，推动图书馆电子图书的阅读，有效提高数字图书馆文献的使用率。

（二）推广内容直观化

数字阅读因其可视化，用户使用界面设计趋于人性化，借助文字、图片、音频和视频的立体化传播，图书馆数字阅读推广内容更加直观。

（三）推广结果易评估性

网络传播本身具有无结构性特点，即任何一个终端上的信息都可能和网络上的无数用户形成互动，数字阅读推广可通过问卷调查、页面关注度、留言区设置等方式从读者那里获取反馈信息，并通过科学的测评手段评估阅读推广活动。[①]

第二节　数字素养教育——数字阅读推广的前提

2020年，《中共中央关于制定国民经济和社会发展第十四个五年规划和二〇三五年远景目标的建议》提出了“提升全民数字技能”的战略目标。2021年，中央网信办印发《提升全民数字素养与技能行动纲要》，在对提升全民数字素养与技能的原则、任务及保障措施做出全面部署的同时，特别强调老年人、残疾人、农民等数字弱势群体的数字素养提升的重要意义。可见，提升全民数字素养尤其是弱势群体的数字素养，将成为我国应对数字时代群体间发展不平衡矛盾的重要任务。进入21世纪，我国面临“老年人口数量最多，老龄化速度最快，应对老龄化任务最重”的严峻形势。同时，以互联网、云计算、移动通信技术为代表的数字科技全面嵌入老年人生活领域。老龄化遇上数字化，数字技术为老年人开启“数字化生存”的样态[②]的同时，也对其数字化融入提出挑战。尼古拉斯·尼葛洛庞帝（Nicholas Negroponte）在《数字化生

① 崔鸿雁，杜志新. 高校图书馆数字阅读推广新探索［J］. 农业图书情报学刊，2017（6）：118-120.

② 邓欣欣. 智能革命与人的发展重塑［J］. 学术研究，2021（8）：34-40.

存》中指出，尽管"信息DNA"已嵌入普通人的生活环境，但"数字化生存"[①]依旧存在诸多不确定性。尤其是处于数字弱势地位的老年群体，如果无法有效提升其数字素养，极可能加剧老年人数字排斥感，激发数字不平等的社会矛盾。[②]因此，构建兼具技术赋能与人本关怀的适老性发展方案，成为建设数字包容社会的关键议题。[③]

数字素养自1994年提出至今，不断被重新解读并赋予新的内涵。许多国家、国际组织、机构、协会（学会）围绕数字素养框架、构成要素、培养模式、教育实践等内容进行了深入的探讨和研究。[④]图书馆在其中发挥了重要作用。图书馆发展的目的是促进信息之间的交流，并对知识进行传播，以此促进社会的发展，其中包括的重要内容就是读者，特别是老年读者的数字素养教育，提升、拓展他们的数字素养是图书馆阅读推广的重要前提。在图书馆发展中要开展科学的阅读推广服务，并对阅读推广理论进行创新，就必须重视并实施数字素养教育，不断提升读者的数字素养。

近年来，我国图书馆界与时俱进，高度重视数字素养教育工作，在国家相关法律、政策、制度的指引下，立足行业使命，回应社会需要，积极推动个人和社会数字素养能力的提升。这同时也是数字时代背景下，社会公众对图书馆教育职能与传播使命的期待和召唤，对图书馆服务创新与高质量发展具有重大现实意义，对建设网络强国与数字中国具有重要战略意义。[⑤]

一、老年人数字素养教育概述

数字素养教育是在新媒体时代下，人们对于数字媒介认知、使用和参与的建构活动。数字时代，加强数字素养教育、提升数字素养能力已经成为一种全球共识。

---

① 尼葛洛庞帝. 数字化生存［M］. 胡泳，范海燕，译. 海口：海南出版社，1997：10.

② 黄丹俞，邱子清. 数字环境下老年人媒介与信息素养评估框架构建［J］. 图书馆论坛，2021（8）：96-107.

③ 罗强强，郑莉娟，郭文山，等. "银发族"的数字化生存：数字素养对老年人数字获得感的影响机制［J］. 图书馆论坛，2022（7）：1-11.

④ 杜希林，孙鹏. 我国公共图书馆数字素养教育研究——基于数字时代全民数字素养教育的视角［J］. 学术论坛，2022（7）：19-26，53.

⑤ 柯平. 将全民数字素养教育作为图书馆新的信息与教育使命［J］. 图书馆论坛，2022（3）：9-11.

（一）数字素养的由来和演进

数字素养最早由以色列学者Yoram Eshet-Alkalai等于1994年提出，指面向新兴数字环境下进行学习时所必需的一系列技能，经过多年研究与实践，在2004年提出数字素养的五大框架：图片-图像素养、再创造素养、分支素养、信息素养和社会-情感素养。1995年，Lanham将数字素养定义为熟练使用并理解图像、文本与声音等媒介信息的技能。1997年，Paul Gilster在其《数字素养》一书中指出，数字素养是获取、理解、整合、应用数字信息的能力，通常包括网络搜索、超文本导航、内容评价和信息组织4项基本技能，并开始从简单地寻找信息到应用信息解决学习、工作和生活中的难题。

进入21世纪以来，随着网络的普及和数字技术的快速发展与广泛应用，数字素养成为社会各界热点话题之一，各机构开始对数字素养的概念与内涵进行拓展与重新解读。英国联合信息系统委员会（JISC）认为：数字素养是个人在数字社会中生存、学习及工作所需的一组能力集合，包括利用数字工具开展学术研究、撰写报告及批判性思考等能力。2010年，美国通过“国家宽带计划”启动数字素养工程，并进行相关培训，制定数字素养培训标准。在此基础上，美国图书馆协会（ALA）于2012年对数字素养进行明确定义：数字素养指利用信息与通信技术检索、理解、评价、创造并交流数字信息的能力，这个过程需具备认知技能与技术技能。这一定义的提出得到了全球图书馆界的认可和引用。2011年，欧盟开始实施数字素养项目，同年发布适用于全体欧洲公民的数字素养框架Digcomp1.0；2017年，对Digcomp1.0进行了重新修订，并发布《欧盟公民数字素养框架》（Digcomp2.1），将数字素养定义为：在工作、娱乐和交流中批判性地使用信息化工具的能力。2017年，欧盟发布《欧盟教育者数字素养框架》，进一步明确如何通过教育培训提升数字素养能力。2017年，国际图联（IFLA）发布了《数字素养宣言》，强调了数字素养对个人和社会的重要性，并给出了一个结果导向型定义：具备数字素养意味着可以在高效、有效、合理的情况下最大限度地利用数字技术满足个人、社会和专业领域的信息需求。2018年，联合国教科文组织（UNESCO）发布《数字素养全球框架》，指出数字素养包括七个素养域：操作域、信息域、交流域、内容创作域、安全伦理域、问题解决域和职业相关域。此外，加拿大、德国、法国、日本、澳大利亚等国也发布了与数字素养相关的框架，对数字素养进行了定义或框架约定，为数字素养教育提供指导。遗憾的是，我国目前没有发布与之相关的框架。

总体上看，在不同的社会环境与背景下，不同国家或机构对数字素养的定义有所不同，但通过对全球主要框架和定义的梳理发现，数字素养主要聚焦在三个维度：能力、认知和参与。

能力维度主要是对数字技术的技能培养，包括操作技能（计算机操作、工具使用等）和信息技能（信息的检索、组织、创造、输出等）。

认知维度主要是对批判性思维的培养，理性接受数字技术的发展，保持主体的自觉性，包括信息的导航、阅读与理解能力，批判评估信息价值与可信度鉴别能力，隐私权维护能力等。

参与维度主要是数字环境下的实践能力，具体指意识层面及行动层面的数字内容的生产和传播。[①]

（二）老年人数字素养相关研究回顾

国内学者关于数字素养的研究侧重点不同。徐越在研究老年人数字包容困境中界定了数字素养的内涵——数字素养是人们在数字时代背景下所培养的一种生存技能，在人类的现代社会生活中起着至关重要的作用，培养良好的数字素养已成为各国提升国民综合素质和国家综合竞争力的重要手段。[②]蒋敏娟等研究数字素养时发现，目前我国尚未完全建立本土化的数字素养框架，我国公民的数字素养提升还面临着准备失措、能力失位、供需失衡、生态失序等一系列挑战，应加快提升公民数字素养步伐，夯实“筑基、赋能、扩优、强治”四大工程，有效消除公民数字素养面临的风险挑战。[③]谷乐等以吉林省高校为研究对象，采用问卷调查方式并结合模糊综合评价法对大学生数字素养进行评价，将数

① 杜希林，孙鹏．我国公共图书馆数字素养教育研究——基于数字时代全民数字素养教育的视角［J］．学术论坛，2022（7）：19-26，53.

② 徐越．老年人数字包容的困境及化解路径研究［D］．上海：上海工程技术大学，2020：3.

③ 蒋敏娟，翟云．数字化转型背景下的公民数字素养：框架、挑战与应对方略［J］．电子政务，2022（1）：54-65.

字素养的内涵界定为五个方面的能力：获取与识别数字信息的能力；数字交流与协作的能力；创建数字内容的能力；数字安全保护的能力；数字问题解决的能力。①罗艺杰对比分析了中美老年人的数字素养教育，总结两国关于数字素养的内涵、外延，将数字素养分为理论认知和技术实践两个部分，理论上强调对数字资源的批判反思，技术上更多指向利用数字设备及软件的能力。②

国外有学者对老年人数字素养进行研究。Morrell等人通过实证调查，对中老年群体使用的网络媒介进行研究，指出老年群体比中年群体对数字媒介使用的兴趣更低，老年群体在接触互联网后主要学习如何使用电子邮件以及访问有关健康和旅行的信息。③McDonough CC分析了老年人在使用互联网时出现与时代脱节感的原因，互联网及其利用在不同地域和群体间的扩散存在不平等、身体和认知局限、较低的计算机和信息素养以及对技术采纳和运用的障碍、恐惧等，都加深了老年人与时代的脱节感。Xie B等在研究中发现，通过计算机培训的方式可以提升老年群体的数字素养，在培训中老年人接受信息教育的态度相对乐观，积极使用计算机的行为提升了老年人的数字素养，老年人的数字焦虑感明显降低，对数字媒介的兴趣和效能显著增加。④

综上所述，国内外学者通过问卷调查等实证研究方法从不同角度阐述了数字素养的内涵，同时分析了老年群体数字素养低、与时代脱节的原因，部分学者进一步提出了提升老年人数字素养的相关路径。⑤

（三）老年人的数字化需求

随着银发数字鸿沟的不断扩大，迫使老年人对待数字化的需求由被动融入转变为自动适应，具体体现在以下四个方面。⑥

---

① 谷乐，霍明奎. 基于模糊综合评价法的大学生数字素养评价——以吉林省高校为例［J］. 数字技术与应用，2021（11）：20-22.

② 罗艺杰. 中美老年人数字素养教育对比研究［J］. 四川图书馆学报，2018（6）：75-79.

③ MORRELL，ROGER W，MAYHORN，et al. A Survey of World Wide Web Use in Middle-Aged and Older Adults［J］. Human Factors，2000（2）：175-182.

④ Xie B，Bugg J M. Public Library Computer Training for Older Adults to Access High-Quality Internet Health Information［J］. Library & Information Science Research，2009（3）：155-162.

⑤ 沈冠辰，王东宝. 社会治理视角下老年人数字素养的提升［J］. 科技智囊，2022（7）：43-47.

⑥ 刘振春. 数字养老视角下老年人数字素养与技能需求及培育问题研究［J］. 国际公关，2022（10）：167-169.

1.数字生活需求

在数字生活需求方面，融入“衣、食、住、行”数字化生活是老年人数字化生存的前提条件。当今社会，小到买菜购物，大到交通出行，社会已基本实现了全面数字化，老年人对数字化便捷性生活应用的诉求越来越强烈，尤其是公共卫生安全事件等特殊情境会在短期内使老年群体的数字素养提升意愿明显增强，如通过微信进行联络、关注新闻动态、通知社区接收、办理预约登记等，老年人已离不开数字化生活环境。

2.数字工作需求

在数字工作需求方面，数字技术应用是老年人参与社会劳动的重要手段。“工欲善其事，必先利其器”。计算机、手机的使用是老年人的基础需求，在工作中，他们对掌握常用办公软件技能的需求在不断增加，如Word、Excel、PowerPoint的使用，过去不会用电脑的老年人，现在也逐步尝试利用电脑来提升工作效率。微信也是目前工作上常用的工具和资讯获取来源。但值得注意的是，通过网络获得健康安全相关信息是老年人非常迫切的数字需求。

3.数字娱乐休闲需求

在数字娱乐休闲需求方面，“互联网+”不断渗透老年人的娱乐生活，成为消除老年人孤独感的有效必备工具。国内外研究表明，“社交媒体成为减少老年人孤独感的有效工具之一”“社交媒体的使用将帮助他们享有更长久的独立生活”。朋友圈里图文内容的分享，轻松直观的短视频和直播，更符合老年人在线娱乐休闲的偏好。“两微一抖”（微博、微信、抖音）等多元媒介使用逐渐成为老年人日常在线娱乐的必备需求。

4.数字学习需求

在数字学习需求方面，数字学习是老年人实现“老有所为”自我价值的基础。绝大多数中老年人的余力很高，老有所为的意愿依然很强烈，活到老学到老是他们的数字化学习诉求。概括起来，学习内容需求主要分为三个部分：第一是提升数字化适应力的基础学习。主要是掌握数字社会应具备的数字获取、制作、使用等技能。如能够登录网站浏览网页、在线公共服务使用、收发电子邮件、下载并使用App等。第二是提升数字化胜任力的进阶学习。主要掌握数字评价、交互、分享等技能，如能够熟练使用社交媒体、远程在线交流、移动办公等。第三是提升数字化创造力的高阶学习。主要是提升数字创新、安全保障、伦理道德等素质与能力。知识层次较高的老年人，会有编程、信息安全保护、技术问题解决、创建数字内容等进一步探索利用信息技术与自身专业相结合的需求。

（四）老年人数字素养教育的意义

我国老年人数字素养极其欠缺，存在着巨大的数字鸿沟。较低的数字素养所造成的数字鸿沟等问题还会带来社会排斥等一系列问题。因此，聚焦数字时代的弱势群体——老年人，加强老年人数字素养教育，满足老年人数字化需求，提供高效的提高老年人数字素养水平的合理对策建议是十分必要的。

满足我国老年人的数字化需求，提升数字素养水平对于我国的养老事业具有很重要的意义。我们不能使智能化影响到老年人的生理、安全、情感、受尊重、自我实现等方面的需求，应该积极发挥老年人的主动性和社会价值。

加强老年人数字素养教育，满足老年人的数字化需求，提升其数字素养，有助于老年人更为积极地面对人口老龄化问题，使他们以积极乐观的态度迎接老年生活。①

（五）我国老年人数字素养教育发展模式

1.政府参与

我国政府早已意识到互联网技术的发展给国家的经济发展带来了新契机，人民的生活因为网络而发生了翻天覆地的变化。因此，我国政府下大气力加强数字基础建设。中共中央办公厅、国务院办公厅于2006年3月下发的《2006—2020年国家信息化发展战略》（中办发〔2006〕11号）明确规定：“到2020年，我国信息化发展的战略目标是综合信息基础设施基本普及，信息技术自主创新能力显著增强，信息产业结构全面优化，国民信息技术应用能力显著提高，为迈向信息社会奠定坚实基

① 徐越．智能化时代对提升我国老年人数字素养水平的思考［J］．中国集体经济，2019（14）：165-166.

础。”这一战略目标明确提出了国家应当大力建设信息基础设施，以及提高国民的信息技术应用能力。2013年，国务院根据该文件下发《“宽带中国”战略及实施方案》（国发〔2013〕31号），指导各级政府加强建设宽带基础设施，加大财税扶持，在全国各地推广普及宽带的使用。这一政策的制定，为我国的数字环境提供了保障。而《国务院关于积极推进“互联网+”行动的指导意见》（国发〔2015〕40号）的实施，为我国进一步打造成数字社会奠定了基础。

此外，为了能让老年人能更好地享受数字技术带来的红利，满足老年人的需求，《老年人权益保障法》第七十条明确指出“老年人有继续受教育的权利。国家发展老年教育，把老年教育纳入终身教育和社区教育体系，鼓励社会办好各类老年学校”。

2.图书馆与教育机构参与

图书馆与老年大学一直以来是老年人学习计算机知识与上网技能的主要根据地。图书馆的服务是公益性的，且培训老年人的数字素养是自发性的。因而，一直以来都是以开设讲座与活动等方式不定期地为老年人开展数字素养教育。显然，这种不定期性开设的讲座并不能惠及所有的老年人。但是，由于是自发性的，财政预算并没有预留这一块的款项，部分公共图书馆对开设老年人的数字素养教育确实显得力不从心。

老年大学是老年人数字素养教育的另一个基地。老年大学的数字技能教育是持续开展的，一般来说，一年有两个学期，每个学期都根据报名人数来开设班级。但是其收费的性质，令一部分想获得数字技能的老年人望而却步。

可见，从形式上看，我国老年人数字素养教育的模式是由政府主导、制定政策、下拨资金为数字素养教育提供保障。但是，在具体实施老年人数字素养教育的过程中，主要由社区中心、图书馆、老年大学来实施，且这些实施机构之间几乎是独立进行数字素养教育的，少有机构间的互相合作。此外，我国目前还未建立数字素养教育门户网站，老年人的数字素养教育更多的是面对面教育。[①]

---

① 罗艺杰. 国内外老年人的数字素养教育模式研究［J］. 图书馆学刊，2018（5）：20-26.

二、老年人数字素养教育的实施策略

为了提升老年人数字素养与技能，由“不能用，不会用，不想用”转变为“能用，会用，想用”，需立足于老年人的数字化需求，大力开展老年人数字素养教育，构建数字素养与技能培育体系，不断推进老年人高质量数字养老工程建设。

（一）以政府为主导，引领老年人数字化培育方向

一是抓好顶层设计，制定有利于老年人数字素养与技能提升的政策制度、法律法规。推出与国际接轨的积极的老年人数字素养与技能标准及数字化平台。针对老年网民对互联网不太熟悉、易轻视谣言的特点，政府需加强数字市场监管，警惕诈骗，制定相关规章制度，防范数字风险。二是积极布局数字化基础设施适老化建设。以数字包容的视角关注老年人等弱势群体的数字化基础设施适老化建设，满足老年群体在数字资源获取、接入使用等方面的需求。三是针对老年人经济能力较弱的特点，国家应适当给予老年人数字资源接入上的特别照顾。对于购买数字产品与服务的老年人应予以适当补助，如对老年人购机补贴、推出流量优惠套餐等。[①]四是大力发展老年人数字素养公益教育。政府应该多投入一些补贴与资金给予老年大学，让全国各省区市老年大学的数字素养教育培训班争取都实行免费政策，吸引更多的老年人学习使用电脑等数字设备，让他们享受数字技术带来的红利。[②]五是基于老年人身心功能逐渐衰退，在数字资源使用上处于劣势的特点，国家可考虑推出老年人数字资源使用特别服务权。如可要求医院、银行、交通及政务等公共服务部门或机构，在自助缴费机、报告打印机、扫码处等设施附近，安排志愿者优先为老年人提供使用上的帮助和服务。[③]在“互联网+养老”的国家政策导向下，国家层面应为老年人积极有效地跨越数字鸿沟，创造更良好的数字化环境。六是建立专门的数字素养网站，推进自主学习。目前为止，我国还没有建立专门

---

① 何铨，张湘笛．老年人数字鸿沟的影响因素及社会融合策略［J］．浙江工业大学学报（社会科学版），2017（4）：437-441.

② 罗艺杰．国内外老年人的数字素养教育模式研究［J］．图书馆学刊，2018（5）：20-26.

③ 刘为勇．民生视角下老年人数字享益权及其法治化保障［J］．理论月刊，2021（10）：118-129.

的数字素养学习网站。而国外，尤其是美国与澳大利亚都不约而同地建立了专门的老年人数字素养教育门户网站。因此，我国应该成立国家级的数字素养教育门户网站，介绍我国常用软件的使用方法，并开设老年人板块，为老年用户自主学习提供便利。成立数字素养教育门户网站有以下几个方面的益处：首先，节省人力、物力及财力。开设针对老年人的数字素养在线课程，可以节约因培训用户而付出的巨大的人力、物力、财力，这对于改善我国的老年人数字素养教育现状，无疑是最佳的办法。其次，丰富教学内容。网络在线课程是利用多媒体技术如视频、音频、动画等进行上课的，这些手段的利用不但可以使枯燥的课程内容变得生动形象，还可以提高用户学习的积极性，让用户更好地理解课程内容。最后，方便老年人，凸显人文关怀。对老年人尤其是一些行动不便或者体弱多病的老年人来说，外出学习是不现实的。但是，通过在线课程可以很好地解决该问题，让这一部分老年人通过网络自主学习数字信息素养，并融入数字生活中。[①]

（二）整合社会力量，发挥合力优势

我国数字素养教育不能仅凭图书馆一己之力，也要借助协会、企业等不同层面的力量和制度优势，不断提升社会公共事务参与度和贡献度。图书馆在此基础上负责进行具体推进与实施。

协会层面要发挥协调合作、细则制定等作用。中国图书馆学会作为顶层机构，要继续发挥引领、导向、协作等功能，制定具体实施细则及时间表，同时，要督促各省、自治区、直辖市图书馆学会发挥相应作用，保障各公共图书馆切实承担起社会责任，做到守土有责、守土担责、守土尽责，充分学习高校图书馆在数字素养教育中的成功经验，拓展合作领域，实现资源共享、师资共享、服务共享。如英国联合信息系统委员会（JISC）鼓励高校在线教育资源向社会公众开放，以弥补公共图书馆的不足。

企业层面应发挥技术研发、平台搭建等作用。多数图书馆技术力量相对薄弱，可以通过业务外包、服务购买、技术引入等方式，借助企业

① 罗艺杰. 国内外老年人的数字素养教育模式研究［J］. 图书馆学刊，2018（5）：20-26.

力量为数字素养教育提供相应的技术、平台等支持。如中国大学MOOC是网易支持下建立的开放学习平台，提供了与数字素养教育相关的课程。此外，学堂在线、学习强国、哔哩哔哩、抖音等平台也提供了非常稳定、流畅的视频服务或直播服务。公共图书馆也可以开通官方认证号，发布数字素养教育课程或进行直播服务。[①]图书馆与企业合作，图书馆还可以在资金与人手上获得补充，因为图书馆服务的对象众多，预算与人手历来是大部分图书馆的短板，通过合作可以改变图书馆老年数字素养教育心有余而力不足的状况。而相关企业可以借此推广自己的企业、提高产品使用率、增加企业用户的忠诚度等，这是一个双赢的方案。

此外，一些公益组织或杂志社也在为全民数字素养教育出谋划策。《图书馆杂志》在2021年第2期通过“专家笔谈”栏目，以“图书馆与数字包容”为主题展开讨论，主要围绕弥合数字鸿沟、促进数字包容、提升数字素养等内容进行深入探讨。[②]《图书馆论坛》在2021年第11期以“提升全民数字素养与技能：新时代图书馆的新担当”为主题，组织专家笔谈，得出“图书馆是培育全民数字素养的重要基地”“提升全民数字素养是新时代图书馆的新担当”等重要结论，图书馆应该在未来的数字素养教育中发挥核心作用。2021年12月31日，由中国人民大学书报资料中心策划的“2021年度中国图情档学界十大学术热点”正式发布，“从信息素养到数字素养的国家行动与学术阐释”入选，数字素养教育已成为行业关注热点，将进一步引领数字素养教育的研究与实践。[③]

（三）丰富数字素养教育内容，加强供给

数字素养教育通常围绕信息检索与利用、计算机与软件使用、网络信息甄别、智能终端使用等内容，针对不同受众群体的需求特征提供不同的内容和供给。如美国麦克阿瑟基金会专门针对青少年群体推出“数字化青春”项目，旨在利用数字媒体改变青少年群体的学习与

① 杜希林，孙鹏．我国公共图书馆数字素养教育研究——基于数字时代全民数字素养教育的视角［J］．学术论坛，2022（7）：19-26，53．

② 饶权，麦肯齐，莱特纳，等．弥合数字鸿沟 促进数字包容：信息社会中图书馆的新使命［J］．图书馆杂志，2021（2）：4-19．

③ 图情档学界．重磅消息：2021年度中国图情档学界十大学术热点发布！［EB/OL］．［2021-12-31］．https://mp.weixin.qq.com/s/5zfI2WVKW7h8UoA7UOkiXw．

生活方式。[①]新加坡根据《数字化就绪蓝图》中对能力的要求，把数字素养教育内容分为三个层次，分别是信息管理、沟通和交流，以有效服务“智慧国”的建设理念，让不同群体都能够自信、有效地利用技术。[②]在我国，公共图书馆更要注重人文素养教育，目前数字素养教育内容较为匮乏，只有北京、上海、广州、深圳等城市相对较好。其中，广州的公民数字素养教育最为成熟，约半数以上广州公共图书馆把数字素养教育纳入制度规范，内容上以信息能力、计算机素养、图书馆素养为主，甚至包括电子地图与导航使用、医疗预约与挂号、购买火车票等[③]，但也存在对一些特殊群体关注不够、内容不匹配等问题，仍需进一步完善。

从全国公共图书馆数字素养教育内容与供给看，公共图书馆要重点关注以下三方面内容：

一是层次性，基于内容层面的精细化组织。如美国的数字素养教育网站呈现了较强的层次性，不同网站承担不同的主题内容和功能，分为数字素养实践与合作、基础数字技能、网络教学资源、计算机技能、数字素养课程等。新加坡把数字素养教育实践分为信息技术类、信息检索类、信息识别类、健康信息类、综合类等。加拿大纽芬兰把数字素养分为基本素养、生活和工作技能、学习和改革技能等。我国公共图书馆在组织数字素养教育内容时，不能把所有内容混杂在一起，要分门别类，有层次、有主题、有指向，便于用户索取，具体见表6-1。

二是针对性，基于受众群体视角的高度匹配和精准施策。根据受众群体的年龄、地区、学历、工作、性别、目的、需求等特征，组织具有较强针对性、匹配度的数字素养教育内容，而不能千篇一律。如澳大利亚数字素养教育设置了专门针对老年人和土著居民的内容。广州图书馆也把用户分为青少年、成年人、老年人等，以便能够为其提供有针对性的内容。[④]

① 廖梦夏．数字素养路径下青少年数字素养与赋权——基于美国“数字化青春”项目的发现与反思［J］．科技与创新，2015（1）：4-5.

② 惠佳菁，董丽丽．新加坡国民数字素养提升的具体举措与启示——基于《数字化就绪蓝图》的解读与思考［J］．世界教育信息，2020（8）：36-41.

③ 王春迎，李良瑜．新加坡公共图书馆公众信息素养教育发展实践及启示［J］．图书馆学研究，2021（7）：94-101.

④ 江海潮．广州市公共图书馆信息素养教育调查［J］．图书馆论坛，2022（10）：1-13.

表6-1　　数字素养教育内容层次划分

模块	内容	功能
初级篇	数字素养内涵、意义、重要性，数字基础设施、数字产业、数字民生、数字政府、数字产品、数字服务、数字教育、数字医疗、数字养老、数字金融等建设状况及未来发展态势	普及数字素养知识，建立认知
中级篇	计算机操作、无线网络搭建、网络信息查询、工具软件介绍与使用、智能手机使用以及基于智能手机的软件安装、移动支付、网络购物、在线学习、预约挂号、隐私保护、信息甄别、金融服务、视频剪辑等	培养基础型数字素养能力
高级篇	针对学术、科研、教育等的资源检索、挖掘、组织与利用，包括竞争力分析、决策报告研制、知识产权管理、论文写作指导、数据库利用、课题指导、投稿指南等	培养高阶型数字素养能力

三是系统性，保障知识结构的完整与有效。在数字素养教育内容的组织与设计上，要防止知识的碎片化和断章取义，要保证用户接收到的知识内容的完整与有效。比如，关于图书馆资源的介绍与应用专题，一定要实现相关内容的完全覆盖和聚焦，帮助用户建立系统化的素养与认知。[①]

（四）发挥老年大学功能，做好数字素养类课程开发顶层设计

随着中国人口老龄化加剧，信息化、智能化的迅速发展，不仅会给老年人生活带来更多的不便，也会有越来越多的老年人被网络科技信息边缘化，从而成为“数字贫困”户，老年人需要学习数字素养类课程以提升数字生活能力。各地各级老年大学应积极发挥教育功能，做好数字素养类课程开发顶层设计。

1.各部门做好规划与配合

老年大学行政主管部门应牵头抓总，做好顶层设计、出台支持政策、推进重点领域工作，从而促进老年教育数字素养类课程的开展。在宏观政策上，老年大学的行政主管部门应组成数字素养类课程推进部门，提出建议、编制方案，尽快制定相关政策。各地老年大学应统合本校资源，成立数字素养类课程教学支持服务和管理小组，负责对本校数

① 杜希林，孙鹏．我国公共图书馆数字素养教育研究——基于数字时代全民数字素养教育的视角［J］．学术论坛，2022（7）：19-26，53．

字素养类课程进行统筹安排；保障教学软、硬件设置的完善；成立技术团队负责解决教学的课程制作、课件资源下载、解决授课时出现的技术问题、负责维护课程平台和互动论坛，为教师开课提供技术保障。授课老师应负责制订教学计划和课程标准，负责组织教学效果评估，负责在教学中改革教学方式方法，充分利用新媒体手段开展授课。

2.建设高标准的师资队伍

开设数字素养类课程，聘请任课教师，应按照“政治思想过硬、业务素质高、教学经验足、热爱老年教育”的标准，采取各专业部门举荐、面向社会公开招聘、教师培训基地委培、从优秀学员中选聘等办法，建立一支以专家学者为主的高标准的教师队伍。要强化教学目标管理，加强考核，对优秀的教师予以奖励，对考核不尽如人意的以及学员反映有意见的教师进行劝退，保证教师队伍质量；要坚持以待遇留人、以情感留人、以事业留人，要适当提高课酬，培养和选树好名师、优质课教师，不断提升老年大学授课教师的存在感、获得感和社会价值感，激励和带动更多的社会优秀人才积极投身老年教育事业。

3.探索高水平的授课内容

老年学员到老年大学学习是为了实现年轻时候的兴趣或梦想，充实自己的闲暇时光。如果坐在课堂上面对单调枯燥的书本知识，完全感觉不到学习的必要性，大多数老年学员就会放弃所学课程；如果上课都是以“一言堂”的方式进行，老年学员久而久之也会失去学习兴趣。另外，老年学员对课堂教授内容的呈现形式，通常会有特殊偏好。如授课教师语音清晰度应较高、语速应较缓、课件文字字体应较大、书面排版不能过于复杂，知识密度不能过高等，这些都对老年大学数字素养类课程内容提出了更高的要求。老年大学数字素养类课程的授课方式也非常重要。如比较难的课程要加强课后辅导，老年学员年纪大、反应慢、记忆力差，需要听课后，授课老师采取个别辅导，一对一再教、再帮、再学，直到学会学懂为止。再如授课时采用小组学习法，组织四五个老年学员在一起共同听课，再一起讨论研究，取长补短，互相学习，进步更快更好。[①]

① 张国杰，孙朝霞. 疫情防控背景下老年大学开展在线教学的实践探索——以广州老年开放大学为例［J］. 高等继续教育学报，2020（5）：66-70.

4.深入社区推进数字素养类课程

开设数字素养类课程，各地各级老年大学应融入各街镇社区、街道、养老院和日间照护中心，采取多种方式，送智能技术学习到家，为老年人学用手机搭建平台，采用办班“教”学、上门“送”学、结对“帮”学等多种形式，根据老年群体的实际情况，在集中培训学习的基础上，帮助“零基础”的老年人克服学习困难，掌握基本操作技能，消除老年人学习信息技术的心理障碍，进一步激发老年人的学习热情。[①]

（五）多维整合，创新数字素养教育方式

“新媒体传播不仅改变着人们交流与传播的方式，也挑战着公众获取、使用和传播信息的新媒介素养”。[②]老年人作为社会的重要群体，在数字素养方面有着数字媒介接触的弱势性、媒介信息解读的差异性和媒介互动的被动性等鲜明的特点。曹海涛、宋蕾、余佳对此进行了深入研究，提出在数字素养教育中，基于老年人的这些特点，创新数字素养教育方式，分别采取体验式教育、个性化教育和参与式教育，就能切实提高老年人的数字素养，达到把老年人培养成为“主动阅听人”的目标。[③]具体包括以下三个方面：

1.改变老年人数字媒介接触弱势性，开展体验式教育

老年人数字媒介接触的弱势性表现为：一是数字媒介接触的频度不足，新媒体“是当今我国老年人接触最少的媒介”[④]，老年人缺乏与数字媒介接触的频度，体验缺失；二是数字媒介接触的程度不深。“数字鸿沟”是老年人媒介接触的主要障碍，尤其是在互联网技术发展迅速的当下，会使老年人在社会中的地位和话语权丧失，不但会导致其逐渐被社会孤立，更会直接影响他们参与日常社会生活。

对于老年人在媒介接触中“数字鸿沟”的存在以及所造成的数字媒介学习的体验不足现象，需要体验式教育。只有老年人在接触数字媒介

① 陈黎．数字贫困背景下我国老年大学信息素养类课程设置探究［J］．公关世界，2021（14）：92-93.

② 张艳秋．理解媒介素养：起源、范式与路径［M］．北京：人民出版社，2012：10.

③ 曹海涛，宋蕾，余佳．传播理论视阈下的老年数字素养教育［J］．今传媒，2021（9）：17-22.

④ 陈勃．对“老龄化是问题”说不——老年人社会适应的现状与对策［M］．北京：北京师范大学出版社，2010：2

时，不断体验到数字媒介的优势，才能使老年人对于数字素养教育抱有主动学习的意愿和采取积极的学习行动。

2.应对老年人数字媒介解读差异性，开展个性化教育

由于老年人的职业、教育背景、生活方式、经济状况不同，老年人作为信息传播的受众具有明显的分层性。老年人的社会分层导致老年教育出现层次化要求，“相应地，我们在老年教育的实施过程中也应该凸显分层”。[①]在老年人数字素养教育中，以往的方式是强调群体性质的教育传播，对老年受众的“分层性教育”推进不足，较少细化到不同文化层次、家庭背景、个性特点、兴趣爱好和接受意愿的老年个人或群体。这样易造成老年人对媒介信息的“解码”能力呈现出较大的差异性，进而造成信息解读与信息接受能力的差异化，这种差异性会反过来形成“马太效应”，信息富有者的知识增加速度越来越快，与信息贫困者的差距也越来越大，影响不同老年人的数字素养的进一步学习和教育。为应对老年人数字媒介解读的差异性，必须对老年受众进行细化，并开展个性化教育，采取分众传播，实现教育内容“精准送达”。

3.增强数字媒介传播交互性，开展参与式教育

老年人身心、文化、社会等方面的弱势性与社会上一定程度的“年龄歧视”，导致老年人的互动性缺乏，呈现出数字媒介互动的被动性，从而影响数字素养教育传播的效果，呈现出“弱效果”的现象。而当今数字媒介已将社会带入一个由使用者广泛参与的互动传播系统，在新传播语境中，传者与受众的界限已经模糊，两者呈现出融合趋势，从接受者的角度来看，接受信息的主动性或自主性越来越强，越来越多的接受者同时兼有传播者的一切属性。老年人数字素养教育也要适应数字媒介的发展趋势，我们应采取措施，鼓励老年受众向“受众+传者”的角色转化；在这种“传受融合”的转变中，老年人的主动参与是数字素养教育提升的重要路径。

数字媒介网络的多节点互动交往，发挥了数字媒介的“应用性优势”，也产生了数字素养的“参与式学习”，催生了“参与式教育”。从

① 张东平，宋亦芳. 老年教育社会学［M］. 上海：同济大学出版社，2014：11.

"参与式教育"的传播路径来看，作为分布式节点中的一部分，老年人或老年群体可以借助自己独特的数字媒介素养学习的知识和经验，向其他节点的人学习，和其他节点的人进行交流共享；从"参与式教育"的传播内容来说，老年人通过数字媒介进行人与人、人与组织或社群间的文字、图片、语音、视频等方式的人际交往、亲情交流、文化活动、"互哺教育"、教学管理等；从"参与式教育"的传授主体来说，既包括老年人个体点对点的互动，又包括老年群体和其他群体（如青少年群体）的互动，还包括老年人参与的数字媒介所联通的社交群组（如虚拟课堂、老年数字学习共同体、老年云端"朋友圈"等）的互动。基于"传受融合"的参与式教育促进了老年人媒介互动，拓展了自身以及老年群体的话语空间，加强了基于新媒介载体的情感交流，促进了家庭和睦、社区和谐、社会安定，也使得老年人数字素养在参与教育管理、知识建构和媒介互动中进一步养成和深化。[①]

数字经济是国家经济发展的重要方向，提升全民数字素养与技能，是顺应数字时代要求、提升国民素质、促进人的全面发展的战略任务，是实现从网络大国迈向网络强国的必由之路，也是弥合数字鸿沟、促进共同富裕的关键举措。在"人口老龄化"和"数字化"双重叠加背景下，老年人日益增长的高质量数字化产品和服务的使用需求与老年群体数字素养技能提升不足之间的矛盾尤其突出。[②]图书馆作为全民终身学习的重要场所和实施主体，应该承担全民数字素养教育的时代使命，重点关注"老年人数字弱势群体"在数字生活、数字工作、数字娱乐休闲、数字学习等方面的数字化需求，承担起老年人数字素养教育的神圣职责，注重构建知识更新、创新驱动的数字素养教育体系，积极推进"老年人数字扫盲工作"，提升老年人的数字化适应力、胜任力、创造力，为图书馆数字阅读推广奠定坚实的基础，以促使老年人群体更好地融入数字化社会。

① 曹海涛，宋蕾，余佳．传播理论视阈下的老年数字素养教育［J］．今传媒，2021（9）：17-22.

② 刘振春．数字养老视角下老年人数字素养与技能需求及培育问题研究［J］．国际公关，2022（10）：167-169.

第三节　老年人数字阅读推广存在的问题与应对策略

明确老年人数字阅读推广中存在的问题，有针对性地采取相应策略，才能更好地促进老年人数字阅读推广。

一、老年人数字阅读推广中存在的问题

图书馆作为阅读推广活动的主要力量，近几年面向老年人阅读的推广力量不容忽视，必须加以重视。然而就目前公共图书馆数字阅读的推广来看，推广程度依然不够深入。这需要图书馆发现推广问题，并提出有效的解决措施。我国图书馆数字阅读推广现存问题主要表现为以下三个方面：

（一）工作人员管理理念存在问题

图书馆工作人员是老年人数字阅读推广工作的主要参与者，以其为切入点进行分析可知，图书馆现有工作人员对数字阅读推广工作重视程度不足。在日常工作中，传统工作模式仍为主要工作模式，严重限制了公共图书馆数字阅读推广工作。除此之外，某些工作人员对新型网络阅读技术了解程度不足，导致在实际工作中，所制订的工作计划无法顺利落到实处，对实际工作质量造成严重影响。[①]

（二）对老年人提供针对性服务不够

老年读者的阅读体验可以反映图书馆发展情况。从对当前所开展的图书馆数字阅读推广工作分析可知，某些图书馆并没有针对老年读者需求进行具体分析，导致所制订的工作计划缺乏针对性，无法调动老年人的阅读需求。除此之外，在认识方面工作人员也存在很多的问题，主要表现为工作人员缺乏数字阅读服务意识，无法为读者提供优质的数字阅读服务，影响了老年读者的阅读体验。

（三）数字资源投入力度不足

当今，图书馆资源数字化程度决定了图书馆的工作质量。对我国实

---

① 罗艺杰. 国内外老年人的数字素养教育模式研究［J］. 图书馆学刊，2018（5）：20-26.

际情况进行分析可知，我国图书馆数字资源资金投入力度不足，影响了公共图书馆数字资源数量与资源转换效率，对老年人数字阅读推广工作进度造成了影响。同时，部分公共图书馆并没有以网络技术为基础搭建网络信息共享平台，使得资源分配方面存在一些问题，给老年人阅读推广工作造成了一定阻碍。[①]

二、老年人数字阅读推广的策略

在数字技术和计算机技术迅猛发展的情况下，图书馆事业发展已经进入了数字化时代。图书馆应充分发挥其社会教育、信息传播的职能，利用资源优势，创新数字阅读推广模式，引领全新阅读生活。具体地，数字阅读推广应着重采取以下策略。

（一）打造平台，了解需求

建设作为数字阅读平台的图书馆，要加强数字资源建设与整合力度。多采购最新的、高质量的、有品位的数字资源，可采取共建共享数据库资源或建设本地数字图书馆联盟的方式，以低成本共享更多数据库资源和其他类型的数字资源。另外，图书馆要重视自建特色数据库。了解读者的数字阅读需求，开展各种阅读素养培训活动和阅读推广活动，调动读者利用图书馆进行数字阅读的兴趣，将图书馆打造成数字阅读的乐园和平台，努力建设健康的数字阅读生态[②]。在“互联网+”思维下，图书馆要利用大数据挖掘与追踪技术，对用户的阅读习惯、涉猎的专业进行全面分析，为其提供个性化的服务。如西安图书馆主页除设置了专门的数字阅读链接，以方便读者查询、下载信息外，还创建了“读者反馈”板块，图书馆工作人员既可在线即时解答读者的问题，也可通过留言的方式给予读者回应。总而言之，为读者打造个性化、互动式的网络平台，一方面能够方便用户自助获取数字资源，另一方面也可有效拓展图书馆移动数字阅读推广的服务范围。[③]

① 赵志豪. 我国公共图书馆数字阅读推广模式与创新研究［J］. 江苏科技信息，2022（4）：30-32.

② 许桂菊. 公共图书馆推进数字阅读的实践与思考：以上海图书馆数字阅读推广服务为例［J］. 图书馆，2017（4）：21-25.

③ 于伟. 基于“互联网+”思维的图书馆移动数字阅读推广服务模式研究［J］. 河南图书馆学刊，2017（4）：13-15.

（二）黏合读者，完善服务

数字推广媒介是连接读者与图书馆之间的纽带。随着移动通信设备的普遍使用和网络技术的迅猛发展，社交媒体平台日渐凸显出各自的优势，各公共图书馆纷纷借助“三微一端”（微博、微信、微视频和移动客户端）为用户提供微服务①。为了获得较高的访问量和关注度，提升图书馆影响力，不仅要及时更新推送服务，提高推送频率，还要注意推送内容的广泛性、多样性，并不断完善其互动分享等功能。图书馆的服务对象是读者，要想让读者利用图书馆提供的服务，就必须提高社交媒体平台的用户黏合度。这体现在资源和服务两个方面。从资源内容角度看，如今无论是微博还是微信，都具有分享功能强大、内容生动有趣的特点，而图书馆作为推广全民阅读的教育性社会公众服务机构，应注意资源内容发布的权威性、独创性、优质性、即时性，为公众提供不同于普通媒体平台的优质信息资源，深化数字阅读内容，淡化浅阅读观念，并突出分享与用户评论等开放性功能；从服务角度看，图书馆公众服务平台除了推送动态信息、活动预告等内容外，应更加注重为读者提供基础性服务，如业务办理、馆藏查询、咨询服务等，尽量实现读者利益最大化。②

（三）全面评价，构建体系

数字阅读推广已经成为图书馆的一项重要工作，但是数字阅读推广的成效评价一直没有被重视，没有构建一套标准的效果评价与监督体系，对数字阅读推广进行约束和指导。为了使数字阅读推广活动的效率和质量得到保障和提升，并以制度化的形式形成一种延续，需要图书馆制定有效的评价与监督体系。③图书馆阅读推广活动结束后，需要通过科学的方法来评估读者的阅读能力水平和推广活动的总体效果，总结经验教训，方便今后更好地开展数字阅读推广活动。针对数字阅读推广完整的评价机制主要包括评价实施办法、评价领导小组、评价

① 史江蓉．自媒体时代公共图书馆微服务体系的构建［J］．图书馆论坛，2016（8）：133-136.

② 严贝妮，鞠昕蓉．我国公共图书馆数字阅读推广模式与创新研究［J］．图书馆，2017（10）：62-65.

③ 张泸月，熊芳．阅读推广视域下用户参与协同服务与用户满意度关联研究［J］．图书馆工作与研究，2017（2）：45-50.

指标体系、评价考核小组、评价信息收集、评价信息反馈等，其中明确（数字）阅读推广活动评价指标尤为关键。我国《图书馆评估标准》[①]只对图书馆阅读推广工作开展的活动次数、活动人次、服务宣传周等作了粗略的要求，对于活动规模、类型、效果没有详细的参考指标，更没有对阅读推广尤其是数字阅读推广活动提出明确目标[②]，因此图书馆应首先对阅读推广活动指标进行细化和充实，建立科学合理的评价指标体系。该指标体系应包含两方面内容：首先是基于图书馆的阅读推广活动评价指标，如是否合乎预算、是否节约经费和人力、是否影响其他业务、媒体报道量多少、参与人数多少、阶段性目标是否实现等[③]；其次是基于读者的阅读推广活动评价指标，如活动创意性、宣传口号特色性、环境幽雅性、推荐书目有用性、读者满意度比例、读者网上阅读社区活跃度、读者注册人数、读者数字阅读浏览次数和停留时间等。对数字阅读推广工作进行全面、系统的评价，有助于实现对数字阅读推广的内容、形式、方法和途径等进行精细化的管理与引导，形成数字阅读推广的策划、组织、评价、反馈、调整等整个流程的良性循环，保证数字阅读推广活动取得预期成效，形成具有较高文化价值与承载力的阅读推广体系。[④]

（四）面向老年，措施有力

当前，我国老龄化人口急剧增加，老年人成为公共图书馆的重要服务对象，为老年人提供具有针对性的服务，是体现公共图书馆服务特色、实现社会价值的重要举措。为此，图书馆要面向老年人，采取促进老年人数字阅读推广的以下有力措施：

1.提高老年人信息素养

图书馆可以举办各种技能培训活动，例如手机培训班、数字资源利用培训班、电脑培训班等，从而提高老年人的数字阅读能力。在开展活动过程中，应结合老年人的自身特点及技能水平的差异性，开设

---

① 图书馆评估标准［EB/OL］.［2014-04-29］. http：//wenku.baidu.com/view/878b6540a8956bec0975e370.html.

② 杨婵. 图书馆阅读推广活动的反思与重构［J］. 四川图书馆学报，2011（2）：58-61.

③ 王波. 图书馆阅读推广亟待研究的若干问题［J］. 图书与情报，2011（5）：32-35，45.

④ 吴高. 基于5W模式的我国高校图书馆数字阅读推广研究［J］. 现代情报，2014（9）：115-119.

基础班、中级班、高级班等难度各异的培训课程。由于数字阅读使用的设备多种多样，主要包含台式电脑、手机、平板电脑等，多种多样的阅读设备也决定了老年选择阅读设备的差异性。开展技能培训时，依据设备的不同设置区分模块课程，从而满足不同读者的需求。此外，针对老年人记忆力差、应用能力差和反应能力差等情况，可编写专门的图文教材，使其更容易理解记忆，提高老年人熟练掌握阅读工具的能力。

2.加大数字资源宣传力度

图书馆在面对老年人数字阅读推广时必须加强数字资源的推广力度，加大宣传力度，让老年人充分认识到数字阅读的便捷性。对和老年人生活密切相关的主题资源加大宣传，吸引老年人的阅读兴趣，促进数字资源利用率的提高。大部分老年人都喜欢健康和养生方面的信息，针对这个特性公共图书馆可开展关于此类主题的推广活动。图书馆在进行宣传时可从两个方面入手：首先宣传公共图书馆的形象。很多老年人对图书馆的利用存在疑虑，他们多认为图书馆是神圣不可亲近的，是知识的殿堂，受到这种心理认知的影响，老年人很难迈开脚步走进图书馆，因此图书馆需要向老年人展示其亲切、便民的形象，使老年人对其充分信任，能够主动走进图书馆。其次是利用新媒体对数字资源进行宣传，例如在重大阅读节日宣传图书馆数字资源及设备的使用方法等。

3.强化图书馆的服务意识

图书馆自身服务意识的强化是保障图书馆服务质量的基础，因此在面对老年人时，工作人员必须重视加强自身服务意识，从言语、行动、细节等方面加强服务意识，体现出图书馆的人性化特征。首先，在为老年人服务时，工作人员需认识到老年人的社会认可需求，在服务过程中表现出对老年人的充分尊重。其次，工作人员在服务过程中需使用亲切的语言，面带微笑，创造一种温馨的阅读氛围，缩短工作者与阅读者之间的心理距离。最后，在工作中主动与老年人沟通，及时发现他们在阅读过程中遇到的困难，发现问题后及时给予帮助和解决，不断提高服务质量。

4.创新老年人数字阅读推广活动

目前图书馆面向老年人的数字阅读推广活动形式比较单一，缺乏创新性和个性化服务。我们可以利用媒介来增加、丰富服务内容。如某图书馆推出电子阅读器外借服务，利用电子阅读器为推广媒介，鼓励老年人体验数字阅读，使其能够体会到尝鲜的感觉，也有效解决了弱势群体数字阅读的需求。这种阅读形式的推广改变了传统文献载体的形式和约束力，激发了老年人的需求。还可以积极举办老少共同阅读的活动，将孩子教父母使用新媒体的互动搬到图书馆。例如，手把手地教使用微信等社交平台，不仅帮助老年人掌握数字阅读，还能加强老年人与子女之间的关系。此外，图书馆还可与养老院、老年大学等社会机构共同合作，一起举办数字阅读活动，使老年人真心接受数字阅读并爱上数字阅读。[①]

（五）加强培训，提高素养

提高馆员的数字素养能力，建设专业人才队伍推广数字化阅读，并想做大做强，没有一支专业队伍基本上是不可能实现的。为了更好地开展数字阅读服务，图书馆应对相关馆员的专业知识和数字素养及服务意识提出更高的要求。[②]图书馆内部有必要建立制度化的馆员培训制度，制订合适的学习计划，并对馆员学习效果予以考核，以完善馆员知识结构，快速提升其数字阅读导读能力。在馆员整体素质提升的背景下，建立学科馆员制度，选拔培养优秀的人才作为学科馆员，让其不断学习研究各种数字资源，确保为读者提供更深层次的数字资源导读和培训服务。[③]

第四节　案例探讨

济南市图书馆的数字阅读推广

伴随文化资源数字化进程的加快，图书馆也逐步向数字化转变，数字阅读推广逐渐成为公共图书馆的新使命。近年来，济南市图书馆积极

---

① 王瑜，郭志勇．面向老年群体的公共图书馆数字阅读推广工作探讨［J］．江苏科技信息，2019（4）：18-20.

② 周德明，林琳，唐良铁．公共图书馆转型发展的思考与实践——以上海图书馆为例［J］．图书馆杂志，2014（10）：4-12.

③ 吴高．基于5W模式的我国高校图书馆数字阅读推广研究［J］．现代情报，2014（9）：115-119.

通过开展数字阅读推广活动，构建了数字阅读推广常态化机制。

1.济南市图书馆数字阅读推广常态化的基础

（1）丰富的数字资源储备。随着互联网技术的发展及各种移动终端的普及，纸质文献一统天下的格局被颠覆，数字资源登上了阅读的舞台。公共图书馆数字阅读推广要建立在数字资源建设的基础上。济南市图书馆非常重视数字资源建设，数字资源在济南市图书馆的馆藏资源中占了很大的比例，同时种类也很丰富，包括自建资源、专题资源、外购资源、共享资源、试用资源等，其中外购资源也包括多种资源类型，详见表6-2。除此之外，济南市图书馆还购置了科普讲座和科普电子书籍。数字资源大约占济南市图书馆馆藏资源的1/5，丰富的数字资源为数字阅读推广提供了现实基础。

表6-2　济南市图书馆涉及科普的外购数字资源

类别	数字资源名称
电子图书	方正电子图书、爱不释书童书馆
电子期刊	龙源人文期刊、知网学术期刊、维普科技期刊
电子报纸	方正电子报纸、全国电子报纸全文库
其他资源	济南市民网上大学、万方视频、E线图情、读秀学术搜索、国研信息、畅想之星光盘数据库、惠科新闻

（2）完备的数字阅读平台。互联网技术在公共图书馆的广泛应用推动了各类数字阅读平台的出现。从App的面世到图书馆微信订阅号的出现，民众获取信息的途径越来越多。为了能在时代的浪潮之下获得新生，济南市图书馆紧跟时代潮流，构建了适合自身特点的“书香泉城数字阅读平台”，并对原有网站进行升级，升级后的平台可兼顾PC和移动终端的访问，可以为读者提供更好的数字阅读体验，促进了优质资源向广大读者的分享。此外，济南市图书馆还推出了移动App，读者利用智能手机就可检索并阅读心仪的书籍。

2.济南市图书馆的数字阅读推广活动

济南市图书馆开展了丰富多彩的数字阅读推广活动，吸引了大批泉城市民并取得了良好效果。从2017年开始，济南市图书馆不断加大数字阅读推广力度，除传统推广模式外，还采用了直播、微博等线上推广模式，让读者足不出户就能参与到活动中。同时，济南市图书馆还创建了专属的阅读推广主题，如“书香泉城”系列数字阅读推广活动以及“数字济图”系列数字阅读推广活动。值得一提的是，“数字济图”系列数字阅读推广活动采用了多媒体直播的推广模式，将数字阅读推到了一个新的高度，扩大了济南市图书馆的影响力，同时也让越来越多的读者能在移动终端享受到同样的阅读服务，更好地激发了读者的阅读热情。具体内容，见表6-3。

表6-3　**济南市图书馆2017—2019年举办的数字阅读推广活动**

序号	主题	时间	地点
1	2017年“书香泉城”全民阅读数字资源广场行	2017.7	济南市图书馆
2	2017年手机图书馆邀您一起体验“指尖上的阅读”	2017.9	济南市图书馆
3	“书香泉城数字阅读”进网咖	2017.10	济南极技网络科技有限公司
4	泉民“云阅读”——“扫码看书百城共读”	2018.4	济南市图书馆
5	10分钟带你玩转数字资源	2018.4	济南市图书馆、微博
6	读经典　学新知　链接美好生活	2019.4	济南市图书馆、微博
7	悦读　悦听　悦览，码上同行	2019.4	济南市图书馆、微博

（1）以人为本，用创意聚集人气。公共图书馆的服务群体为广大民众，为进一步提升服务质量，图书馆需要了解读者的阅读需求并根据其需求及时调整服务方向和服务内容。为建成“书香泉城”，济南市图书馆推出了以“书香泉城”及“数字济图”为主题的系列数字阅读推广活动。活动采取线上线下相结合的推广模式，并通过微博实时播报、大屏现场直播等手段扩大活动的影响力。各种数字阅读推广活动的开展聚集了非常多的人气，也使读者可以摆脱空间束缚参与到推广活动中。

（2）打造精品，促进资源共建共享。打造精品活动是数字阅读推广的重要内容，济南市图书馆开展的“书香泉城”系列阅读推广活动及

“数字济图”阅读推广活动就堪称精品活动，这些活动让更多的读者对济南市图书馆有了新的认识，对数字阅读有了新的认识，同时也促进了数字资源的共建共享。济南市图书馆开展的部分数字阅读推广活动整合了全市的数字资源，利用了社会力量，联动了其他数字行业，以读者需求为导向推动了数字资源的共建共享，扩大了图书馆的社会影响力。[①]

（3）与时俱进，利用新媒体。互联网技术的不断发展及移动终端的普及要求公共图书馆不断完善数字资源、开展数字阅读推广，数字资源让阅读不再受时间和空间的限制。济南市图书馆开通的“书香泉城数字阅读平台”为读者提供在线看书、看报服务，读者足不出户就能徜徉在“书海”中。济南市图书馆还推出了“书香图书馆”，读者通过手机就能享受到海量的数字资源。数字阅读平台及手机图书馆打破了传统的阅读模式，为读者提供了全新的阅读方式。

济南市图书馆的数字阅读推广实践证明，在倡导全民阅读的大环境下，公共图书馆只有与时俱进才能促进资源的共建共享，从而推动整个图书馆事业的发展。

资料来源：石强．公共图书馆科普数字阅读推广常态化机制研究——以济南市图书馆为例［J］．河南图书馆学刊，2020（6）：31-33.

① 张恺．公共图书馆科普数字阅读推广实践与探索［J］．图书馆界，2018（2）：55-57，62.

第七章　老年人的红色阅读推广

阅读红色经典书籍有助于总结历史经验；

阅读红色经典书籍有助于把握科学思维；

阅读红色经典书籍有助于坚定理想信念；

阅读红色经典书籍有助于培育奋斗精神。

——刘巍巍[①]

2021年，为庆祝中国共产党成立100周年，全国各地掀起了红色阅读的热潮。内容丰富、形式多样的红色阅读推广活动纷纷上线，带领人们重温红色经典、学习建党历史、传承红色基因，这也成为当年全民阅读活动的重心和亮点。阅读是开展学习教育活动的基础环节，红色阅读推广活动是图书馆面向包括老年人在内的全体大众开展红色文化教育的主要方式。

① 刘巍巍. 阅读红色经典书籍在党史学习教育中的作用［J］. 新阅读，2021（6）：39-41.

第一节　红色阅读推广概述

为了更好地开展老年人红色阅读推广，我们需要先弄清“红色文化”“红色书籍”的含义、红色阅读推广的研究状况与定义、红色阅读推广的重要性等问题。

一、“红色文化”“红色书籍”的含义

红色阅读推广离不开“红色书籍”，“红色书籍”是党史的重要展现形式，也是“红色文化”的重要物质载体。想要了解“红色书籍”，首先要认清什么是“红色文化”。2003年，学术界首次提出“红色文化资源”的概念①，历经多年，出现了多种关于“红色文化”的阐释，学者们从广义和狭义的角度对“红色文化”的内涵进行了阐述。如《北京红色文化丛书》对“红色文化”做了狭义上的界定，将红色文化限定于1949年以前由中国共产党培育、形成和展现的革命文化。相对于狭义的概念界定，广义的红色文化内涵更符合社会公众对红色文化的理解，也得到了更多的认同。中国的红色文化是指中国共产党领导下的中国革命和建设过程中形成的革命理论、革命经验和革命精神凝结而成的革命传统，是中国先进文化的有机组成部分②，也是中国特有的一种文化。其包括中国共产党领导全国人民在长期斗争实践中形成的精神文化和物质文化。③

众所周知，书籍是文化的重要载体，因此，“红色书籍”可以理解为“红色文化”的重要载体。我们可以在百度上得到关于“红色书籍”最为经典且常用的描述：广义上的红色书籍，指所有有关中国革命题材的书籍，包括小说、诗歌、话剧等。对于“红色书籍”，很难找到一个权威的定义，我们不妨采用倒推的方式，先来看看究竟哪些书籍能被定义为“红色书籍”。最为常见的是红色经典④书籍，如“一个作家、两

① 渠长根．红色文化建设［M］．北京：红旗出版社，2017：1.

② 邓显超，邓海霞．十年来国内红色文化概念研究述评［J］．井冈山大学学报（社会科学版），2016（1）：29-39.

③ 王爱华，王刚，刘丽．红色文化艺术的时代阐述［M］．成都：西南交通大学出版社，2012.

④ 佚名．“红色经典”释义［EB/OL］．［2009-05-14］．http：//book.ifeng.com/special/hongsejingdian/list/200905/0514_6459_1158226. shtml.

本小说、七个样板戏”中的两本小说《金光大道》和《艳阳天》；“三红一创，青山保林”指八部长篇小说《红岩》《红日》《红旗谱》《创业史》《青春之歌》《山乡巨变》《保卫延安》《林海雪原》。①当时间轴的滚动条翻至21世纪，特别是近10年来，红色经典书籍的范围不断外延，全国各大书店、高校、媒体、出版社、网站等纷纷推出自己的红色书单。2011年，合肥市图书馆为建党90周年特别推出“百本红色推荐书籍”；2017年，首都师范大学政法学院公布了117部红色经典书籍推荐目录；2019年，江苏省全民阅读活动领导小组发布了“庆祝新中国成立70周年红色经典阅读活动荐读书单”，共有特别推荐、党史国史军史、新中国成就、英模人物、红色文学、少儿读物6个类别70种图书。《习近平的七年知青岁月》《红色家书》《中国智慧》等一册册体现时代精神、展现社会全方位变革的新的“红色书籍”开始走进大众视野，而不再局限于烙印在老一辈人心底的那些耳熟能详的“红色书籍”。由此，可将“红色书籍”定义为体现中国共产党革命精神，反映中华人民共和国各个历史阶段奋斗、建设全过程的各类题材的书籍，包括小说、诗歌、话剧、人物传记等。进入新时代，“红色书籍”不再仅指革命题材，其内容已外延至社会各行各业、各个领域、各类人物，成为整个社会红色正能量的重要来源。②

二、红色阅读推广的研究状况与定义

明确红色阅读推广的研究状况与定义，是图书馆开展老年人红色阅读推广活动的前提和基础。

（一）红色阅读推广的研究状况

国内关于“红色阅读推广”的研究始于2008年前后。现阶段，关于“红色阅读推广”的研究状况及其成果大致体现在以下四个方面：

1.关于红色经典阅读现状的研究

如马乙玉通过对大学生党员红色经典阅读现状的调查，提出应通过

---

① 佚名．文学史上的10部经典——“三红一创，山青保林”［EB/OL］．［2021-03-01］．http：//mil.news.sina.com.cn/2011-07-01/0442654841.html.

② 李欢．高校图书馆“红色阅读”推广模式的理论研究与实践探索［J］．大学图书情报学刊，2021（9）：25-29.

举办红色经典阅读活动、建立阅读平台、开展教育培训等方式提升大学生党员阅读红色经典的质量①；张秀兰等对数字青年开展红色经典阅读的必要性以及阅读现状进行调查，就面向数字青年的红色阅读策略提出建议。②

2.关于红色阅读推广活动及相关案例的研究

如史星宇以“红色的足迹：南京图书馆藏珍贵革命文献展”为例，提出图书馆应重视革命文献的保护和宣传③；余程淑等以杨尚昆故里红色教育基地为例，多角度阐述了该基地的红色文化阅读推广模式。④

3.关于红色资源建设及服务的研究

如胡桂梅提出高校图书馆应该通过对红色文化资源实施阅读推广策略，提升高校读者的文化自信⑤；伍巧等对国内红色文献的建设现状进行了梳理，并提出了图书馆红色文献的推广路径。⑥

4.关于红色主题阅览室、书店的研究

如程远等以江西省图书馆“红色图书馆”为例，探索以红色主题图书馆为基础持续开展红色阅读推广工作的可能性。⑦

总体来看，国内学者对红色阅读推广的关注程度并不高，相比红色阅读推广活动的蓬勃开展，“红色阅读推广”的理论研究明显滞后。

（二）红色阅读推广的定义

综合“红色书籍”“红色文化”以及“阅读推广”的相关概念，可以给“红色阅读推广”这样下定义：图书馆、出版机构、媒体、网络、政府及相关部门等为引导读者阅读红色文献，了解中国共产党领导下的中国革命历史、革命理论、革命精神，促进红色阅读而开展的有关活动

---

① 马乙玉．大学生党员红色经典阅读现状调查分析［J］．学校党建与思想教育，2016（18）：27-28.

② 张秀兰，于潇宇．我国图书馆数字青年红色经典数字阅读推广研究［J］．图书馆学刊，2021（6）：1-8.

③ 史星宇．公共图书馆藏珍贵革命文献宣传推广思考——以“红色的足迹：南京图书馆藏珍贵革命文献展”为例［J］．新世纪图书馆，2021（7）：47-50，87.

④ 余程淑，霍蕾．红色文化的阅读推广模式探析——以杨闇公杨尚昆故里为例［J］．大学，2021（50）：59-62.

⑤ 胡桂梅．基于文化自信的高校图书馆红色文化资源阅读推广研究［J］．河南图书馆学刊，2021（6）：40-42.

⑥ 伍巧，徐建华，陆艳．图书馆红色文献建设与推广路径［EB/OL］．［2021-08-08］．https：//kns-cnki-net-s.nudtproxy.yitlink.com：43/kcms/detail/44.1306.G2.20210516.1855.014.html.

⑦ 程远，陶涛，杨志强．空间再造老区红色图书馆助推常态化悦读服务创新实践［J］．老区建设，2020（8）：60-67.

和工作。[①]

三、红色阅读推广的重要性

阅读是人们获取信息资源的主要方式。若想提升国家凝聚力、弘扬中华民族的进取精神，少不了图书馆红色阅读推广的助力。基于现代社会发展现实，若想扩大图书馆的社会影响面，提升图书馆的信息服务质量，图书馆阅读推广活动也是不可或缺的。符合阅读人群生活习性与心理特征的阅读推广活动能有效调动其阅读积极性，在实现图书馆馆藏资源最大化利用的同时，对国家凝聚力的提升也能起到良好的促进作用。

作为“全民阅读”的重要构成元素和中华人民共和国成立初期前辈思想的结晶，红色资源是国内仅存且最为珍贵的反映革命思想的文献资源。珍藏在全国各大图书馆的红色资源不仅见证了国家科技的发展，而且对后辈们的精神文明建设有着重要意义。[②]但近年来随着我国与世界各国频繁的经济往来，西方参差不齐的文化思想逐渐传入我国。不可否认，西方文化思想中有我国科技、经济发展可借鉴之处，但腐朽、落后、反动的思想潮流混迹其中，对现代人的价值观念产生了负面影响。面对社会发展现实，尤其是在科技不断创新的今天，红色阅读推广的重要性尤为凸显。图书馆作为国内红色资源最多且最为全面的组织机构，从建馆之初就担负着传播人类精神文化、弘扬爱国思想的重任，因此在多元化社会发展进程中，加大红色阅读的推广力度显得尤为重要。[③]

第二节 老年人红色阅读推广存在的问题与应对策略

明确老年人红色阅读推广存在的问题，有针对性地采取相应策略，

① 周雅琦，牛宇．高校图书馆红色阅读推广研究——基于42所“双一流”建设高校图书馆的调研［J］．图书馆学刊，2022（7）：1-7.

② 王姝，魏群义，黄娟．高校图书馆阅读推广理论架构与实践——以重庆大学图书馆为例［J］．图书情报工作，2014（11）：73-76，103.

③ 姚慧君，刘玉婷，温盛勇．社区红色阅读推广模式创新途径初探［J］．传播与版权，2016（11）：138-140.

才能更好地促进老年人红色阅读推广，增强老年人红色阅读推广活动的效果。

一、老年人红色阅读推广存在的问题

红色阅读推广是图书馆传播红色文化、弘扬红色精神的有效途径。当前，图书馆在老年人红色阅读推广方面存在以下三点问题：

（一）缺乏长远规划，多依赖时节导向

在老年人红色阅读推广方面，许多图书馆缺乏长远规划，多依赖时节导向。当前，国家大力推动全民阅读，但是大部分图书馆没有真正把红色阅读推广工作纳入图书馆发展规划中。2021年，我国以“4·23世界读书日”为节点开展了一系列红色阅读推广活动，但是从调研数据来看，大部分图书馆红色阅读推广活动过于依赖时节导向，推广工作的开展过于随意、散乱，没有形成系统性。

（二）挖掘开发红色资源的主动性较差

图书馆挖掘开发红色资源的主动性较差，多依赖数字资源平台。从调查结果来看，虽然活动种类比以往多了，但是红色阅读推广活动还是以传统形式的图书推荐（图书展）、读书、征文、演讲为主。由于大部分图书馆缺乏对红色资源的深度挖掘开发，往往导致本馆红色资源没有实质性的内容和特色；在数字化方面几乎没有自主研发的红色数字资源，基本依靠试用、购买数字资源来充实。

（三）红色阅读推广的服务质量参差不齐

图书馆红色阅读推广的服务质量参差不齐，缺乏推广队伍建设。调研中发现，红色阅读推广活动主要集中在2021年，只有少数图书馆的红色阅读推广活动内容丰富、形式多元，还注重老年人的参与；大部分图书馆的红色阅读推广活动以单向推广为主。此外，图书馆阅读推广队伍建设较为薄弱，缺乏阅读推广相应工作职责的规定，很少有图书馆专设阅读推广部门，图书馆作为老年人红色阅读推广主体的作用难以发挥，推广质量难以保证。[①]

---

① 阿力贡. 地方应用型高校图书馆红色阅读推广现状与改进策略［J］. 新阅读，2022（9）：65-67.

二、老年人红色阅读推广的策略

无论是革命战争时期还是改革发展时期，都需要红色革命精神作为精神食粮，每个中国人，包括广大老年人在内，都需要红色文化的熏陶。从社会行业分类来看，图书馆属于信息服务行业，阅读推广活动的开展同样离不开理论与实践的协调发展。图书馆若想取得良好的红色阅读推广效果，需在综合利用红色阅读推广理论的基础上，完善推广模式，不断提高红色阅读推广服务水平。

（一）构建红色阅读推广理论框架体系

信息化时代，阅读推广服务已成为图书馆社会价值的体现及红色文化传播的重要方式。作为社会性传播活动的重要内容之一，要想在传播过程中取得良好的传播效果，阅读推广理论的建设将是推广模式建设与发展的关键。根据拉斯韦尔的“5W”理论来构建我国红色阅读推广理论框架体系（如图7-1所示），更贴近图书馆的实际。在拉斯韦尔的“5W”理论所梳理的框架体系之下，红色阅读推广的主体应为各类图书馆（包括公共图书馆和高校图书馆等）；阅读推广的内容应为红色文化的资料与文献；结合现阶段社会媒介发展现状来看，传统媒介、网络媒介及社区实地推广等都可以成为图书馆红色阅读的推广渠道；结合图书馆自身性质来看，公共图书馆受众中老年人占比较大，高校图书馆的受众则以青年学生为主，让身处社会多元化环境之中的人们被红色文化所感染，激发其爱国之情，提升国家凝聚力是图书馆红色阅读推广所要取得的效果。[①]

（二）持续化建设红色文化资源

红色文化产生于革命战争年代，红色文化资源大致可以分为遗址踪迹类、纪念文物类和文艺作品类[②]。因此，红色文化资源建设既包括纸质红色文化资源的入藏，也包括各类红色文化资源的电子化。从2020年开始，为庆祝中国共产党成立100周年，国内各大出版单位和图书策划公司组织出版了大量优质的主题出版物和红色经典读物，这充分反映

① 姚慧君，刘玉婷，温盛勇. 社区红色阅读推广模式创新途径初探［J］. 传播与版权，2016（11）：138-140.

② 渠长根.红色文化建设［M］. 北京：红旗出版社，2017：10.

出市场需求对文献出版的“指挥棒”作用。当前，红色文化资源的发展还面临诸多困境，如部分红色文化资源正在逐渐消失，许多碎片化红色文化资源有待整理收集，许多地方性的红色文化资源还有待开发，数字化程度不高等。[①]红色文化资源的建设不是一蹴而就的，需要长期的建设投入。

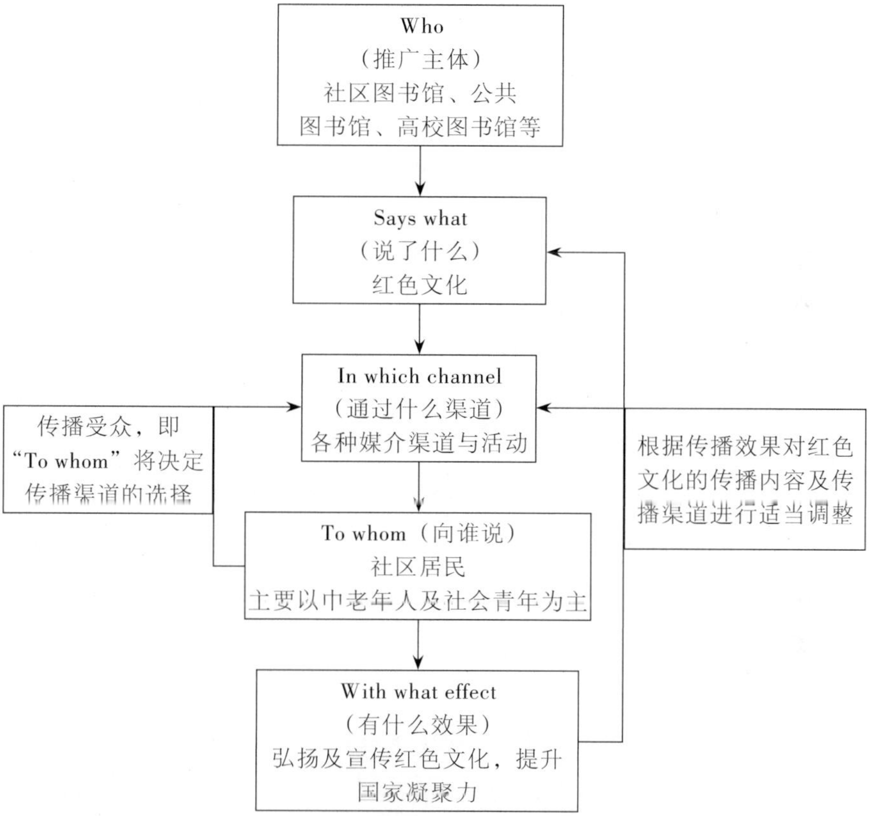

图7-1　红色阅读推广理论框架体系

图书馆是文献资源的大宗采购者，图书馆持续性的红色文化资源建设有利于促使供应商致力于红色文化资源的收集、出版、汇总及数字化转换，有利于加快红色文化资源的数字化保护与开发，也有利于将红色文化传承发展到一个新的高度。因此，图书馆应该加强红色文化资源的系统性建设和特色馆藏建设，做好红色文化资源的供应和保障工作。具

① 许丽. 红色文化资源数字化保护与创新发展路径［J］. 人民论坛，2021（1）：139-141.

体来说可从以下几个方面着手：①时刻关注主题教育需求，及时更新、汇总红色经典阅读资源；②多渠道提供红色经典阅读资源保障，持续性建设红色经典阅读资源库；③从纸本馆藏到数字馆藏，构建线上、线下沉浸式的红色主题阅读学习平台，为广大读者提供红色阅读资源；④依据地域特色、图书馆特色开展红色文献资源的特藏建设；⑤系统梳理馆藏红色文献，构建具有鲜明特色的红色文献馆藏体系。[①]

（三）打造特色化红色阅读空间

红色阅读空间是依托红色文化资源，推动红色文化阅读、展示红色文化创意产品、开展红色教育的新型公共阅读空间。从理论与实践的维度来看，红色阅读空间是基于马克思主义理论指导下的中国革命的社会实践以及由此衍生的红色文化资源的产物；通过红色阅读空间的教育引导，使人们认识、理解和掌握党的创新理论知识，形成拥护中国共产党领导全国各族人民实现中华民族伟大复兴中国梦的群众力量。[②]红色阅读空间是最具中国图书馆特色的空间类型，它的出现也标志着国内图书馆的空间建设已经逐渐走出跟随、模仿阶段，开始依据实际需求发展创新，进入独立发展阶段。2021年6月，“2021年图书馆红色空间与红色专藏论坛”在太原市图书馆隆重举行。本次论坛以“探讨红色专藏的保护与利用，交流学习红色空间建设经验”为主旨，通过专家报告、案例分享和特色展览等形式，探索理论、分享经验、提供借鉴。[③]红色阅读空间的建设有利于集中开展红色阅读活动，提升红色文化教育活动开展的频次。图书馆在空间再造的过程中应该将“红色阅读空间”列入建设规划中，积极研究、交流、探索红色阅读空间的建设和运营经验，拓宽红色文化服务渠道，满足群众的精神文化需求，讲好红色文化故事，加强红色文化资源育人功能，丰富红色文化创意产品，构建多元业态融合场景，让红色阅读空间成为国内图书馆空间发展进程中的一抹亮色。

---

① 周雅琦，牛宇．高校图书馆红色阅读推广研究——基于42所“双一流”建设高校图书馆的调研［J］．图书馆学刊，2022（7）：1-7．

② 张芝雄，聂明．红色阅读空间内涵特征、构建方向与路径［J］．中国出版，2021（24）：57-60．

③ 薛建英．“2021年图书馆红色空间与红色专藏论坛”在太原举行［EB/OL］．［2021-08-08］．https：//baijiahao.baidu.com/s？id=1702255271586593960&wfr=spider&for=pc．

（四）创新红色阅读推广方式

新时代，除了大力开发红色阅读资源外，图书馆还要创新红色阅读推广方式，这样才能有力提升全民红色阅读的积极性，切实增强阅读实效。

1.丰富线下阅读推广方式

图书馆要确立“主动服务”思维，以丰富多彩的线下阅读推广手段提升红色阅读活动的吸引力、号召力和影响力，避免红色阅读资源“藏于深闺”和“束之高阁”。图书馆要定期开展特色主题阅读活动，以专题教育、讲座培训、研学行等多种形式推动红色阅读向老年人、向一线、向基层下沉，提升阅读实效。

2.创新线上阅读推广形式

新时代，红色阅读载体随着媒介技术的发展而呈现出多元特色，如随着移动互联网技术的发展，短视频、微电影、网络展厅等已经成为红色文化线上阅读推广的重要形式。在此背景下，图书馆应与时俱进地利用好新技术和新载体，让红色阅读资源以轻松、接受度高、伴随性强的形式融入广大读者的学习与生活中，增强读者黏性，实现推广目的。[①]首先，图书馆应积极运用社交媒体平台和移动互联网向读者精准推介红色阅读资源，实现网站系统、微信图书馆和移动图书馆、馆藏图书信息管理系统、特色数据库平台的互联互通，为读者随时随地阅读提供有效支持。其次，图书馆要以数字资源为依托，以资源共享的方式推动线上阅读全面“开花结果”，为老年人提供诸多线上资源，并以读者工作群的方式推广优质馆藏资源，解答其遇到的各类问题。未来，随着5G、人工智能、大数据、云计算等新兴技术的进一步发展应用，图书馆的线上服务模式、途径还将进一步拓展和延伸。届时，红色阅读资源的线上推广将更加多元且富有创意，前景可期。[②]

（五）构建立体式的红色阅读推广活动体系

图书馆在整体规划红色阅读推广活动时，可以根据推广内容对其进

① 唐月娥．党校图书馆红色文化阅读推广研究：以中共上海市委党校图书馆为例［J］．图书馆工作与研究，2021（S1）：140-145.
② 廖玲玲．地方党校图书馆红色阅读资源开发与推广策略——以中共江西省委党校图书馆为例［J］．出版广角，2022（1）：92-95.

行重新归类，从“人、物、事、魂”四个方向梳理红色阅读推广活动的类型，构建立体式的红色阅读推广活动体系，打造红色阅读特色品牌。①

1.以“人”为核心的阅读推广活动

“人”指的是在革命时期对中国革命有着一定影响的革命志士和为革命事业而牺牲的革命烈士，或是在新中国建设时期为祖国建设做出巨大贡献的英雄模范人物。图书馆可以依据馆藏特色、地域特色，选取合适的“红色人物”，以“人”为核心策划相关活动。如天津图书馆可以举办“周总理外交思想图片文献展”，华南地区的图书馆可以举办“毛主席艺术形象主题展”“红色元勋传”主题书展等。

2.以“物”为核心的阅读推广活动

“物”指的是“红色人物”所用之物，也包括他们生活、战斗过的革命旧址和遗址等。以“物”为核心指的是以地方红色景点、红色基地、博物馆、展览馆、故居、旧址和遗址等为方向，策划红色阅读推广活动。富有地域特色的党史故事、革命故事、根据地故事、英雄和烈士的故事，更能进入读者的内心世界。图书馆要充分挖掘富有地域特色的红色文化资源，把红色基因传承好。

3.以“事”为主题的阅读推广活动

“事”指的是有重大影响的革命活动或历史事件，以“事”为主题，即以纪念重大革命活动或历史事件为主题策划举办的红色阅读推广活动。如图书馆举办的庆祝中华人民共和国成立70周年系列活动、庆祝中国共产党成立100周年系列活动等都属于这一类。

4.以“魂”为核心的阅读推广活动

“魂”指的是精神，即红色精神，就是以弘扬红色精神或是为红色主题教育而策划组织的阅读推广活动。红色精神内容丰富，图书馆可以策划和开展以弘扬红色精神为目标的阅读推广活动，如红船精神、井冈山精神、长征精神、延安精神、西柏坡精神、西迁精神、雷锋精神、大庆精神（铁人精神）、“两弹一星”精神、抗洪精神、抗震救灾精神、载人航天精神、抗疫精神等，都可以成为红色阅读推广活动的核心内容。

① 周雅琦，牛宇．高校图书馆红色阅读推广研究——基于42所“双一流”建设高校图书馆的调研［J］．图书馆学刊，2022（7）：1-7.

图书馆可以通过阅读推广活动全面介绍这些红色精神形成、发展的历程，帮助读者理解其深刻内涵及时代价值。

新时代为红色阅读推广提供了新的契机。图书馆应以“红色阅读”为抓手，在红色阅读推广工作中抓住新机遇、适应新形势，勇于开创、不断尝试新的服务模式，传承和弘扬好地方红色基因和文化精神，提升红色阅读的影响力、渗透力、号召力和感染力，为老年人的晚年文化生活注入生机和活力。

第四节　案例探讨

嘉兴学院图书馆将“红船精神”融入红色阅读推广

红色经典是人类特定历史发展阶段的产物，蕴含着丰富的文化和历史内涵，是我国全民阅读的重要组成部分。近年来，嘉兴学院图书馆作为中国共产党诞生地——嘉兴市规模最大的高校图书馆，充分利用自身独特的地缘优势和红色资源，致力于包括红船精神在内的红色阅读推广，宣传普及党史知识，传播红色文化，弘扬革命精神，实现红色文化传播品牌化。

嘉兴学院图书馆作为南湖畔、红船旁的高校图书馆，把“红船精神”研究特色文献和红船文献作为特色馆藏进行了专题收藏，现已收藏红船相关文献5 700余种7 000余册，包括中国共产党早期58位成员的小传、相关活动史料与研究资料等；收录电子图书25 000余种，包括中国共产党早期革命口述文献等，文献的总价值已超数百万元。目前，嘉兴学院图书馆建有“红船精神研究与红色文化传播”特色文献数据库1个，包括红船精神研究和红色文化传播两大子库。其中，红船精神研究子库又涵盖了包括书籍、手稿影印本、图片、文物及图像等在内的形式多样的电子红船文献，数据总量已经超过30 000条。同时，图书馆在做好“红船精神”研究与红船文献建设及典藏的基础上，大力开展“弘扬红船精神，推广红色阅读”主题阅读推广活动（见表7-1）。这些活动中有的属于每年校园读书节的系列活动，有的是年度常规阅读推广活动。这些红色阅读推广活动的开展，使大学生主动参与到红船文献阅读中来，自觉成为红船文献的阅读者和传承者。

表7-1　嘉兴学院图书馆开展的红色阅读推广活动

年份	活动名称	备注
2012	嘉兴学院大学生书画展	主题为“笔墨扬红船 书画展嘉院”
2014	抗战时期中国共产党党风廉政建设展览	—
2015	嘉兴籍15位作家文学作品展暨微书评大赛	包括中共早期58位成员中嘉兴桐乡的沈泽民、沈雁冰
	红船领航·红色阅读有奖征文	—
2016	红船领航·红色阅读有奖征文	—
	“两学一做”主题书展	—
2017	党建主题书展	—
2018	红色声音·寻找嘉院最美朗读者	征集红色经典文学作品朗读录音
	经典红色电影展播	—
	“弘扬红船精神”专题邮票知识讲座暨邮票展	—
	“红船精神研究”专题图片展	收集红船精神研究成果，制作成图片展出

1.加强红船文献建设，丰富红色阅读推广文献资源

红船文献与其他红色文献相比，研究起步较晚，总量不多，质量也不算高，文献建设渠道单一，经费投入不足，尚未形成完整体系。为此，嘉兴学院图书馆转变建设理念，加强与兄弟院校图书馆、公共图书馆、档案馆、史志办等单位和机构的交流和联动，搭建共建共享的红船文献平台，实现优势互补、资源共享，并避免重复建设。同时，为加快红船文献的数字化建设，对纸质红船文献进行数字化处理，整合完善现有红船文献数据库，纳入图书馆的馆藏体系中。加大纸质红船文献和数字红船文献建设，为丰富和推进图书馆红色阅读推广活动提供了资源保障。

2.设立红船文献室，打造中国共产党革命精神和红色文化育人园地

嘉兴学院图书馆设立红船文献室，在室内悬挂与红船精神有关的革命人物图像、名人名言、历史故事等，营造浓厚的红船文化育人氛围；

邀请研究红船精神的专家、学者等定期为师生举办讲座、读书会等，引导大学生自觉自愿地去阅读红船文献，营造红船文献阅读氛围。同时，图书馆还设立了有关红船文献阅读的多媒体研讨间，利用现代信息处理技术对红船文献进行数字化整合，通过视频、音频等载体让大学生了解红船精神和红船文化；建立红船精神和红船文化校园宣传长廊，用音频、文字、图片等形式让大学生对红船精神和红船文化有更深的认识，更愿意去阅读红船文献，使红船文献室成为中国共产党革命精神和红色文化育人园地。

3.丰富宣传形式，助推红船文献阅读推广向纵深发展

嘉兴学院图书馆宣传红船文献资源，除借助校园广播、报纸、微信、微博、网络移动客户端等新旧媒体宣传手段外，还重视馆藏红船文献的宣传，实行红船文献全文数字化，并适时推送至门户网站上。在网站一栏下设馆藏红船文献图书目录、红船文献专题数据库、红船精神研究与红色文化数据库、红船文献信息资源共建共享系统的联合书目数据库和读者红船文献阅读互动社区等。通过视频、音频、图片等途径，丰富网站内容，增强红船文献的可读性，拉近红船文献与大学生之间的心理距离，让大学生更愿意接触红船文献、阅读红船文献。

4.构建合作机制，扩大红船文献阅读推广队伍

高校图书馆阅读推广工作在发挥图书馆本身力量的基础上，还应当构建“共建共享”的合作机制，建立多维度的红船文献阅读推广体系。嘉兴学院图书馆与学校马克思主义学院、红船精神研究中心的教师合作，联合举办红船文献读书研讨会，邀请相关教师代表参与大学生的交流与讨论，帮助大学生更好地了解红船文献；在阅读推广活动中，争取校团委、学生社团等部门的支持与配合，从而确保图书馆的阅读推广活动范围更广、影响力更大；图书馆还邀请红船文献阅读领域的专家、学者、优秀校友等前来讲座，从不同层面和角度解读红船精神和红船文献，帮助大学生更好地感受红船精神和深层次阅读红船文献。

“红船精神”是中国共产党伟大的建党精神的重要体现，是中国共产党在探求中国梦历史进程中形成的伟大精神，也是中国共产党实现中华民族伟大复兴的强大动力。嘉兴学院图书馆把“红船精神”融入红色阅读推广活动中，引导大学生从中感受红船精神的魅力，自觉选择与“红船”等相关的红色文献进行阅读，在红色阅读中不断汲取精神营养，从而使红色资源转化为学校育人资源，取到了良好的育人效果。

资料来源：[1] 方吉萍．“红船精神”融入高校红色阅读推广的路径研究——以嘉兴学院图书馆为例 [J]．产业与科技论坛，2020（11）：272-273.

[2] 冯琼，党蕊琼．特色文献建设的实践与思考——以嘉兴学院图书馆红船文献建设为例 [J]．图书馆研究与工作，2019（4）：86-89.

第八章　图书馆的适老化服务

老吾老，以及人之老；幼吾幼，以及人之幼。

——孟子《孟子·梁惠王上》

在人口老龄化时代，虽然我国近几年出台了一些保障老年人物质生活水平的政策，但是在满足老年人的精神文化需求方面还需加强。图书馆作为面向全社会开放的公益性文化机构，是开展社会教育、继续教育和终身教育的场所，是一所“没有围墙的大学”，它可以为来自各行各业的不同年龄、不同层次的人提供集体学习、交流的环境，更能为老年人提供更好的精神服务，帮助老年人从孤独和寂寞中走出来，满足老年人在物质生活相对富足的情况下对精神文化生活的需求。[①]

图书馆作为公共文化服务体系的重要组成部分，在老龄化背景下，充分发挥其公共文化服务功能对加快养老服务体系建设起着重要作用。图书馆要不断深化适老化服务内容，创新适老化服务形式，延伸适老化服务空间，努力提升适老化服务水平，满足老年人的精神文化需求，让老年人老有所学、老有所为、老有所乐。

---

① 蒋萍萍. 图书馆新生代——公共书屋［J］. 图书馆期刊，2010（7）：80-81，93.

第一节 图书馆的适老化服务模式

这里在明确图书馆在老龄化社会中扮演的角色的基础上，探讨图书馆适老化服务模式的构成要素和类型等问题，以期为图书馆的适老化服务奠定良好的基础。

一、图书馆在老龄化社会中扮演的角色

“银发潮”来临，迫使全社会集中所有资源去应对这一问题。而图书馆因其全民开放性、公益性及信息资源的不断更新，成为老年人晚年生活的好去处。对此，图书馆应意识到，在不断拓展服务空间的同时，随着服务对象比重的变化，图书馆的服务也应应时而变，应尽最大可能在老龄化社会的稳定和谐发展进程中扮演更为重要的角色。学者曹焕燕认为图书馆在老龄化社会中应扮演好以下角色：[①]

（一）图书馆是老年文化体系的重要组成部分

当前，国家越来越重视文化软实力的建设，各大城市都把公共文化服务体系作为重点工作来抓。而随着老年人口的不断增加，老龄群体的文化体系建设必将占据更重要的地位。图书馆是公共文化服务体系的重要组成部分，在老年文化体系建设中，应发挥其公益性文化服务功能，以丰富的文献信息及数字资源，弘扬传统文化，提高老年人的人文修养，陶冶其情操，从而促进全社会的精神文明建设。

（二）图书馆是老年人心灵休闲的文化空间

图书馆是一个开放的空间，环境舒适，空间布局开阔，书架上摆放着品种丰富、形式多样的报刊和各类图书文献资源。同时，图书馆不设门槛，不需要门票或书证，可以随意进来，自如选择，只要不违反规定、不影响他人的阅读即可。杭州图书馆前馆长褚树青曾提出“零门槛”阅览的理念，不仅取消一切办证费用，还容许任何人进馆阅读，包括乞丐和拾荒者，其理念已在全国大多数同行中得到广泛认同。此外，

① 曹焕燕．公共图书馆在老龄化社会中扮演的角色［J］．科技情报开发与经济，2012（15）：66-68.

他认为图书馆提供的不仅仅是阅览求知的资源，更是一个文化休闲的空间。在图书馆里，老年人除了读书看报外，还可以听音乐或者悠闲地四处转转、随意翻阅等，徜徉在这样一个恬静而文化气息浓郁的空间，对老年人来说本身就是放松心情、自在休闲的好方法。随着图书馆传统意义上仅供阅览及查阅资料单一功能的打破，现代图书馆更多体现的是休闲娱乐、交友和培训等功能的不断拓展和延伸，这同样为老年人提供了文化休闲的公共空间。

（三）图书馆给予老年人一种精神寄托

从空间心理学的角度阐释，图书馆所提供的这样一个舒适、无欲望、无目的、无条件的开放空间，还给老年人一种群体身份的认同感。他们离开工作几十年的工作岗位，难免失落与无措。同时，由于年龄差异，很多年轻人玩的游戏，老年人都甚少参与。他们更多的是在公园或广场等地运动休闲养生，或下棋陶冶性情，结交志同道合的朋友；也有老人需要帮子女带孩子；更有清闲一点的老人与子女长期分开，孤独地待在自己的房子中，生活圈子狭小，少有社交娱乐。无论哪一类老人，都不希望长久孤单，都需要到人气聚集的地方去。而图书馆所提供的自由轻松、宁静有序的空间，无形中发挥了潜移默化的疗效作用。这种无声的群体身份认同感，能给老年人心理以极大的安慰感和幸福感，使他们的心灵得到慰藉，是精神上的一种寄托。

（四）图书馆给老年人提供丰富的社会信息及精神食粮

图书馆承载着文化教育的功能。对老年人而言，图书馆同样是一个与时俱进、与社会保持联系的重要机构。图书馆不断更新的各类文献资源为老年人提供了大量资讯，包括时事资讯和养生保健、学术研究等相关信息，此外，还提供各类娱乐报刊等，让老年人免费获取所需的和生活中实用的各类知识，为其晚年生活提供帮助和指导，大大提升了其幸福指数。更有一批学者型读者，退休后仍坚持钻研学术知识，在图书馆的各类新旧史籍中不断探索和研究，发扬了活到老、学到老的求学精神。

（五）图书馆为老年人搭建与社会沟通的纽带和桥梁

除了丰富的文献和图书资讯能开阔老年人的视野，加强其对社会时事政治、经济文化生活的认知外，图书馆在针对老年人的服务中，还积极开展形式多样的活动。如专门针对老年人群体开展的计算机培训就是其中之一。时代的飞速发展，使计算机网络已覆盖到生活的方方面面，图书馆的运营均实现了网络化系统操作。如广州图书馆牵头办起的通借通还项目，可以在广州各兄弟馆舍实现图书的通借通还，读者可自由地在各个合作馆借书还书，大大方便了读者的借阅。而如何利用电脑查书、预借图书、图书续借等图书馆的便民服务，及如何在各个馆舍之间便利地找到所需要的图书，都需使用电脑进行查询和操作。由于时代的局限性，老年人对电脑知之甚少，而开展计算机培训以及进行图书馆导读服务培训，能有效消除老年人与图书馆之间的隔阂，拉近彼此间的距离，使老年人能充分享受图书馆的各种服务。此外，针对广大群众开展的各式养生讲座，播放的有关世界旅游、人文、健康知识等的纪录片，也开阔了老年人的视野，让他们在旅游、养生等方面受益匪浅。视野开阔，就能看得更远，从而走出生活固有的轨迹，拓展生命的宽度和长度。同时，老年人通过参加同样的活动，能结交到志同道合的朋友。另外，老年人还可通过担任图书馆志愿者，为广大读者提供咨询服务，从而体现个人的社会价值。

（六）图书馆是老年人实现全面发展的场所之一

美国著名心理学家马斯洛的需求层次理论指出，人在满足了吃、住等基本生理需求以后，自然而然地会向往并追求更高层次的发展。社交需求、尊重需求、自我实现需求是继生理需求和安全需求后的三大需求，图书馆所提供的丰富服务不同程度地满足了人的这三大需求。不断参与图书馆的各类活动、与其他人不断交流，或得到馆员的指引和帮助，在书海中获得精神享受，这些无疑都给老年人的精神生活带来丰富的体验，使他们在闲暇时光中依然能享受精彩而富足的生活。老年人的生命得到不断提高和完善，正是其全面发展的必然途径，而图书馆的社会价值也在读者追求完善中得以体现。

（七）图书馆对社会的稳定和谐起到良好的促进作用

老龄化社会带来的社会问题，需要国家、家庭、个人多方面的努力。老年人在体能和精力等各方面都不如年轻人，但他们同样有着多样化的人生追求。社会的进一步发展，为老年人的生活提供了多样化的选择。他们或出国旅游；或继续从事职业劳动，甚至老当益壮，雄心壮志地开创另一番事业；或协助子女照顾孙辈；或三五好友打球、爬山、练舞、耍剑等。各类老年人兴趣培训班应运而生，报名人数有增无减。而图书馆为老年人提供了一个休闲的好去处，不仅能够提供丰富的资讯，举办各类公益性的影视、讲座活动，还能为老年活动中心、老年社区机构、老人院等送去图书，举办演讲、诵读等各类活动，大大丰富了老年人的闲暇生活。总之，图书馆加强对老年群体的服务，将实实在在地对社会的稳定和谐起到重要的促进作用。[①]

二、图书馆适老化服务模式的构成要素

老龄化社会背景下，图书馆多元化服务模式创新强调多元性和精准的群体划分，不同年龄层的读者具有共性阅读需求，精准的群体划分有利于从为整体的用户服务转变为针对性较强的分层次服务，满足读者的个性化需求。熊培松提出图书馆适老化服务模式应依据以下三个要素进行分析和构建：[②]

（一）资源要素：文献配置

1.文献资源

图书馆要开发丰富的文献资源，以覆盖不同群体的阅读需求。老龄化社会背景下，老年人是读者群体的重要构成部分，老年人倾向于自我完善和自我提升，因此，图书馆要根据老年人的阅读需求提供保健、心理读物等文献[③]。

2.阅读设备

图书馆可以配置老年人专用阅读设备，将字体和音量调至最大，既照顾到老年人的生理情况，又满足老年人与时俱进的阅读要求。

3.载体资源

图书馆可以在传统文献资源开发的基础上，增添创新载体的资源，

① 曹焕燕．公共图书馆在老龄化社会中扮演的角色［J］．科技情报开发与经济，2012（15）：66-68

② 熊培松．老龄化社会背景下公共图书馆多元化服务模式的创新与发展［J］．农业图书情报学刊，2018（3）：174-177.

③ 蒋莹．公共图书馆在城市多元化发展中的作用——以广州图书馆多元文化服务为例［J］．农业图书情报学刊，2014（8）：161-164.

如有声图书和视听文献，进一步减少了老年人的阅读障碍。[①]

总而言之，图书馆基于老龄化社会背景下的多元化服务模式，需要不断优化自身的文献资源配置，更好地为老年人提供完善的阅读体验。

（二）平台要素：打造老年人服务平台

老龄化社会背景下的图书馆服务平台区别于常见的网络平台，主要是指由图书馆牵头打造的老年读者交流平台。老年人面临的最大问题是孤独，空巢老人越来越多，已经成为不容忽视的社会问题。图书馆有责任和义务丰富老年人的生活，帮助他们走出生活的困境。[②]因此，图书馆要提供多元化的创新服务，如定期举办老年读者活动，成立老年读者志愿团，为老年读者提供阅读技能或专业技能培训，为老年读者和青年读者提供交流与分享的机会，让老年读者在群体活动中体会到成就感和实现自身价值，使老年读者老有所乐、老有所为。[③]

（三）人力要素：高素质的服务人员

老年人思维和动作往往较为迟缓，对所需要的资源或服务表达不清，这就要求图书馆安排高素质的服务人员接待他们。这里所指的高素质一方面强调具备文献检索等相关专业技能，另一方面更强调服务人员具有尊重与关爱老人的品质，能够与老年读者建立起良好和谐的关系。[④]实际上，多数图书馆对馆员进行了服务老人、关爱老人的培训，强调为老年读者提供良好服务的重要性，部分图书馆还创新人力资源管理方式，即招募老年读者为志愿者，不仅缓解了图书馆馆员紧张的问题，节省了图书馆的人力与物力，而且老年志愿者更了解老年读者的阅读需求与服务需求，因此更契合老龄化社会背景下图书馆多元服务模式创新与发展的服务精神。[⑤]

---

① 纪向新，黄丽霞．公共图书馆为老年读者服务的新思考［J］．图书馆学刊，2014（5）：48-50，57.

② 孟静．关注老年群体　提升服务能力——公共图书馆在老年读者服务中的实践探索［J］．农业图书情报学刊，2013（10）：148-151.

③ 肖雪．中国公共图书馆老年服务的制度设计与反思［J］．图书情报工作，2013（10）：38-44.

④ 肖雪，周静．老龄化背景下中国公共图书馆老年服务状况的调查与分析——基于内容分析法的实证研究［J］．图书情报知识，2013（3）：16-27.

⑤ 熊培松．老龄化社会背景下公共图书馆多元化服务模式的创新与发展［J］．农业图书情报学刊，2018（3）：174-177.

三、图书馆适老化服务模式的类型

图书馆围绕人文精神、空间理论、社会服务职能等，形成了老年服务的人文关怀、教育培训和社会多元合作三种适老化服务模式。[①]

（一）人文关怀模式

人文关怀是对人的生存和发展状况的关注，是以人为主体和中心，尊重人的本质，维护人的利益，满足人的需求，促进人的生命力和创造力的总和。[②]健康老龄化、积极老龄化、成功老龄化三大基本理念的价值取向与图书馆社会使命之间的契合度，使创设舒适的阅读环境、营造温馨的服务氛围和提供便利的服务项目贯穿于图书馆为老年读者服务的始终。早在20世纪70年代，美国图书馆就为老年读者提供大字书、有声书、放大设备、翻页器等贴心服务，还提供送书上门、流动书车、邮寄送书等延伸服务。新加坡国家图书馆使用四种语言为老年读者编写了他们最感兴趣的九种学习资源工具包，同时还提供由图书馆定制的纸质和电子版本的季刊《乐在生活》，内容涵盖健康养生、新加坡历史和图书馆馆员的书评等。为了丰富老年读者的科普知识和提高其思维能力，图书馆还经常随刊赠送小礼物。[③]国内部分图书馆依照老年读者的喜好设置网页，并穿插超链接，有机整合网站资源，给老年读者带来很多便利。如河北张家口市图书馆在老年人办理离退休手续时就直接把阅览证发放到他们手中，使老年人一退休就有了新归属。[④]在山东省图书馆老年阅览室，馆员每天提前为老年读者备好开水、纸笔，为他们配备老花镜和放大镜等工具，每天做到来有"迎声"，走有"送语"[⑤]，使他们感受到家一样的温暖。

（二）教育培训模式

图书馆作为"文化典籍的府库和信息知识的通衢"[⑥]，一直被看作

---

① 郭晓文．积极老龄化政策下公共图书馆老年服务探析［J］．河北科技图苑，2020（7）：42-46.

② 赵建学．人文关怀的时代价值［J］．时代纵横，2009（9）：47-49.

③ 束亦冉．公共图书馆应对老龄化社会之服务创新——解读新加坡国家图书馆老年读者服务［J］．新时代图书馆，2019（3）：80-85.

④ 童光范，班金梅．老年之家——记张家口市图书馆"老年阅览室"［J］．图书馆杂志，1996（2）：38-39.

⑤ 张云．山东省图书馆老年人阅览室的设立和发展［J］．山东图书馆学刊，2009（1）：32-33.

⑥ 王世伟．对公共图书馆"传承文明、服务社会"三大功能的再认识［J］．图书馆杂志，2019（10）：24-28.

“公民社会的象征以及民众终身学习的场所”。[①]图书馆空间的社会价值随着时代的发展被赋予了包括物质与精神在内的、全面的空间体验标准，其“信息共享”“知识共享”“学习交流”等空间理论都涉及图书馆的社会教育职能。如浙江省平湖市图书馆“老年读书会活动室”及其内部刊物《晚晴》，温州市图书馆老年分馆“籀园老年讲座”“籀园谈艺”“籀园讲新闻”等特色栏目，佛山市图书馆“长者尊享阅读区”和“晚晴读书乐园活动区”，深圳图书馆“丹彩墨香，国韵学堂”中老年书画培训班和“捕捉光影，发现美好”老年摄影知识讲座，广东省立中山图书馆的乐龄俱乐部及其《乐龄新知汇》系列剪报，都是利用图书馆空间进行教育培训的优秀范例。

为了让老年人更好地适应信息社会，熟悉网络知识，很多图书馆还开设相关培训班，如佛山市图书馆的数字资源体验活动、深圳图书馆“老有所学深图冲浪——中老年电脑基础知识培训班”，为国内其他图书馆起到了示范作用。国外的老年信息服务也很丰富，如美国的许多图书馆为老年读者提供OPAC（联机公共目录检索系统）和精选网络资源，开设电脑网络课程或提供在线指导。新加坡国家图书馆管理局通过国家图书馆和公共图书馆网络，为老年人提供信息服务，还建立了“银发族资讯中心”，为有需求的老人提供计算机基础知识和技能培训等。[②]

（三）社会多元合作模式

老龄社会组织和个人需求的多样化是图书馆社会合作方式与服务内容多样化的基础。新加坡每6万人拥有一家图书馆，这些分布在商业和生活中心区的图书馆，为老年人提供了学习资源包、社区信息、游戏以及阅读辅助工具等多种服务。新加坡国家图书馆管理局还在不同图书馆之间举办定向参观活动，旨在帮助老年读者熟悉图书馆的服务、设施和馆藏，吸引更多的老年读者到馆。美国一些图书馆将自身作为老年需求与各类老年服务连接的中介。如底特律图书馆的“信息空间”就是一个社区信息与中介服务项目，促进了“邻里信息中心”项目的立项，为包括底特律图书馆在内的5个图书馆提供经费，成为全国性社区信息与中

① 段小虎，张梅，熊伟. 重构图书馆空间的认知体系［J］. 图书与情报，2013（5）：35-38.

② 许桂菊. 新加坡图书馆空间再造的启示［J］. 大学图书馆学报，2016（3）：69-74.

介服务的典范。美国多家图书馆还积极参与各州和当地的老龄项目，如“老兵历史项目”“各世代在线”“对老年友好的纽约市先导项目”等。[①]再如，佛山市图书馆联合佛山市各类具备阅读推介功能的社会组织创建的“黎时煖松柏大学读书会”，就是一个完全以老年读者为对象的读书会。

以上模式从图书馆本位视角反映了图书馆老年服务所取得的成绩。图书馆从“以用户为中心”转向“首先学习和了解对用户而言最重要的事情是什么，再寻求帮助用户达成目标的办法，从而为用户提供更相关和更重要的服务”[②]，加之健康老龄化、积极老龄化、成功老龄化三大基本理念促使老年人参与社会活动的权利意识日益增强，使图书馆在面对老年服务创新时，要站在老年读者本位的立场上反问自己几个问题：图书馆老年服务是否保障了更多老年人的基本文化权利？是否有满足老年心理需求的开放性平台？是否为老年读者提供了便利、持久的参与机会和条件？是否促进了老年读者积极老龄观的形成？

第二节 图书馆适老化服务的问题与策略

《中华人民共和国公共图书馆法》明确规定，公共图书馆应提供适合老年人需要的文献信息、无障碍设施设备和服务等。图书馆积极响应国家应对人口老龄化战略，主动加强适老化服务，保障老年人的基本文化权益，既是社会发展对图书馆的新要求，也是图书馆的服务新重点。

一、图书馆适老化服务存在的问题

当前，图书馆在适老化服务上仍存在一些问题和不足，主要表现为以下六个方面：

（一）缺少对老年人文化心理层面的关注

老年人受身体机能衰退、社会角色转换等客观条件的影响，会减少

① 肖雪，苗美娟. 美国公共图书馆老年服务：历史与启示［J］. 中国图书馆学报，2019（1）：95-106.

② 李娜. 图书服务转型：从“以用户为中心”到“转向外部”——美国图书馆协会图书馆转型项目对我国图书馆的启示［J］. 图书馆建设，2017（7）：36-42.

和社会群体的交流从而产生孤独感，因此在使用图书馆的过程中有被理解、尊重的社会心理需求。如在数字技术广泛应用的今天，许多图书馆不断提高数字化程度，AI技术等也被广泛使用，但是有些图书馆设置的智能机器远离服务台且缺少专业馆员的指导，老年读者在使用过程中出现问题后难以及时咨询到相关人员，导致老年读者在阅读时出现“不会使用，不知道问谁”的尴尬局面。在界面设计上，图书馆忽视人机交互过程对老年群体文化心理层面的关注，阅读页面较为复杂和烦琐，老年人查找困难。这些直接影响老年人的数字阅读体验，无形中增加了老年读者的阅读障碍。[①]

（二）软硬件设施设备亟待优化完善

老年读者在图书馆最常去的是报刊资料室和电子阅览室，笔者调研发现，当前老年读者对报刊资料室和电子阅览室的软硬件设施设备并不满意，不少老年读者认为报架的标识、位置导引字体不够醒目，座椅设置高度与电子读报屏不匹配，微信预约系统的字体大小不能自由设置等。随着年龄增长，老年人的视力、视觉搜索能力等都在不断下降，辨别颜色的能力平均比年轻人低了33%[②]，感官能力的下降导致老年人对图书馆的软硬件设备有着不一样的需求，虽然图书馆提供的放大镜、老花镜等能够对老年人提升感官体验有所帮助，但未能充分满足老年读者的需求，需进一步优化和完善软硬件设施设备。

无障碍设施的完善程度对老年读者到馆率有一定影响。当前，图书馆无障碍阅读设施不足。无障碍阅读以助人自助为理念，旨在培养老年人的自助阅读能力，给老年人提供能够独自完成阅读的环境和服务。一些图书馆在无障碍设备智能化建设方面相对不足，尽管都已开通线上便民服务窗口，但是大都没有进行无障碍网页建设。在图书馆制度建设方面，仅有简单的老年读者服务优先的制度，缺少针对老年读者或者残障读者的具体服务规定。在我国香港高校的图书馆中，无障碍智能设施建设相对完善，如在无障碍电梯中增加语音提醒，定制适合轮椅高度的自

① 李熠煜，朱彤．AI赋能公共图书馆适老化阅读服务研究——以杭州市为例［J］．新世纪图书馆，2022（1）：23-27.

② 佚名．适老化设计：理解、善待和接纳“老”，是每个人的必修课［EB/OL］．［2022-03-12］．https：//www.tisi.org/18492.

动升降桌等。[①]图书馆在无障碍设施建设方面参差不齐，智慧化程度低且多限于24小时自助借还服务，缺乏为老年人提供无障碍阅读的优良环境，阅读的“最后一公里”亟待加强。[②]

（三）老年读者阅读空间不足

当前，图书馆的空间适老性不足，亟须设置老年人阅读活动专区。虽然图书馆会在阅览区域内设置一定数量的老年阅读专座，但多数未按《公共图书馆建设标准》的要求设立老龄阅览室。由于大多数图书馆在举办以老年人为主要服务对象的阅读及讲座活动时，通常不设定专门区域，因此无法根据老年人的生理特点和现实需求对活动专区进行功能布局以及提供专门的设施设备，因而也无法满足老年读者希望在专门区域内进行阅览、交流的需求。

（四）信息素养教育培训不够

一些图书馆在信息适老性上做得不够，针对老年读者的素养教育培训影响力有限。当大多数人在享受高新技术快速发展带来的便利的同时，老年人却因多种因素影响在数字时代一直处于掉队状态：去银行办理业务需要人脸识别、去医院看病需要线上挂号和在线填写病情调查问卷、去图书馆看书需要提前线上预约等，一系列操作让老年人在数字时代手足无措，更使得“数字鸿沟”问题日益凸显。关于数字鸿沟的概念，早在1990年，美国著名未来学家托夫勒就在《权力的转移》（Transfer of Power）一书中写道，数字鸿沟是指在全球数字化盛行的过程中，不同国家和地区、不同行业之间所拥有的信息技术水平不一致，造成了信息鸿沟的存在，进而导致了财富分配的两极分化。[③]

弥补“数字鸿沟”离不开信息素养教育培训。然而，从图书馆举办的素养教育培训内容看，多数图书馆的适老素养教育活动主要是电脑操作、手机操作，通过小班教学方式增强老年人与数字信息时代的对接能力。老年读者在接受了相关教育培训后，仍需图书馆专人解答、反复指导后才能逐步熟悉相应的电子设备操作，但当前大部分图

① 王亚平. 香港高校图书馆残障读者服务调查研究［J］. 大学图书馆学报，2016（5）：89-94.

② 李熠煜，朱彤. AI赋能公共图书馆适老化阅读服务研究——以杭州市为例［J］. 新世纪图书馆，2022（1）：23-27.

③ 托夫勒.权力的转移［M］. 吴迎春，译. 北京：中信出版社，2006：12.

书馆缺乏专门的团队提供这项服务。多数图书馆也缺乏数据分析、计算机应用等专业能力较强的高层次馆员，难以为老年读者提供优质阅读服务。由此可见。图书馆信息适老教育培训的影响力有限，系统性也有待加强。

（五）服务无法满足老年人的情感需求

图书馆服务的情感适老性不强，服务无法满足老年人的情感需求。根据马斯洛的需求层次理论，老年人在图书馆享受相应服务的需求层次，如图8-1所示。[①]

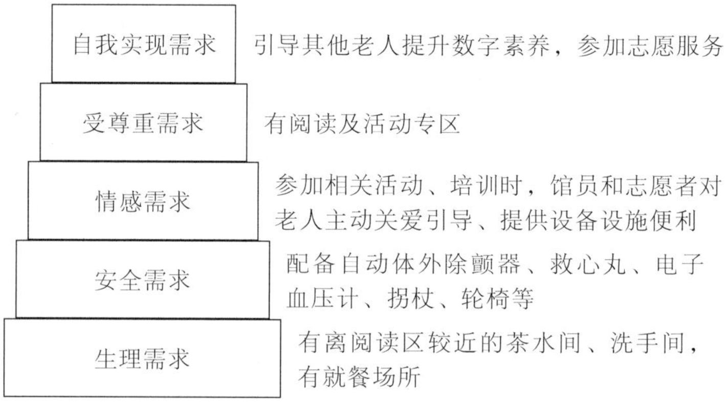

图8-1 基于马斯洛需求层次理论的适老服务需求

如图8-1所示，在情感需求方面，老年人在图书馆参加相关活动、培训时，希望馆员和志愿者能够帮助、引导他们，并为他们提供设施设备方面的便利。在受尊重需求方面，老年人希望有阅读及活动专区；在自我实现需求方面，老年人希望参加图书馆的文化志愿活动，发挥自身特长，实现自身价值。

但是，当前一些图书馆对适老服务的重要性认识不足，服务内容难以满足老年读者的需求，既未打造以老年读者为主要授课对象的讲师团队，也较少吸收老年人参与文化志愿服务。

（六）适老性服务宣传力度不足

当前，一些图书馆适老性服务宣传力度不足。图书馆的宣传营销渠道逐步转向新媒体平台，如通过微博、微信公众号等发布和推送消息，

① 游梦娜. 公共图书馆开展适老化服务的实践与启示——以中部六省省级公共图书馆为例 [J]. 河南图书馆学刊，2022 (9)：7-10.

这使存在一定媒介使用障碍的老年群体无法及时获取相关的服务和活动信息，因而对图书馆的诸多服务了解得不多，参与热情也不高。宣传渠道不畅及宣传力度不足，使图书馆适老服务的延伸范围严重受限。

二、图书馆适老化服务的策略

联合国教科文组织1994年发布的《公共图书馆宣言》明确提出，公共图书馆是地区的信息中心，它向用户迅速提供各种知识和信息。每一个人都有平等享受公共图书馆服务的权利，而不受年龄、种族、性别、宗教信仰、国籍、语言或社会地位的限制。对因故不能享用常规服务和资料的用户，必须向其提供特殊服务和资料。老年读者是图书馆服务对象的重要组成部分，在人口老龄化背景下，其占比日益提高。如何为老年读者提供更优质的服务，找到一条适合我国国情、符合图书馆馆情的适老化服务路径值得现今的图书馆员认真思考。①

（一）将老年读者服务纳入总体规划

随着退休人员、老龄人口的快速增加，到图书馆来的老年读者正日益增多，还有更多潜在的老年读者即将迈入图书馆的大门。但调查发现，多数图书馆还没有针对老年人的特殊服务，在手续办理、老年阅读专区建设等方面的服务严重缺乏，所以应尽早把为老年读者服务纳入图书馆的总体规划中。例如，在馆舍设计、设备设施建设、藏书结构和服务方式等方面要用前瞻性的理念充分思考，以适应未来老龄化社会的发展要求。政府主管部门要适当向服务老年人的政策倾斜，将服务老年读者的图书馆项目纳入图书馆评估体系中，制定一系列针对老年读者的图书馆业务规章制度。对服务老年读者的设施、项目、人员、经费等给予法规或制度层面上的保障，形成图书馆为老年读者服务的良好格局。②

（二）创造舒适的阅读环境

图书馆应为老年人设立专门的阅览空间——“老年读者阅览室”，用

① 王禹．老龄化社会环境下公共图书馆阅读服务思考［J］．内蒙古科技与经济，2019（11）：144-145.

② 陈彤芳．公共图书馆如何适应老龄化社会的探索［J］．图书馆工作与研究，2011（7）：96-98.

于集中放置老年读者感兴趣的文献资料；阅读空间相对紧张的图书馆应在阅览室一角设“老年人阅读专区”，以保证老年读者能随时阅读。[①]

考虑到老年读者行动不便，对于设有电梯的图书馆，应尽量将老年读者阅览室安排在较低的楼层[②]，要有无障碍通道便于那些行动不便的老人进入图书馆。

由于老年人视力减退，图书馆应适当提高室内照明度，阅览室内的各种指示性标志字体要大，书架上的分类标志也要特殊放大或设置专门书签，以方便老年读者识别和查询。老年人阅读室的书架不宜过高，以方便老年读者拿取和放还。阅览桌椅要舒适，以最大限度地减轻其疲劳感；建议为老年读者安放软皮椅，使老年读者在阅读的同时得到休息。地面要防滑，楼梯要有双侧扶手，桌上应为老年读者准备几个放大镜、老花镜以及纸笔等，以备需求。另外，再准备些杯子和热水，从细节上让老年读者感受到图书馆服务的温馨与周到。

图书馆还要根据大多数老年读者的阅读需求设立专题书架，如时事新闻专架、营养保健专架、老年人生活专架等。[③]老年读者阅览室为有共同语言的老年人提供了经常见面的场所，使他们逐步从陌生到熟悉，从相识到相知，成为他们交流知识、信息、情感的一个窗口。

为适应信息化时代要求，可在老年读者阅览室配备电脑，方便老年读者进行资料的查找和观看相关视频，同时也可以将电脑换成其他网络终端设备，以方便老年人阅读[④]。现代社会网络技术飞速发展，老年读者对网络技术知识有着强烈的渴求，图书馆应该在老年读者阅览室配备网络，针对老年读者感兴趣的网站进行调查、分类以及总结，为其提供便利化服务。

（三）加强文献资源建设

馆藏是图书馆为读者服务的物质基础。图书馆的馆藏是否满足读者的需要，直接影响到对包括老年读者在内的所有服务对象的服务水准。

---

① 张惠芳. 公共图书馆应积极创建老龄化读书环境［J］. 经济研究导刊，2012（1）：220-221.

② 李菲，颜秀飞. 人口老龄化背景下公共图书馆的新使命［J］. 图书馆工作与研究，2009（5）：54-55.

③ 王萍. 公共图书馆老年读者阅读心理探微［J］. 农业图书情报学刊，2010（7）：122-124.

④ 宋丙秀. 公共图书馆读者活动策略思考［J］. 图书馆工作与研究，2018（S1）：148-150.

针对我国图书馆馆藏的书刊、报纸总体上不能贴近老年读者的真正需求这一不足，图书馆应在这方面下功夫。老年人一般对养生保健、花鸟鱼虫、养殖、琴棋书画、摄影、历史文化、自然科学等方面的书刊、报纸的兴趣较高，所以，图书馆应加强对这些文献资源的采购和馆藏，要尽可能地倾向这些类型的资源，以印刷型纸本为主，力求品种齐全、副本充足，使他们通过在图书馆的阅读习得一技之长，知晓国家大事，了解天下趣闻，陶冶生活情操，获得美的享受，丰富晚年生活。对于身体机能逐渐衰退的老年人，适合的文献资源可以帮助他们重拾阅读兴趣，故购置一定的有声图书、大字本图书、电子书、点字图书等也是必要的。老年读者的需求具有多元化、个性化的特点，因而有必要按需丰富馆藏。鉴于此，可以针对老年读者开展问卷调查，设立“图书荐购登记簿”，及时了解和掌握老年读者的阅读倾向和需求，进而有针对性地采购、丰富相关书报资料，加强文献资源建设，优化馆藏。[①]

（四）提供专业性和针对性服务

老年人和其他年龄段的人群不同，他们属于特殊弱势群体。图书馆的服务工作本应对所有年龄段的人群做到公平，但是由于老年人年龄较大，身体状况相对于其他年龄段的人群较差，这就需要图书馆提供专业性、针对性服务，秉持我国尊老敬老的传统美德，给老年人创造便利的阅读环境和浓郁的阅读氛围。[②]

1.提供朗读服务

老年读者由于年龄较大，可能对普通书籍的阅读有一定的困难，这就需要图书馆为老年读者提供朗读服务。[③]有些图书馆为老年读者提供的朗读服务值得我们借鉴和思考。以某市的图书馆服务工作为例，其创立朗读志愿者组织，选择自愿为老年读者提供朗读服务的人，由图书馆实行统一管理。朗读可以采取不同的形式，如可以组织老年人集中到一个区域，为他们朗读其比较感兴趣的书籍，如历史、政治新闻等；还可

---

① 房金玲．老龄化背景下图书馆优化老年读者服务探讨［J］．湖北经济学院学报（人文社会科学版），2015（10）：107-108，119．

② 王琳艳．老龄化背景下公共图书馆老年读者服务工作实践与思考［J］．品位·经典，2021（2）：75-77．

③ 车丽娜，殷娟．老龄化背景下公共图书馆老年读者服务工作实践与思考［J］．公共图书馆，2019（3）75-77．

以选择在单独的空间，由志愿者为老年读者朗读他们感兴趣的读物。同时，志愿者应当考虑老年人的实际情况，不能进行长时间的阅读，在阅读过程中合理安排休息时间。比如，在两小时的阅读中，可以适时安排一些革命年代的歌曲演唱，这样会提高老年读者对阅读的积极性，激发老年读者的兴趣，使得老年读者的注意力高度集中。图书馆开展有组织的朗读活动不仅可以吸引对读书兴致不高的老年人的注意，还能提高老年人的综合文化素养，丰富老年人的精神世界，对提高图书馆的服务水平有着重要意义。

由于老年人的年龄限制，在朗读过程中应当及时关注老年读者的情况，了解老年读者是否能够听清朗读者的声音。在和老年读者沟通的过程中，朗读者应该有耐心，因为老年读者相对于其他年龄段的读者来说，身体素质较差，在语言和沟通方面存在一定的障碍，志愿者和老年读者进行沟通的时候不要急躁，应该采取一定的方法，循序渐进，让老年读者享受到图书馆细致入微的服务，这样不仅能够满足老年读者的精神文化需求，还可以提升图书馆的服务水平。

2.开展趣味性老年读者活动

图书馆可以根据老年人的实际情况，开展趣味性老年读者活动，满足老年人精神层面的需要。图书馆服务的深化和延展需要借助老年读者活动。同时，开展老年读者活动应该考虑老年人的经验和专长，主要目的是丰富老年读者的精神文化生活，让老年人在发挥专长的同时，可以进行彼此的交流和探讨。趣味性活动的形式可以有多种，如演讲比赛、书法展、象棋比赛等，这些活动可以充分展示老年读者的才能。图书馆也可以举办适合老年人参加的以健康为主题的讲座，开展老年读者的联欢会等，从老年读者感兴趣的领域出发，搭建一个老年读者相互交流、友好沟通的平台。

趣味性活动要符合当地老年读者的实际情况，要制订科学合理的活动方案。比如，有些地区的老年读者比较注重健康方面的文献阅读，那么图书馆可以举办以身体健康、日常锻炼为主题的沙龙活动；有些地区的老年读者主要对书法、绘画等艺术类活动比较感兴趣，图书馆可以举办书法、绘画比赛，设置一定的奖励机制，不仅可以提高对老年读者的吸引力，还可以吸引其他年龄段的读者，对扩大图书馆的影响力、完善图书馆的服务具有重要作用。

3.开展书籍配送服务

老年读者由于年龄较大，相对于其他年龄段的读者来说，行动较为不便，出行也有一定的困难，但是老年读者也有阅读书籍、寻求精神财富的需求，这就需要图书馆开展书籍配送服务，对于那些行动不便或生病的老年人，图书馆可以根据老年人的信息进行区域划分，和物流公司合作，将老年人需求的书籍配送到行动不便的老年读者家中。[①]开展书籍配送服务不仅可以为老年读者提供便利，还能为图书馆的服务工作赋予一定的公益性，这是一项惠民的重要举措。但是这项服务需要和当地政府进行协调，需要政府提供人力和财力的支持。[②]

（五）弥合老年群体的“数字鸿沟”

图书馆作为公共文化服务体系的重要组成部分，在当前人口老龄化和信息智慧化的双重背景下，应当承担起弥合“数字鸿沟”、创新老年服务手段、提高老年服务质量、推动老年服务发展、增强老年读者获得感与幸福感的重要责任。谢春花提出，推动老年人更加普遍地享受智能化服务、弥合“数字鸿沟”可采取以下策略：[③]

1.有序开展老年人智能技术培训，弥合老年群体“技术鸿沟”

图书馆作为传承文明、服务社会的重要窗口，承担着社会教育的重要职能，因此图书馆有责任做好老年群体的智能技术教育工作，帮助他们克服数字化阅读的障碍，使老年读者享受到手机阅读、在线阅读等现代科技文明成果，为他们提供影视在线视听、网络游戏、聊天等服务，不与社会、时代脱节。

首先，图书馆要做好引导老年读者进行数字化阅读的工作。在不计其数的网络信息面前，有些老年读者无所适从，所以应设法引导他们使用数字资源，引导老年读者的阅读意识、阅读行为，在他们打开图书馆

① 徐子冰．公共图书馆老年读者服务工作的思考——以丹东市图书馆为例［J］．河南图书馆学刊，2017（9）：16-18.

② 王琳艳．老龄化背景下公共图书馆老年读者服务工作实践与思考［J］．品位·经典，2021（2）：75-77.

③ 谢春花．公共图书馆填补“数字鸿沟”推动老年服务的实践探索——以首都图书馆为例［J］．图书馆研究与工作，2022（9）：72-75，80.

网站时，能迅速地找到所需的信息资源。[①]

图书馆可以充分利用其资源优势、品牌优势和人才优势，牢牢把握藏书资源、服务功能、活动立意等重要着力点，就老年人密切关注的重点领域，依托图书馆空间资源举办专题讲座、开设老年课堂；利用馆区技术资源，采取网络公开课等多种形式开展智能技术培训；有条件的还可以与当地老年大学、养老机构合作，聚焦老年人日常生活涉及的高频事项和服务场景，有针对性、循环性地开展专题培训；同时，可以根据老年人的学习习惯及信息消化程度，设计通俗易懂的教学文本、教学视频。此外，还要实时关注老年读者的学习状态和精神状态，必要时可以举办学习交流会来激发老年读者学习的积极性，确保老年读者慢中求稳、稳中求进，多项措施并举，切实解决老年读者运用智能技术过程中遇到的困难。

2.扩大适老化智能终端产品供给，弥合应用服务“环境鸿沟”

为顺应时代发展趋势，高新技术公司对智能终端产品进行适老化改造势在必行。

在线下服务中，图书馆的自助借阅机、自助办证机、自助充值机等智能终端设备都应该进行适老化改造，使其在字号、音量、亮度、操作流程难易度上更符合老年群体的使用习惯和特点，有条件的图书馆可以采用人机交互的操作模式，尽量做到让老年读者“动口不动手”。

在线上服务中，图书馆的App、微信小程序、微信公众号等官方服务平台应该简化操作流程，尽量减少包含老年读者在内的使用人群的点击次数，减少多级页面设计和页面跳转程序，让服务一目了然，从而为老年读者提供更适宜的服务场景和网络环境。

3.加强网络安全管理，加大宣传力度，弥合网络环境“安全鸿沟”

对初入智能环境的老年群体来说，如何在舆论多元化、平台多样化、传播迅速化的网络环境中辨别信息的真假是一大挑战。

针对此类问题，图书馆首先要注重老年群体的网络安全教育，就如何安装防火墙、定期漏洞扫描、做好安全配置、加强密钥管理等有

---

① 牛翠屏. 老龄化背景下公共图书馆服务理念思考与建议［J］. 三门峡职业技术学院学报，2016（2）：128-130.

效安全防控措施进行重点培训；制作并发放“冲浪”防骗指南，从而增强老年群体防范网络诈骗的警惕性与敏感性，不断提升他们的防护能力。

其次，负责网络安全监管的有关部门有责任做好网站及手机应用系统的安全性排查，加大网络交易突出问题的监管力度，规范网络经营行为，对重点网络交易进行专项整治，对破获的网络诈骗案件从严处理，并提高曝光率，让网络环境更加安全，从而逐渐消除老年群体对网络安全的质疑。[①]

（六）积极听取老年读者的建议

为老年读者提供优质服务，还要求服务人员积极征求意见，听取老年读者的建议。老年人往往渴望获得他人的认同，所以不仅要为老年读者提供专业化、细致化的服务，还要积极听取老年人的建议，在开展各项工作的过程中，对图书馆的工作有哪些不满意的地方，馆员可进行意见、建议的收集和总结并加以改进。[②]同时，也可以设置意见箱，每周查看。这样不仅可以了解老年人对图书馆的各项工作是否满意，还可以对有问题的工作流程进行改进，以便让老年读者享受到更加优质的服务。有一部分老年读者对科研和管理工作有着独到见解，应该积极听取这部分老年人的意见，让其发挥专长；同时，积极满足这部分老年读者的需要，帮助他们实现“老有所为”。

（七）联合老年组织开展活动

要想进行老年读者的精神文化建设，仅凭借图书馆的力量是远远不够的，如果图书馆可以和其他的老年组织，如老年大学、老年工作机构联合起来，针对老年读者的实际情况开展特色活动，加强对老年群体的服务，传递老年人感兴趣的知识，共同完成满足老年读者精神文化需求的任务，会使图书馆对老年读者的服务工作更加多元化，这对提高图书馆的服务水平、提升图书馆的口碑和影响力都有着重要的作用。[③]

---

① 谢春花. 公共图书馆填补“数字鸿沟”推动老年服务的实践探索——以首都图书馆为例［J］. 图书馆研究与工作，2022（9）：72-75，80.

② 文瑛. 面向老年人的公共图书馆读者服务工作优化策略探索［J］. 产业与科技论坛，2019（2）：283-284.

③ 王琳艳. 老龄化背景下公共图书馆老年读者服务工作实践与思考［J］. 品位·经典，2021（2）：75-77.

（八）提高图书馆馆员的素质

图书馆馆员为老年读者服务需要有较高的素质。在提供服务时，应当考虑到老年人说话缓慢、反应迟缓的情况，应有责任心、有耐心，要具备尊老敬老的中华传统美德，做到关爱老人、尊敬老人，并善于分析老年读者的心理，从而和老年读者建立良好的关系，推进图书馆服务。在老年阅览室进行阅读的老年读者有的具有高度奉献精神，可以吸收这部分老年人作为图书馆的志愿者，负责阅览室的一般工作，这样既可以让老年人实现自我价值，又能减轻维护老年阅览室的馆员的负担，还能为更多的老年人提供优质的服务。[①]图书馆还可以从社会上选拔一些志愿者，为提高老年人的精神素养做出贡献。对这些志愿者的选拔应该严格要求，不允许不符合志愿者要求的社会人员进入图书馆，以保护老年读者的生命财产安全；同时，图书馆在开展各项活动时，可以招募在不同领域有着不同专长的志愿者，提高图书馆的服务质量。例如，广东省立中山图书馆为了更好地发挥志愿者的力量，设立了志愿者预约制度，并安排专人对志愿者进行科学的管理。在老年读者比较多的报纸阅览室，长期服务的十多位志愿者都是老年人。他们在日常的报纸上下架、来报加工整理、报架归位、架位指引等工作中起到了重要的作用；在一些针对老年读者开展的阅读活动中，如在主持、场地的指引、签到、票券派发等工作中都能看到他们的身影。这些志愿者的加入，在一定程度上缓解了图书馆人力资源的紧张。具有丰富人生经验、充裕的退休时间、不同学科专业背景的老年文化志愿者的加入，补充了图书馆的人力资源，拓展了图书馆的服务范围和服务内容。同时，参加图书馆的志愿者活动也充实了老年志愿者退休后的时光，满足了他们参与志愿活动的愿望和自我实现、老有所为的需求。因此，在图书馆服务中充分发挥老年志愿者的作用，让老年读者获得尊重和自我实现的满足感，对提高老年群体的文化水平、丰富其精神生活有着重大意义。[②]

---

① 冯景萍．公共图书馆全民阅读推广的再思考——以天津图书馆实践活动为例［J］．图书馆工作与研究，2018（S1）：164-166，174．

② 罗杏芬．“积极老龄化”理念在公共图书馆老年读者服务中的应用研究——以广东省立中山图书馆为例［J］．图书馆研究与工作，2019（5）：39-42．

（九）借鉴国内外的成功做法

国内外图书馆在适老化服务方面有许多成功的案例和做法，非常值得我们学习和借鉴。

1.立足老年读者需求，推出服务活动

国家图书馆针对易健忘的老年读者推出了“续借指南”“预约外借指南”“找书指南”“快递还书指南”等温馨提示小纸条，备受老年读者欢迎。佛山市图书馆在馆内设置长者尊享阅读区和晚晴读书乐园活动区，策划老年读者阅读推广项目，开展丰富多彩的老年读者活动。新加坡国家图书馆管理局为老年读者编写了9种学习资源工具包，涵盖4种官方语言，组织图书馆策划老年读者活动，并针对活动反馈成立老年兴趣小组，为老年人提供系列服务。①

2.围绕总分馆制，延伸适老服务触角

温州市图书馆立足总分馆制，将适老服务送进社区，在社区成立老年分馆，除馆舍标识等使用加大字体外，还充分考虑老年读者的兴趣爱好，为他们提供书画、花草、养生等内容的书籍和报刊，并开设公益老年学堂。②南京图书馆、湖南图书馆、深圳图书馆在老年公寓、养老服务中心、福利院等场所建立了专门服务老年人的馆外流通点，为老年人送去他们喜爱的书籍和报刊。美国亚拉巴马州的老年人通过电话即可享受到杰弗逊图书馆的邮寄借阅服务。

3.聚焦乐龄主题，激发老年人活力

广东省立中山图书馆招募老年人成为乐龄志愿者，让他们在图书馆从事活动助理、阅览室管理、书库整理、读者服务等志愿服务工作，这些乐龄志愿者都以主人翁心态积极参与图书馆的各项服务工作。纽约市布鲁克林图书馆鼓励老年人成为志愿者，参与图书馆管理，为同龄的老年读者提供服务或开展各类活动，给予老年志愿者很大的工作自主权。

总之，中国已经步入老龄化社会，关爱老年人越来越为社会各界所关注。图书馆必须承担起时代的重任，开拓创新，根据老年读者的需求特点，为老年读者营造宽松舒适的阅览环境，提供适合老年读者阅读的

① 曹雪梅. 基层公共图书馆阅读推广实践探索［J］. 图书馆建设，2013（10）：42-44.
② 郭明蓉，冯春. 图书馆老年读者服务质量提升研究［J］. 文化学刊，2021（9）：164-167.

文献资源以及适合老年读者需求的各项服务，以吸引更多的老年人到图书馆来，充实他们的晚年生活，使更多的老年人老有所为、老有所学、老有所乐，为解决我国老龄化问题贡献一份力量。①

相信在每一位图书馆工作人员的共同努力下，一定能为老年读者提供更为优质的服务，不断对老龄文化进行创新，将文化养老工作践行下去，为中国特色老龄文化事业的发展贡献一份力量，更好地践行党和国家对爱老敬老工作的要求。

第三节 案例探讨

老龄化背景下宁波图书馆的适老化服务

宁波图书馆（永丰馆，下同）位于宁波市海曙区，是宁波市地方图书馆数字资源及服务中心、地方文献数字化建设中心、图书馆服务网络发展中心，2018年被评定为国家一级图书馆。近年来，宁波图书馆坚持“公益、平等、开放、创新”的服务方针，积极开展适老化服务，得到老年读者的肯定和欢迎。

1.完善设施设备

宁波图书馆紧邻地铁一号线福庆北路站，周边设有多条公交线路，交通便利。为给老年读者营造一个便捷、舒适的阅读环境，宁波图书馆设有无障碍停车位、无障碍电梯、无障碍卫生间等各种设施，并提供免费出借老花镜、免费提供应急药品等便民服务。视障阅览区配备的电子助视器、智能阅读器、智能听书机等设备，为有需要的老年读者提供阅读辅助。馆内的导向标识设计醒目，字体大小适中，在自动扶梯、升降电梯旁及每个楼层的公共区域均有明显指示。老年读者通常对环境更为敏感，馆内温度、湿度常年保持在人体舒适水平。另外，馆内设有读者餐厅，老年读者在馆停留时间较长，能满足其就餐需求。

2.丰富馆藏资源

新媒体的发展改变了大众阅读方式，但老年读者对传统纸媒仍有较

① 王香瑞. 老龄化时代公共图书馆的服务对策［J］. 科技情报开发与经济，2012（6）：11-13.

高的依赖性，他们更喜欢纸媒阅读所带来的“真实感”与“接触感”。报刊阅览区尤其受老年读者青睐，每日清晨，馆员将最新到馆的报刊整理上架，及时更新，以保证时效性。宁波图书馆的报刊阅览区现有2 100余种期刊资源、200余种报纸资源，其中《中国老年》《当代老年》《老人春秋》《老年知音》等期刊、《中国老年报》《宁波老年报》《老年生活报》《长寿养生报》等报纸均受到老年读者的喜爱。截至2021年年底，全馆有藏书335万册，健康养生、花卉园艺、历史文化类等老年读者感兴趣的相关书籍均有丰富的馆藏，满足了老年读者不同的阅读需求。

3.举办讲座活动

2015年5月，宁波图书馆与宁波老年大学合作，在市馆设立了志愿服务基地，让老年志愿者参与到图书馆的工作中，既为他们搭建起发挥余热、实现价值的桥梁，也丰富了宁波图书馆的服务形态。自2017年3月起，宁波图书馆推出夕阳红读书会活动，每期活动的内容都充满知识性、实用性和趣味性。2019年4月，宁波图书馆“天一讲堂”将讲座送至农村礼堂，并专门针对不方便来馆的老年读者推出“老年人爱眼与护眼”“老年人防盗防骗安全知识”等主题内容。2020年10月，宁波图书馆举办“岁岁重阳，声声敬老”录音棚致敬重阳节朗诵体验日活动，邀请老年读者来到录音棚朗诵与重阳节相关的诗歌作品。2021年2月，宁波图书馆“天一云读”向广大读者推出百余本电子书籍，并精选《老年人新型冠状病毒肺炎防护手册（大字版）》等电子书籍，帮助老年读者科学防疫。丰富多彩的讲座活动一定程度上满足了老年读者的精神文化需求，保障了老年读者的公共文化权益。

资料来源：张彦，梁璞．老龄化背景下宁波图书馆适老化服务探析［J］．宁波通讯，2022（9）：63-65.

第九章　促进老年人健康的阅读疗法服务

书犹药也，善读之可以医愚。

——【汉】刘向

阅读疗法是图书馆的一种新型服务模式，它将阅读与健康相融合，目的是帮助读者纾解负面情绪，预防心理问题的发生。[①]党中央始终把人民健康放在优先发展的战略地位。党的十九届五中全会提出，全面推进“健康中国建设”战略。随着我国人口老龄化程度的日益加剧，老年人的健康成为社会广泛关注的问题。图书馆作为我国文化服务体系的重要组成部分，提供阅读疗法服务，能够有效帮助老年人获得精神慰藉和情感寄托，对帮助老年人走出心灵困境、度过健康晚年有着一定的心理辅助治疗效果。

① 王波. 阅读疗法［M］. 北京：海洋出版社，2014：26.

第一节　阅读疗法相关问题探讨

将阅读作为一种舒缓情绪的方法，自古以来就有。我国西汉时期著名的文献学家刘向曾写道："书犹药也，善读之可以医愚。"阅读具有保健和辅助治疗的作用，这一观点很早便被学界所证实，也得到了大家的认可。这里，首先探讨一下阅读疗法的相关问题。

一、阅读疗法的国内外研究现状

分析国内外图书馆阅读疗法研究现状，有助于把握图书馆阅读疗法的发展脉络，更好地认识和运用阅读疗法，开展相关服务，促进老年人健康。

（一）阅读疗法的国外研究现状

阅读疗法，源于西方的医学领域，通过医务人员、神职人员为病患诵读一些宗教经典，帮助他们恢复身心健康。[①]阅读疗法也是图书馆学中一个古老的概念。据古希腊历史学家狄奥多罗斯·西库路斯（Diodorus Siculus）在《历史丛书》（Bibliotheca Historica）中的记载，古埃及国王拉美西斯二世（Ramses Ⅱ）的图书馆有一别称"灵魂疗愈之家"。1848年Galt发表了《论精神病患者的阅读、娱乐和消遣》一文，被认为是阅读疗法研究的第一篇论文。

1916年，美国人塞缪尔·克罗瑟斯（Samuel Crothers）在其作品《文学诊所》中首次提出"Bibliotherapy"一词，意为"阅读疗法、图书疗法"，之后这一术语进入医学词典。文章描述了他的朋友拜格斯特医生在教堂的礼拜室开设"阅读疗法门诊部"，这是第一个以阅读疗法命名的门诊部。在门诊部里，拜格斯特将书籍作为"药品"，逐步建立阅读疗法体系，按病症总结阅读疗法书方，为不同的病人推荐不同书目，疗效显著。

20世纪30年代，公共图书馆开始对阅读疗法感兴趣。英国图书馆

① 丁利佳. 阅读疗法在公共图书馆应用的服务策略探讨［J］. 河南图书馆学刊，2021（9）：23-25.

协会首先关注阅读疗法，并在第五届年会上印发了一些文件和论文，但之后并未进一步采取相关措施来推动阅读疗法，致使公共图书馆这一阅读疗法基地未能形成。1946年，伊丽莎白二世医院的图书馆员韦尔瓦·帕亭顿以该医院为阅读疗法基地，为病人提供阅读治疗服务。随后，韦尔瓦·帕亭顿获得了阅读疗法职业资格，为女王医院图书馆建立了完善的阅读疗法服务体系。同时，还感召实习的学生和年轻的图书馆员加入阅读疗法服务中，推动了阅读疗法师的培养，为英国的阅读疗法做出了重要贡献。①

同时期，阅读疗法的研究在西方很多国家得到了较快的发展。如1939年，美国图书馆协会医院图书馆分会设立了“阅读疗法委员会”，该委员会开展了阅读疗法领域的调查工作，并形成了相关报告，制订了多个研究计划。②1961年，“阅读疗法”一词首次被收入《韦氏第三版新国际英语大辞典》。图书馆和信息科学在线词典将阅读疗法分为三个阶段：读者对推荐作品中特定角色的个体认同，产生心理宣泄，进而对文本中的解决方案与个人体验相关联产生理性见解。③

20世纪60年代以后，阅读疗法不再局限于医院针对精神疾病患者，而是进入大众社会，为儿童、老人、残疾人甚至犯人服务，如组织盲人读书会、为特殊人群送书上门等。美国的San Rafael市立公共图书馆、Alexandria图书馆以及英国的Kirkless图书馆等都有阅读疗法服务项目。④1960—1970年，在美国图书馆协会的支持下，不少学校的图书馆陆续推出相关课程，同时许多专题研究与相关会议大范围展开。⑤英国阅读疗法研究和实践的主力军是医院的图书馆，被称为“阅读疗法之母”的医院图书馆员韦尔瓦·帕亭顿提出建立阅读疗法分会。法国阅读疗法的研究者认为记诵有益于身心健康。在日本，“森田疗法”风靡全世界，“周末号哭”作为缓解精神压力的方式已成为一种时尚，可见日本阅读疗法的繁荣和普及。德国学者探讨怎样组建病人图书馆和怎样针对不同患

① 苏丽亭. 国外阅读疗法基地建设与发展研究进展［J］. 内蒙古科技与经济，2019（5）：126，129.
② 王波. 阅读疗法［M］. 北京：海洋出版社，2014：5，351.
③ 高爽. 老年朗读团体的阅读疗法［J］. 新阅读，2022（7）：19-21.
④ 王晓美. 公共图书馆阅读疗法应用研究［D］. 郑州：郑州大学，2012：27-28.
⑤ 陈书梅. 阅读与情绪疗愈：浅谈书目疗法［J］. 全国新书资讯月刊，2008（12）：4-9.

者开展阅读疗法等问题。意大利注重诗歌疗法研究，以诗治病。匈牙利、澳大利亚、加拿大等国的学者也纷纷开展了阅读疗法的研究和推广。①

1984年，国际图联发表了《图书馆为医院病人和残疾人服务纲要》，指出阅读疗法在病人康复过程中具有重要作用，标志着阅读疗法正式成为全世界图书馆服务体系的一部分，图书馆也因此成为阅读疗法的重要试验基地。

进入21世纪，阅读疗法摆脱了过去刻板的环境和限制，不再只局限于医院，而是在其他机构也进行了试验，如学校、心理咨询机构、公共图书馆、教养院、社区等也逐渐以各种形式为公众提供阅读治疗，治疗对象和治疗作用日益扩大化，阅读疗法基地的形式也日益多样化，还出现了商业化运作的阅读疗法基地。如2008年，阿兰·德波顿在伦敦创办生命学院（The School of Life），该学院的一门主要课程就是阅读治疗，通过该学院的网站可以获取专业化的阅读疗法咨询服务，根据项目的不同收取一定的费用，该学院被英国作家拜尔·穆尼（Bel Mooney）称为阅读治疗的集市。②

（二）阅读疗法的国内研究现状

国内对阅读疗法的专门研究从20世纪90年代才开始，但历史上却早已存在关于阅读疗法的思想和案例，如南宋诗人陆游为病人推荐《周易》，被学人誉为“却病延年之上剂”；孔子的《论语》、孟子的《尽心》、庄子的《养生主》、明代高濂的养生学专著《遵生八笺》以及清代张潮写作的《书本草》等作品都渗透了阅读疗法思想，肯定了阅读疗法的作用。在中国历史上，关于阅读疗法的案例也层出不穷，如汉代枚乘创作的《七发》治疗楚太子的精神萎靡，三国曹操读陈琳檄文《为袁绍檄豫州文》治头痛，这些阅读疗疾的故事流传千古。③

我国学界对阅读疗法的关注和研究始于20世纪90年代。1991年，陈信春发表《文献治疗——读者服务工作内容之一》，把开列书目进行心理疾病治疗引入读者服务中，成为图书馆界最早关注阅读疗法服

① 王波．阅读疗法［M］．北京：海洋出版社，2014：80-96.
② 苏丽亭．国外阅读疗法基地建设与发展研究进展［J］．内蒙古科技与经济，2019（5）：126，129.
③ 王波．阅读疗法［M］．北京：海洋出版社，2014：104-184.

务的文章。[①]沈固朝撰写的《图书治疗——拓展我国图书馆服务和图书馆学研究新领域》，发表在1998年4月的《图书情报工作》上，主要介绍了国外阅读疗法的研究成果。2007年，王波编写的《阅读疗法》一书，系统介绍了西方的阅读疗法，梳理和总结了中华民族历史上关于读书养生的理论。宫梅玲以大学生心理健康调查研究为切入口，开展了大量有关阅读疗法的实证研究。以王景文、黄晓骊为代表的团队从阅疗基地建设和文献计量统计等方面进行了理论与实践相结合的研究。[②]2009年，中国图书馆学会阅读推广委员会阅读与心理健康专业委员会正式成立，该委员会致力于通过开展阅读活动推广阅读疗法，推出了《大学生常见心理困扰对症书目》，基于统计推出了年度“好书中的好书——精选好书榜”，翻译了美国阅读疗法研究权威Rhea Joyce Rubin的《使用阅读疗法：理论与实践指南》一书等。[③]这些“阅读疗法”研究，引起了国内图书馆学、教育学、心理学、医学等领域的关注。

学者丁利佳对我国阅读疗法的主要开展形式进行了梳理，发现阅读疗法在我国高校图书馆中应用较多，在公共图书馆中也有应用，主要形式包括：向特定读者群推荐某一类主题图书的“书目式阅读疗法”、建立阅读疗法实施基地、搭建阅读疗法沟通交流平台等。例如，华北理工大学图书馆通过组建阅读疗法团队、搭建“阅读咨询平台”、创办《阅读疗法通讯》刊物、开通公众号“阅疗小屋”及开设阅读疗法课程等方式[④]，为大学生提供阅读疗法服务，每周在公众号上发表原创书评；山东理工大学图书馆创办的“阅读疗法读书会”在“书目式阅读疗法”的基础上创新推出了“交互式阅读疗法”，更加注重成员之间阅读推荐书目后的交流和互动[⑤]；原山东泰山医学院（后并入山东第一医科大学）图书馆成立了阅读治疗研究室，成为我国阅读疗法应用的试点单位，宫

① 陈信春. 文献治疗——读者服务工作内容之一［J］. 图书馆杂志，1991（2）：22.

② 吕冰玉，杨芳. 国内阅读疗法研究知识图谱分析［J］. 图书馆工作与研究，2020（6）：81-91.

③ 中国图书馆学会阅读推广委员会第二届阅读与心理健康专业委员会成立暨第一次工作会议总结［EB/OL］.［2021-07-02］. http：//blog.sina.com.cn/s/blog_4b016faf0103196p.html.

④ 王景文. 撑起大学生心灵的绿荫：华北理工大学阅读疗法基地建设的多维探索［J］. 图书馆，2016（5）：102-108.

⑤ 王梅. “交互式阅读疗法”的实践尝试与趋势研究：以山东理工大学图书馆阅读推广工作为例［J］. 高校图书馆工作，2017（3）：23-26.

梅玲开设了“书疗小屋”博客，提供网络阅读疗法服务[①]；杭州图书馆自2013年起联合杭州团市委、12355青少年服务台推出了“大阅读”概念指导下的阅读疗愈实践活动，以图书馆为“疗吧”，邀请专业的心理咨询师坐镇，举办“电影与文本互译赏析”“心理剧系列沙龙”等活动，指引读者从积极向上的作品或剧本中获取正能量，通过阅读相关图书加深认知，从而进行自我心理建设。[②]

在阅读疗法研究特点方面，相关的文献统计结果显示，我国阅读疗法研究的主要内容包括基础理论研究、对应症与书方搭配、国外阅读疗法推介、阅读疗法实践与基地建设、阅读疗法与阅读推广等；我国阅读疗法研究领域的高频关键词有“心理障碍”“心理重建”“心理健康教育”“阅读推广”等[③]；阅读疗法在实践中的应用对象以大学生为主，也涉及儿童、老年人、残障人士等特殊人群；开展形式主要有书目推荐、读书活动和结合心理咨询的互动式交流；主要面对的适应症是自卑、焦虑、抑郁等心理问题；我国阅读疗法主要在高校图书馆开展，面向的人群以文化程度较高的大学生为主，处于这一年龄段的大学生在学业、就业、恋爱及为人处世方面都存在困扰，对阅读疗法的需求较多。[④]

从以上国外、国内阅读疗法的研究现状可以看出，阅读疗法作为一门新兴的交叉学科，在国外的发展较为成熟，我国有关阅读疗法的理论和实践研究虽然已取得一些成果，但仍处于摸索阶段，存在一些问题，其研究和应用与国外存在较大差距。大众对阅读疗法的认知程度不高，绝大多数图书馆未提供相关服务项目。国内少部分阅读疗法服务主要应用于高校图书馆、医院图书馆、读者服务、心理健康教育等方面，研究对象以高校大学生为主，集中研究大学生的心理健康，少部分应用于精神疾病、身心疾病等方面，应用范围较窄[⑤]，针对老年人的阅读疗法应

---

① 宫梅玲，邹立森. 开办书疗小屋探索网络阅疗 [J]. 图书馆杂志，2007 (6)：38-39.
② 刘丽娜. 阅读疗愈对图书馆服务的拓展 [J]. 四川图书馆学报，2020 (5)：35-38.
③ 王贵海. 基于文献计量与知识图谱的我国阅读疗法研究 [J]. 大学图书馆学报，2020 (4)：76-86.
④ 丁利佳. 阅读疗法在公共图书馆应用的服务策略探讨 [J]. 河南图书馆学刊，2021 (9)：23-25.
⑤ 薛曼，姚贵忠，程嘉. 阅读疗法在精神分裂症患者中的应用新进展 [J]. 中国全科医学，2020 (2)：130-135.

用研究较少。对阅读疗法在公共图书馆的实践案例和经验探索的成果也较少。阅读疗法的观念不被大多数人接受，缺乏在全国范围内的有效推广，其开展模式的相关研究也显不足。

二、阅读疗法的概念、分类、原理和形式

健康是人们一生的追求。了解和把握阅读疗法的概念、分类、原理和形式，对成功开展老年人阅读疗法服务，通过阅读提高老年人的心理健康水平，使其拥有幸福、快乐的晚年生活有着重要意义。

（一）阅读疗法的概念

阅读疗法源自希腊语Biblion（即图书）与Oepatteid（即治疗、复原）之组合，又称“阅读愈疗”“图书疗法”“书目疗法”“文献疗法”。阅读疗法是以文献为媒介，将阅读作为保健、养生以及辅助治疗疾病的手段，使自己或指导他人通过对文献内容的学习、讨论、领悟，养护或恢复身心健康的一种方法。[①]当前，阅读疗法服务已逐渐由小众研究向教育、心理学、图书馆等领域融合渗透。它运用图书馆学、心理学和医学的基本原理和相关知识，通过有针对性地推荐读物、交互式指导读者阅读的方式，让读者在阅读过程中优化心理结构，达到预防、治疗心理健康问题，保持健康心理的目的。图书馆提供阅读疗法服务项目，可以淡化“贴标签”模式和“诊断式”治疗，帮助读者重新认识自我，在社会群体中传递正能量，借此开拓公共图书馆服务的新领域，让读者服务工作充满人文关怀，实现个性化服务。[②]

运用阅读疗法，能够治疗抑郁、偏执、焦虑、心理失调、情绪障碍等心理问题，可以对老年人的健康产生积极的影响。随着我国人口老龄化时代的到来、健康中国理念的提出、图书馆服务领域的拓展，为老年人提供阅读疗法服务，已经成为改善老年人心理状况、实现老年人健康养老的重要途径。

（二）阅读疗法的类型

美国研究者把阅读疗法分为发展阅读疗法和临床阅读疗法。其中，

---

① 王波. 阅读疗法概念辨析［J］. 图书情报知识，2005（1）：98-102.

② 沈文虹. 引进“阅读疗法”，创新读者服务——以苏州市姑苏区图书馆为例［J］. 新世纪图书馆，2021（4）：19-22.

发展阅读疗法面向的是正常人，目的是完善读者人格，促进其心理健康发展；临床阅读疗法面向的是临床患者，目的是通过阅读调整患者的心理状态和情绪[①]。

按照国际上通行的实践方式，阅读疗法可以分为自助阅读疗法、处方阅读疗法和创造性阅读疗法三种类型。自助阅读疗法，是通过参考书目为处于各种困境（包括抑郁症、焦虑症、丧亲之痛、饮食失调和身体疾病等）的人提供合适的阅读资源；处方阅读疗法，是图书馆员和医生合作为患者对症推荐书目；创造性阅读疗法，是通过便捷的阅读小组进行更具创造性的阅读互动。

（三）阅读疗法的原理和形式

阅读疗法涉及心理学、医学、教育学、社会学等多门学科知识，除了具有心理、情绪治疗的功用，还能满足他们的心理需求，使他们对遭遇的困难有新的认知与体会，进而解决遇到的问题。同时，阅读疗法也是一种借由与材料内容互动促进心理健康的方法。王波在《阅读疗法》一书中指出，“文学艺术作品的创作往往是被压抑者心理需求的升华，而阅读者可以从中找到情感的寄托。宗教、哲学、文学艺术等人文科学的产生，都是通过创设精神支柱和价值体系加以愈疗的”。[②]一本好书往往会让读者产生共鸣，对自身、现实进行一些思考，这种共情、共鸣是开展阅读疗法的前提和基础。

传统的阅读疗法以书目推荐的方式开展，最常用的图书是文学类图书和专门指导人们解决困难的自助类图书。王波认为，选书应遵循以下原则：一是与读者的阅读能力相适应；二是与读者所面临的问题相匹配；三是所选图书提供的建议要有针对性、可行性和现实依据；四是论述要具有辩证性，不能片面。[③]

第二节　老年人阅读疗法服务的意义和策略

随着我国老龄化社会的到来，老年人的心理健康问题越来越受到社

① 王波. 阅读疗法［M］. 北京：海洋出版社，2014：15.
② 王波. 阅读疗法［M］. 北京：海洋出版社，2014：18.
③ 王波. 阅读疗法［M］. 北京：海洋出版社，2014：208-210.

会的关注。图书馆作为我国文化服务体系的重要组成部分，应积极拓展服务功能，以应对老龄化社会中的诸多问题；应积极通过各种途径提供老年人阅读疗法服务，有效地促进老年人身心健康，使其安享晚年。

一、老年人阅读疗法服务的意义

相关数据表明，我国老年人口数量快速增长，呈现出爆发式的增长趋势，人口老龄化形势严峻，这已经成为21世纪我国社会的常态。然而，老年人机体加速衰老导致疾病增多、适应能力下降，容易与社会脱节，种种变化会使他们在感知、记忆、思维、情绪等心理方面受到巨大影响，容易出现失落、自卑、不满、沮丧等心理障碍，尤其是空巢老人、留守老人等更容易产生孤独感。美国加利福尼亚大学与芝加哥大学的一项联合研究发现，孤独症会导致白细胞等单核细胞出现异常，使人体免疫力下降。孤独的老人在完成日常活动（洗澡、走路、爬梯等）方面存在困难，患高血压、心脏病、抑郁症的概率高，死亡率也更高。因此，老年人在基本生活得到保障的同时，在精神、心理等方面有更迫切的需求。当前，老年人孤单寂寞、沟通困难、难以适应社会快速发展等心理问题日益凸显，由这些心理问题直接或间接导致的酗酒、情绪障碍、抑郁症、老年痴呆症、高血压、糖尿病、心脏病等身心健康问题也日益突出，轻者影响身心健康，严重则威胁生命安全。

老年人心理健康问题已经引起社会的高度关注。2017年国家制定的《“十三五”健康老龄化规划》就明确提出要加强老年健康教育、做好老年疾病预防、推动开展老年人心理健康与关怀服务，要提高老年人健康水平，实现健康老龄化、建设健康中国的目标。健康养老及老年人的心理健康服务已经成为当前社会关注的重点。

在这样的背景下，图书馆作为公共文化服务机构，拥有丰富的信息资源，便于开展各类阅读推广活动，应当积极拓展服务范围，不断提升服务质量和水平，开展老年人阅读疗法服务，融阅读、保健、治疗于一体，推动老年人通过阅读活动保健大脑改善记忆力、积累知识提高认知和辨别力、促进联系强化沟通力，帮助其了解心理保健知识，掌握心理保健技能，树立健康心理观念，缓解或治疗其精神方面的问题，以实现身心健康的目标。[①]

二、老年人阅读疗法服务的策略

图书馆提供老年人阅读疗法服务，应着力采用以下策略：

（一）加大阅读疗法宣传力度

针对上文提出的我国社会公众对阅读疗法的认同度较低的问题，公共图书馆应充分利用其具有广泛的群众基础这一天然优势，加大对阅读疗法的宣传推广力度，使阅读疗法的观念深入人心，得到社会的普遍认可。具体来说，公共图书馆可通过以下措施来加大阅读疗法的宣传力度：

1. 利用官方在线权威信息源宣传

图书馆可利用官方在线权威信息源加强对阅读疗法理念的认定和推广。在信息源愈发多元化的今天，图书馆有必要在官方的权威信息发布渠道对阅读疗法的相关理念进行介绍，以避免在阅读疗法理念的传播过程中出现大量信息冗余、谬误等现象，误导公众对其正确性的理解。例如，各图书馆可在官方微信公众号、官方认证微博、官方门户网站上开设阅读疗法专题介绍，使读者可以快捷、方便地获取阅读疗法的高质量信息资源。

2. 线下运用多种形式进行宣传

图书馆作为一种公共文化空间，具有文化展示、传播和交流功能，是有深厚历史文化积淀的社会生活场所，有特殊的文化价值，代表现代城市风貌[②]。因此，图书馆应充分利用其公共空间资源，对阅读疗法的理念进行宣传和推广，为社会公众提供更好的服务。例如，公共图书馆可通过举办阅读疗法书籍展览、阅读疗法主题讲座等方式来宣传其理念。[③]

（二）丰富形式和内容，营造阅读疗法推广的浓厚氛围

近年来，各种以“愈疗心灵”为目的的娱乐疗法，如芳香疗法、减

---

① 吕冰玉，杨芳．基于代际阅读的老年人阅读疗法服务研究［J］．河北科技图苑，2019（5）：55-59.

② 肖希明．图书馆作为公共文化空间的价值［J］．图书馆论坛，2011（6）：62-67.

③ 黄玉霞，郭瑶．基于阅读疗法的公共图书馆创新服务之策略［J］．数字与缩微影像，2020（3）：27-30.

压涂鸦等，都试图通过氛围的营造和沉浸式体验达到放松心情、舒缓压力的目的。王波认为："阅读疗法是一种极富创造性的疗法，是一种充满魔力的疗法，既有规律可循，又有一定的不确定性。"[①]图书馆提供阅读疗法服务可在传统的书目推荐的基础上，通过"阅读+行走""阅读+戏剧""阅读+音乐"等方式，增加分享、交流等互动环节，调动参与者的主观能动性，通过沉浸式体验，引导他们排遣自卑、压抑、焦虑、沮丧等不良情绪，营造互帮互助的氛围，增强克服困难的勇气和战胜逆境的信心；把线下活动与线上活动相结合，利用微博、微信、短视频、网站等平台做好宣传推广工作，实现阅读疗法服务的常态化、品牌化，营造良好的阅读疗法服务氛围。[②]

（三）加强核心文献资源的建设，为服务提供保障

伴随时代环境的变化，图书馆的资源建设经历了从"为藏而藏"到"为用而藏"的阶段，但无论是"为藏而藏"还是"为用而藏"，图书馆的馆藏信息资源建设一直以来都是图书馆工作的重点。图书馆在开展阅读疗法服务、拓展其读者服务职能时，要充分利用其信息资源优势，为读者提供阅读疗法所需文献。同时，要保障文献的多样性和可获得性。

1. 保障文献的数量和质量

图书馆在提供阅读疗法服务时，首先要保证阅读疗法实施中文献的数量及质量。具体来说，图书馆可以设立专门的阅读疗法阅览室，对阅读疗法处方文献进行统一集中管理，同时也便于读者使用。如果图书馆空间资源紧张，则可以设立阅读疗法书架的方式对处方文献进行管理。

2. 保障文献的多样性

图书馆还需要保障阅读疗法所需文献资源的多样性。以国内阅读疗法实践的领军人物宫梅玲老师的研究成果《读祛心病》一书为例，在每个案例的"对症下书"部分，宫梅玲老师对每一个求助者开具的都是立体化的阅疗处方，包含了对症文献、歌曲、电影[③]。可以看到，在阅读疗法发展不断趋于成熟的今天，图书馆要嵌入阅读疗法服务，实现服务

① 王波. 阅读疗法［M］. 北京：海洋出版社，2014：217.

② 丁利佳. 阅读疗法在公共图书馆应用的服务策略探讨［J］. 河南图书馆学刊，2021（9）：23-25.

③ 宫梅玲. 读祛心病［M］. 北京：海洋出版社，2018：10.

创新，必须要与时俱进。图书馆应保障阅读疗法实施过程中所需要的各种类型的文献，如图书报刊、音像制品、缩微制品、数字资源等，而不仅仅局限于纸质文献资源。

3. 保障文献的可获得性

图书馆还要保障阅读疗法所需文献资源的可获得性。当前，信息科技飞速发展，为我们提供了大量的、随处可得的信息和知识，但由于社会成员的素养、教育背景及知识层次不同，人们的信息资源获取能力也有着巨大差别。而图书馆向全社会开放，其服务对象的广泛性决定了图书馆在提供阅读疗法服务时，必须要充分考虑阅读文献资源的可获得性。具体来说，图书馆应对读者在接受阅读疗法服务时获得的文献进行追踪，以便及时解决读者不能获得阅读文献的问题。同时，对于那些信息素养相对较弱的群体，如老年读者、残障群体等，图书馆有必要考虑提供一对一的馆员服务。对于在提供阅读疗法服务过程中所需要的数字资源，首先要考虑获取作品的数字版权或者作品所属数据库、数字平台的使用权，以保证读者能够及时获得服务。①

（四）打造老年朗读团体，创新阅读疗法服务

老年朗读团体阅读疗法是一种创造性的图书馆阅读疗法。它是通过在一个小团体（从几个人到十几个人）中大声朗读各种类型的文献（诗歌、短篇小说、寓言故事、长篇小说节选等），使群体互动探讨阅读内容的一种阅读疗法。老年朗读团体阅读疗法有四大益处：一是社交活动改善情绪；二是经典文献激发回忆；三是社会归属对抗孤独；四是语言表达提高认知。

实际上，老年人需要一种不同于生命其他阶段的阅读疗法。在倡导全民终身阅读之际，图书馆要与居家养老服务中心、社区老年大学、各地老龄委等涉老组织机构合作，充分发挥这些组织机构的作用，大力开展“文化养老”活动，使老年人参与文化建设、享受文化成果，丰富精神文化生活，让朗读、朗诵成为老年人不离不弃的生活方式、养老方式。伴随着老年人体能下降、短期记忆丧失、注意力不集中以

---

① 黄玉霞，郭瑶．基于阅读疗法的公共图书馆创新服务之策略［J］．数字与缩微影像，2020（3）：27-30.

及药物引起的嗜睡等诸多问题，社会各界在老年群体中开展阅读活动十分不易，图书馆应积极打造老年朗读团体，开展丰富多彩的阅读疗法服务活动，为老年朗读团体创造机会，推动他们参与多种类型的社会活动。

老年朗读团体的活动设计要以老年人为本。首先，要尊重老年人的意愿，让他们自己选择阅读内容。通常情况下，老年朗读团体由主持人、参与者、合作伙伴（馆员、护工、医生、家属等）构成。三方各司其职，建立一种联系机制，助力老年人的心理健康。其次，要尊重老年人的习惯，让他们朗读其擅长的内容、符合老年人生活阅历的内容。比如，很多老年人喜欢朗诵毛主席诗词，因为那是他们年轻时最深刻的记忆。最后，要留心老年人的身体健康情况，及时调整活动计划。老年朗读团体要适时调整活动策略，综合考虑天气、场地、听众、饮食等客观问题，建立老年朗读团体活动档案，不忽视任何细节。

老年朗读团体阅读疗法旨在以阅读为纽带，在丰富老年人精神文化生活、学会有效阅读的同时，使老年人形成阅读习惯，共沐书香，享受阅读。其实践是在小组环境中朗诵作品，然后反思和分享阅读引发的联想和记忆，调动老年人的感受力和表现力。阅读将老年人与共享知识的世界联系起来，让老年人能够想象和参与，以加强老年人与外界的接触，降低老年人与外界的分离感，培养乐观的心态。通过朗读、朗诵优秀作品，让文化在老年人心灵中温润着、积淀着、陶冶着、升华着，不但传播了正能量，还提升了老年人的自我修养。①

（五）建立专门队伍，培养阅读疗法专门人才

阅读疗法不是一般的阅读指导，阅疗师要在分析读者需求和兴趣的基础上，根据读者的教育背景、性格特点等选择合适的读物进行疗愈。在开展阅读疗法的过程中，阅疗师要通过与读者的对话和交流，带动和引导读者进行自我反省和领悟。一个好的阅疗师是一个耐心的倾听者、一个善于沟通的朋友、一个有经验的咨询员。参考咨询员的信息素养较高，图书馆可组建一支以参考咨询员为主、有志于从事阅读疗法服务的

---

① 高爽．老年朗读团体的阅读疗法［J］．新阅读，2022（7）：19-21.

专门队伍，对成员开展有关阅读疗法理论、心理学、教育学、医学等方面的普及性培训，引导他们学习国内外阅读疗法的基本理论，掌握交流沟通技巧及简单安全有效的心理暗示技巧。阅读疗法是一门交叉学科，图书馆可与高校、医院、中小学、文联、社区、心理咨询机构等进行合作，吸纳和邀请心理学家、心理咨询师、专家学者、社会工作者等专业人士加入阅读疗法服务队伍，充实和壮大研究力量，增强阅读疗法服务的科学性。①

（六）开展代际阅读，促进阅读疗法服务创新

2011年9月，国际图联在国际座谈会上发表了《图书馆、阅读和代际对话的突尼斯宣言：建立社会凝聚力策略》，明确提出“图书馆要充分利用其丰富的基础设施开展代与代之间的阅读推广项目，把年轻和年长的群体组织起来，促进他们进行共同阅读，增加了解，关注共同利益；图书馆应该为代际的对话和学习提供机会和场所，开展促进不同年龄群体之间交流互动的服务项目，如由老年人向儿童、青少年提供的阅读活动，由老年人通过讲故事的方式来传承文化和传统，由年轻人给老年人提供信息技术培训，以填补他们和高科技之间的鸿沟。图书馆应积极行动，以减少因年龄问题而产生的隔离，通过代际项目和服务来构建有凝聚力的社会”。该宣言对“代际阅读”的内涵和工作目标进行了初步界定，阐明了图书馆在代际阅读推广中的地位，规范了图书馆的职责，为新时代图书馆开展阅读推广工作指明了新的前进方向。②为了创新阅读疗法服务，图书馆可以通过以下途径提供基于代际阅读的老年人阅读疗法服务：③

1.举办代际读书活动

图书馆最大的优势就是拥有海量的图书文献资源，图书馆可以利用其丰富的资源和基础设施，从两个方面为老年读者阅读疗法服务注入新的活力：一是开展老年人与年轻人之间的双向跨代读书活动。组织老年

① 丁利佳. 阅读疗法在公共图书馆应用的服务策略探讨［J］. 河南图书馆学刊，2021（9）：23-25.

② 谭博，王锦. 基于老年人和青少年的代际阅读推广研究——以长安区图书馆为例［J］. 当代图书馆，2017（3）：28-32.

③ 吕冰玉，杨芳. 基于代际阅读的老年人阅读疗法服务研究［J］. 河北科技图苑，2019（5）：55-59.

人和年轻人围绕某一主题的图书进行阅读，并开展讨论，从书中汲取精华，积累知识，填补精神空缺，获得精神慰藉和满足感。如德国阅读基金会、各学校图书馆、各地老年中心共同推出了“书籍搭建桥梁”项目，每个月组织14～16岁的青少年到老年人家中，为其进行两次包括多个主题的图书朗读，参加者一起对书中的话题进行讨论，并商定下次要朗读的图书。[①]二是开展老年人与年轻人之间的单向跨代读书活动。图书馆可以为老年人提供平台，让他们发挥余热，认可自我价值，增强自信。例如，日本麻绩图书馆开展了弘扬传统文化的代际传授活动，邀请老年读者将本土世代流传的老故事和传说以“纸芝居”（又译为“纸戏剧”，是一种主要面向儿童的演艺形式，通过展示连环图画，并配以台词和解说来表演故事）的形式演绎给青少年读者。[②]

2.开展代际交往活动

在代际交往中，老年人的参与热情很重要。赫姆斯特拉关于老年人学习兴趣的研究表明，他们偏向更具“表达性”的学习活动，更愿意参加能够为他们的生活增添乐趣和价值的学习活动。[③]因此，除举办传统的读书、报告、讲座等活动外，图书馆应根据老年人的学习兴趣和学习需求，以多元化的形式来开展内容丰富的代际交往活动，营造良好的氛围，使其加强互动，提高老年人活动的积极性与参与度，让老年人在轻松愉悦的环境下实现代际学习，放松身心，发挥阅读治疗的作用。如美国阿利根尼县图书馆协会与退休人员协会合作，邀请当地高中学生共同参与，开展“Wise Walk”项目，组织高中生陪同60岁以上老年人参加步行活动，宣传老年健身知识，活动为期10周，在活动中老年人既得到了身体上的锻炼，学到了知识，又获得了陪伴，心情十分愉悦。[④]

3.开展代际信息素养教育

图书馆发挥自身优势，面向老年读者开展代际信息素养教育，提

---

① 谭博，邱庆东．国外代际阅读推广案例及其启示［J］．图书与情报，2017（3）：109-113.

② 邓咏秋，刘弘毅．日本图书馆的老年阅读推广实践及其启示［J］．图书馆研究与工作，2017（2）：52-55.

③ 王春燕，霍玉文．代际学习：促进老年人积极老龄化的重要途径［J］．河北大学成人教育学院学报，2017（3）：34-40.

④ 张凤鸣．老龄化背景下图书馆促进社会代际融合思路研究［J］．图书与情报，2017（3）：72-77.

供智能化教育服务，帮助老年人提高信息素养、数字素养，紧跟社会节奏，对帮助老年人安享晚年是非常有必要的。例如，爱尔兰都柏林城市大学图书馆通过大学生现场帮助老年人学习信息技术的方式，当面交流、当场答疑，提高了老年人的信息素养。美国约翰·杰克逊图书馆组织开展了为期6周的由60岁以上老年人参与、由16岁以上的高中生支持的计算机基础培训。针对具备一定数字基础的老年人，挪威开展了Grandma on Web活动，大学生利用线下线上相结合的方式提升老年群体的信息素养和数字技能，并鼓励老年人积极反馈以完善课程设置。①

如今，在全民阅读的背景下，阅读疗法已经成为更多具有疗愈需求的老年人信赖和选择的方式。相信在不久的将来，图书馆的阅读疗法服务项目将越来越专业化、多样化以及本土化。

第三节　案例探讨

苏州市姑苏区图书馆的阅读疗法服务

近年来，苏州市姑苏区图书馆在开展阅读疗法方面做出了一些有益尝试，填补了国内公共图书馆开展阅读疗法应用研究的空白，为同行和图书馆界提供了阅读疗法服务项目的现实案例及实践经验。

姑苏区图书馆开展“阅读疗法”读者服务采取了如下举措：

1.构建专业队伍

（1）加强专家专业指导。姑苏区图书馆邀请了苏州图书馆、苏州大学、苏州卫生职业技术学院以及苏州市文化、心理等多方面的专家，进行阅读疗法培训课程设计、书目推荐和阅读疗法小组读书会的定期专业指导，并主动与首家尝试阅读疗法的公共图书馆——杭州图书馆取得联系，组织馆员实地参观和座谈学习。

（2）精心组织阅读疗法培训。姑苏区图书馆在课题启动时就为相关馆员配置了王波主编的《阅读疗法》和湛佑祥等主编的《阅读疗法理论

① 牛勇，高莹. 图书馆代际学习服务研究［J］. 图书馆研究与工作，2018（7）：54-57.

与实践》，作为每一位课题组成员的必备自学用书。在前期自学的基础上，图书馆先后邀请许晓霞、杨鲁静、左步电、王静四位专家到馆做专题培训讲座，内容涵盖课题论文研究、阅读疗法的理论与实践、团体心理辅导等，并组织课题参与者赴杭州图书馆参观学习阅读疗法的实践做法。此外，图书馆还组织大家到“江苏省十大最美书店”——慢书房，参加“相书会”现场体验小组读书会。通过专题培训，打造了一支真正的阅读疗法专业队伍，馆员的专业素养和科研能力都得到了不同程度的提高。

（3）探索阅读疗法师“1+1”模式。阅读疗法需要在心理咨询师的指导下进行，姑苏区图书馆积极与相关心理专业机构联系，同时面向社会招募具有国家心理咨询师专业资质的志愿者，其中不乏图书馆馆员与心理咨询师双重身份者。同时，探索阅读疗法师“1+1”模式，即图书馆馆员和心理咨询师一对一组合，共同作为阅读疗法师面向读者提供服务。其中，图书馆员的从业年限在3年以上，心理咨询师的从业年限在5年以上。这种“1+1”模式实现了“阅读”+“心理”，在实践中，图书馆员和心理咨询师相互交流探索阅读疗法，充分发挥各自的专业优势，弥补了自身理论知识与实践经验的不足。

2.营造良好宣传氛围

（1）加强场馆建设。一是设置专门的场馆。姑苏区图书馆将场馆“书香姑苏斋”作为开展阅读疗法的专用阅览室和活动室，供读者免费使用。二是提供图书资源。图书馆通过总分馆馆际调配和部分定向采购的方式收集到了阅读疗法需要的相关图书，在“书香姑苏斋”进行现场展陈，供读者免费借阅。三是美化环境，营造阅读氛围。重新布置后的“书香姑苏斋”温馨雅致、绿意盎然，让读者度过轻松而愉悦的阅读时光。

（2）加大宣传力度。一是通过图书馆公共空间的展板，面向广大读者定期介绍阅读疗法的知识以及活动情况；二是通过“书香姑苏”微信公众号，定期发布阅读疗法活动的读者招募和后期的系列活动信息；三是通过媒体报道，让大众了解阅读疗法及其在公共图书馆的应用，消除大众对阅读疗法的疑虑，吸引他们到馆参加活动。

3.开展形式多样的阅读疗法活动

（1）大型专题现场咨询活动。姑苏区图书馆通过举办大型专题现场咨询活动，邀请苏州市教育、心理专家智囊团——苏州市网上家长学校的“林老师”专业团队到活动现场，与家长们面对面解答习惯养成、学习成长、亲子沟通、人际交往等方面的困惑。活动现场还提供相关主题书目的推荐和借阅服务，受到了家长读者的欢迎。面对家长家庭教育中的困惑和烦恼，“林老师”们耐心倾听，与家长一起分析问题产生的原因，商量解决对策。“林老师”们的热情专业、图书馆员们的耐心解答，让家长们充满期待而来、收获满满而归。

（2）“七彩阅读”小组读书会系列活动。姑苏区图书馆用赤橙黄绿青蓝紫7种不同的颜色分别代表习惯养成、学习成长、亲子沟通、人际交往、情绪调节、职场励志、婚恋情感7种不同的常见心理咨询需求，通过各种媒体、微信公众号向社会招募读者，开展阅读疗法主题性公益小组读书会——“七彩阅读”小组读书会活动，得到了机关、团委、妇联等多个部门以及街道、学校、幼儿园等多家单位的支持。每场读书会都针对读者的特点和带领者（图书馆员、心理咨询师）的特长来开展。在读书过程中，图书馆员与心理咨询师就读书会的活动人数、频率、内容和流程充分讨论，并及时提供主题书目推荐、调配和借阅服务，力求发挥阅读疗法的最大效用，使读者获得较好的阅读体验和用心的服务。小组读书会的具体步骤见表9-1。

表9-1　　阅读疗法小组读书会的具体步骤

活动阶段	活动内容
第一次	1.高校研究生发放参与者前测问卷 2.热身 3.图书馆员进行主题书目推荐 4.心理咨询师引导阅读 5.读者分享交流 6.小结
中间	1.热身 2.读者分享交流阅读心得 3.小结

续表

活动阶段	活动内容
最后一次	1.热身 2.读者分享交流阅读心得 3.总结 4.高校研究生发放参与者后测问卷

4.委托第三方进行阅读疗法评估

姑苏区图书馆还委托第三方机构对参加“七彩阅读”小组读书会的64位成员（包括42名成人和22名小学生）进行心理问卷调查。在每个主题会场活动的第一次开始前和最后一次结束后，对参与成员进行量表施测，对所得数据进行配对，并进行配对样本T检验来比较差异（其中亲子沟通、学习成长会场分别活动5次，人际交往、婚恋情感会场分别活动2次，习惯养成会场为4次）。

本研究采用症状自评量表（SCL-90）、总体幸福感量表（GWB）、艾森克人格问卷（EPQ）及青少年亲子沟通心理量表（PAcT）作为评估量表（详见表9-2），并对研究对象的SCL-90、GWB、EPQ前后测结果进行了比较分析。其中，“亲子沟通”参与者大多是小学二三年级学生，对问卷的文字理解受限，故不作进一步数据分析。

表9-2 **测量工具的使用情况**

	前测	后测
婚恋情感	SCL-90、GWB	SCL-90、GWB
人际交往	SCL-90、GWB	SCL-90、GWB
习惯养成	SCL-90、GWB	SCL-90、GWB
亲子沟通	EPQ儿童问卷、PAcT	SCL-90、GWB
学习成长	SCL-90、GWB、EPQ成人及儿童问卷	EPQ儿童问卷

评估结果显示，阅读疗法在改善抑郁、焦虑、强迫症，增强人际关系等方面是一种有效的治疗方法。其中，婚恋情感会场的实践能够有效改善参与者躯体化方面的条件，且在其他方面具有一定的成效。委托第三方进行量化评估虽然展现了阅读疗法的效用，但是由于读书会的参与

人员大多是正常群体，SCL-90问卷前测数据显示在常模范围内，因此部分因子分只是在常模范围内变化，并没有显著差异。SCL-90和GWB问卷数据都在一定程度上存在天花板效应。这也使得问卷数据不能全面反映阅读疗法在公共图书馆中应用的效果。因此建议在后续的读书小组中使用问卷法和访谈法相结合的模式，对阅读疗法的效果进行详尽的评估。

5.编制阅读疗法推荐书目

姑苏区图书馆整合了高校专家、图书馆员、心理咨询师、读者四方资源，经过图书馆员和心理咨询师共同推荐、主题小组读书会阅读交流、专家论证研讨三个环节，共同编制了7种具有针对性的阅读疗法主题推荐书目，详见表9-3。

表9-3　**阅读疗法主题推荐书目**

序号	阅读主题	书名	适用对象
1	习惯养成	《教育就是培养好习惯》	家长 （3~6岁儿童）
2	习惯养成	《正面管教》	家长 （3~6岁儿童）
3	学习成长	《阁楼上的光》	小学生
4	亲子沟通	《如何说孩子才会听　怎么听孩子才肯说》	家长
5	人际交往	《相处的艺术：让人际关系提升你的幸福感》 （第5版）	成人
6	婚恋情感	《搬过来，搬过去》（绘本）	成人
7	婚恋情感	《爱的艺术》	成人

这些推荐书目面向小学生、家长、成人等不同群体，涉及习惯养成、学习成长、亲子沟通、人际交往、婚恋情感5个不同的阅读疗法主题。书目在姑苏区图书馆的“书香姑苏斋”展陈，供读者免费现场阅览，并提供预约借阅服务。在婚恋情感、亲子沟通等阅读疗法主题小组读书会活动现场，每位参与者还获赠了相关的主题书籍。

姑苏区图书馆的阅读疗法实践表明，阅读疗法在公共图书馆的应用具有广泛的推广价值，它适用于各行各业以及包括老年人在内的各个年龄段的读者。图书馆阅读疗法在我国必定会有广阔的发展空间，必将为我国的心理咨询与治疗以及灾后心理干预等工作提供更好的帮助与服务，必将对老年人的健康产生积极的影响。

资料来源：沈文虹. 引进“阅读疗法”，创新读者服务——以苏州市姑苏区图书馆为例［J］. 新世纪图书馆，2021（4）：19-22.

参考文献

[1] 王家莲．智慧文旅赋能辽宁“六地”红色资源开发利用四维一体模式［J］．河南图书馆学刊，2023（2）．

[2] 王家莲．主题图书馆场景化阅读推广研究［J］．图书馆，2022（5）．

[3] 王家莲．终身教育背景下全民阅读赋能学习型城市建设研究［J］．河南图书馆学刊，2022（4）．

[4] 谢春花．公共图书馆填补“数字鸿沟”推动老年服务的实践探索——以首都图书馆为例［J］．图书馆研究与工作，2022（9）．

[5] 聂震宁．阅读的艺术［M］．北京：作家出版社，2020．

[6] 郭欣萍．读书方法与图书馆阅读推广［M］．北京：朝华出版社，2020．

[7] 刘芳，雷雨．养老服务机构人员培训与指导［M］．北京：中国劳动社会保障出版社，2019．

[8] 王家莲．文化自信视域下大学生国学经典阅读推广研究［J］．河北科技图苑，2019（2）．

[9] 时庆安．文化养老视域下图书馆面向老年读者的阅读推广服务体系构建［J］．河南图书馆学刊，2019（7）．

[10] 胡淑慧，石柠，王晖龙．阅读的方法与技巧［M］．广州：世界图书出版公司，2018．

[11] 姚蕾．老年人服务与管理［M］．北京：清华大学出版社，2018．

[12] 王家莲．新时代图书馆阅读推广研究［M］．大连：东北财经大学出版社，2018．

［13］ 王波．图书馆阅读推广的定义、类型、方法——在“图书馆阅读推广理论与实践”专题研讨会上的演讲［J］．上海高校图书情报工作研究，2017（1）．

［14］ 徐雁，钱军，李海燕．图书评论与阅读推广［M］．北京：朝华出版社，2017．

［15］ 王家莲．面向“一带一路”的大学生经典阅读推广研究［J］．河南图书馆学刊，2017（12）．

［16］ 邱冠华．图书馆讲坛工作［M］．北京：朝华出版社，2017．

［17］ 刘荻，陈长英，刘勤．现代图书馆资源管理与推广［M］．北京：光明日报出版社，2017．

［18］ 王新才．大学图书馆阅读推广［M］．北京：朝华出版社，2017．

［19］ 汪生夫．养老机构服务与管理实务［M］．南京：东南大学出版社，2017．

［20］ 余运英．老年心理护理［M］．北京：机械工业出版社，2017．

［21］ 张岩松，等．社会养老服务体系建设研究［M］．大连：东北财经大学出版社，2016．

［22］ 王家莲．微书评在图书馆微阅读推广服务中的应用研究［J］．四川图书馆学报，2016（6）．

［23］ 王家莲．微书评在大学生微阅读推广中的价值及对策研究［J］．图书馆界，2016（6）．

［24］ 王家莲．澳大利亚社区图书馆服务文化的借鉴价值［J］．哈尔滨职业技术学院学报，2016（1）．

［25］ 邱冠华，金德政．图书馆阅读推广基础工作［M］．北京：朝华出版社，2015．

［26］ 吴晞．图书馆阅读推广基础理论［M］．北京：朝华出版社，2015．

［27］ 李西宁，张岩．图书馆经典阅读推广［M］．北京：朝华出版社，2015．

［28］ 黄冬霞，白君礼．我国阅读推广主体探析［J］．图书馆，2015（6）．

［29］ 郑洵．读书会及其文化品牌构建［J］．艺术百家，2015（S1）．

［30］ 王家莲．以社会主义核心价值观引领高职校园生态文化建设——以大连职业技术学院为例［J］．长春教育学院学报，2015（17）．

［31］ 王家莲．基于校园文化软实力培育视角的师德建设［J］．船舶职业教育，2015（2）．

［32］ 王家莲．社会治理视阈下网络舆情引导机制创新路径［J］．党政干部学刊，2015（8）．

［33］ 王波．阅读疗法［M］．北京：海洋出版社，2014．

［34］ 李宝库．爱心护理院护士手册［M］．北京：北京大学医学出版社，2014．

［35］ 卢霞，周良才．老年服务与管理概论［M］．北京：北京大学出版社，2014．

[36] 赵俊玲，郭腊梅，杨绍志．阅读推广：理念·方法·案例［M］．北京：国家图书馆出版社，2013．

[37] 王家莲．基于感动服务的图书馆服务创新［J］．东方企业文化，2013（4）．

[38] 王家莲．图书馆微书评应用前景探析［J］．图书馆建设，2013（1）．

[39] 王家莲．优化国家示范性高职院校图书馆数字资源建设模式探析——以大连职业技术学院图书馆为例［J］．河南图书馆学刊，2013（12）．

[40] 张怀涛．“阅读”概念的词源含义、学术定义及其阐释［J］．图书情报研究，2013（4）．

[41] 王家莲．图书馆读者资源建设的创新［J］．网友世界·云教育，2013（13）．

[42] 王家莲．高校图书馆网络文化建设创新的思考［J］．科技创新与应用，2012（4）．

[43] 王家莲．高职院校图书馆流通工作中存在的问题及对策［J］．内蒙古科技与经济，2012（10）．

[44] 王家莲．高职院校图书馆人性化服务管理模式探析——以大连职业技术学院图书馆为例［J］．内蒙古科技与经济，2012（7）．

[45] 王家莲．全民阅读语境下高校图书馆微书评应用研究［J］．图书馆学研究，2012（12）．

[46] 王家莲．全民阅读背景下高校图书馆的微书评工作［J］．图书馆学刊，2011（11）．

关键词索引

后记

书是人类精神的家园，是思想的驿站、知识的殿堂。要营造书香社会，就要开创新的方式，注入新的元素，充分发挥图书馆的作用，使全民阅读蔚然成风。新时代全民阅读推广离不开图书馆。置身于图书馆，我们能感受到学问的厚重和文化的亘古悠远，对未来充满憧憬。笔者一直从事着自己非常热爱的图书馆工作，是阅读推广工作的积极践行者和研究者，这本“小书”就是近年来相关理论研究和探索的结晶。

在编撰、出版本书的过程中，笔者得到了老龄科学领域专家、老年服务与管理专业人才培养的开创者（1999年大连职业技术学院全国首创该专业）张岩松教授的悉心指导，“促进老年人健康的阅读疗法服务”一章由其大手笔润色完成，为本著作添彩，在此深表谢忱。此外，本专著还得到了辽宁省社会科学规划基金办公室的资助，是2021年度辽宁省社会科学规划基金重点项目“文旅融合背景下红色资源数字化建设与推广研究”（项目编号：L21ATQ-001）的重要研究成果。

习近平总书记在党的二十大报告中明确提出：“推进文化自信自强，铸就社会主义文化新辉煌”“繁荣发展文化事业和文化产业”“深化全民阅读活动”“实施国家文化数字化战略，健全现代公共文化服务体系，创新实施文化惠民工程”“增进民生福祉，提高人民生活品质”“推进健康中国建设”“实施积极应对人口老龄化国家战略，发展养老事业和养老产业，优化孤寡老人服务，推动实现全体老年人享有基本养老服务”。这为我国文化养老视域下老年人阅读推广指明了方向，提供了根本遵循。如何积极应对人口老龄化的严峻形势，满足老年人日益增长的多元精神文化需求，切实增强老年人的获得感、幸福感，让老年人拥有优质的晚年文化生活，日益引起社会各方的关注，成为新时代我们必须面对的一个重要课题。

作为图书馆人，我们应主动承担起促进老年人阅读推广的重任，为老年群体提供更加精准化、高质量的公共文化服务，积极推动我国“银龄阅读”的发展。

让我们共同努力吧！

作　者

2023年2月